A cultura como sistema aberto, como ato e drama que se expressa na palavra e na imagem para análise e interpretação do quotidiano.

As Relações Internacionais de 1800 a 1871

Título original:
Les Relations Internationales de 1800 à 1871

Tradução: José Francisco Espadeiro Martins

Revisão da tradução: Ruy Oliveira

Capa: FBA

Depósito Legal n.°

Biblioteca Nacional de Portugal – Catalogação na Publicação

PELLISTRANDI, Benoît

As relações internacionais de
1800 a 1871. - (Biblioteca 70; 19)
ISBN 978-972-44-1890-2

CDU 94(100)"1800/1871"

ISBN: 978-972-44-1890-2
ISBN da 1ª edição: 972-44-1129-X

Paginação:
MA

Impressão e acabamento:
...
para
EDIÇÕES 70, LDA.
Janeiro de 2017

ISBN: 978-972-44-1559-8
ISBN (da 3.ª edição): 972-44-1271-7
ISBN (da 2.ª edição): 972-44-1165-6
ISBN (da 1.ª edição): 972-44-0950-3

EDIÇÕES 70, uma chancela de Edições Almedina, S.A.
Avenida Engenheiro Arantes e Oliveira, 11 – 3.° C – 1900-221 Lisboa / Portugal
e-mail: geral@edicoes70.pt

www.edicoes70.pt

Benoît
Pellistrandi

As Relações Internacionais de 1800 a 1871

70

Introdução

Quem quiser abordar a história das relações internacionais entre 1800 e 1871 deverá ter presente duas realidades importantes. A primeira, sem dúvida a mais visível, é a contribuição decisiva da Revolução Francesa para a transformação das condições políticas, mentais e espirituais dos povos europeus. A segunda é o crescimento europeu que, no plano económico e demográfico, estabelece as bases de uma irradiação mundial, diferente daquela que a Europa tinha exercido no decurso dos séculos precedentes.

A Europa: um pólo de crescimento

O século XIX caracteriza-se por um forte crescimento demográfico, principalmente na Europa onde as populações entraram na chamada transição demográfica marcada em primeiro lugar pelo recuo da mortalidade e pela manutenção de uma elevada taxa de natalidade. Entre 1800 e 1850, a população europeia cresce mais de 40%, o que é um ritmo superior ao da população mundial. Os números apresentados no quadro seguinte precisam ainda de ser sujeitos a uma pequena correção: grande parte do crescimento demográfico americano (tanto a Norte, como a Sul) é devida à emigração europeia. A solidariedade entre o Antigo e o Novo Mundo continua a ser tecida ao sabor das histórias individuais e sociais, que fazem da América um novo horizonte europeu, ao mesmo tempo que estas novas nações, e em primeiro lugar os Estados Unidos, forjam progressivamente uma identidade própria, que a sua história lhes revela.

A população do mundo no século XIX (em milhões de habitantes)

	1800	1850
Europa	187	266
América do Norte	6	26
América Central e Latina	19	33
Ásia	602	749
Austrália - Oceânia	2	2
África	90	95
Total	**906**	**1171**

Trata-se, evidentemente, de números aproximados.
Fonte: M. Reinhard, A. Armengaud, J. Dupâquier, *Histoire générale de la population mondiale*.

O número de habitantes continua a ser um critério fundamental do poder dos Estados. A preponderância francesa dos séculos XVII e XVIII repousava, em parte, na elevada população do reino de França. Também a importância dos acontecimentos que a afetam – a Revolução Francesa, a aventura napoleónica – é ampliada pela importância da França no equilíbrio europeu. Ao longo do século XIX, produzem-se alterações nos equilíbrios demográficos. Assim, a França vê diminuir o seu peso relativo (15% da população europeia em 1800, 13,6% em 1850 e 10,6% em 1900), enquanto aumenta o do Reino Unido (9% em 1800, 10,5% em 1850 e 10,6% em 1900) e o da Rússia (21%, 21,8% e 24%, respetivamente). Na Alemanha, o crescimento da população é acentuado pelo fenómeno político da unidade alemã: em 1871, 40 milhões de Alemães estão juntos num mesmo Estado. A França encontra-se nessa altura em posição de inferioridade (37 milhões). Compreende-se assim melhor a crise de consciência nacional que se apoderou do país após a derrota de Sedan e perante a emergência de uma potência concorrente ([1]).

([1]) Esta questão é abordada no livro de Pierre Milza, *Les Relations Internationales de 1871 à 1914*, que aparece na sequência lógica deste manual. [*As Relações Internacionais de 1871 a 1914*, Edições 70, Lisboa, 1999].

O dinamismo europeu conjuga o crescimento da população com o da produção económica que, progressivamente, vai transformando as condições de vida. As inovações técnicas permitem mobilizar meios materiais como nunca anteriormente acontecera. A revolução industrial possibilita a revolução nos transportes. Os navios a vapor, bem como o caminho de ferro, encurtam as distâncias. Ainda antes da utilização do vapor, a marinha à vela consegue progressos espantosos, que reduzem o tempo de travessia. Assim, por volta de 1840, um *clipper* une as duas costas do Atlântico Norte em menos de 20 dias. Em seguida, a partir de 1845, os *steamers* (a vapor) fazem o trajeto em dez a doze dias, e, por fim, em 1870, em oito dias. Os exemplos podem aplicar-se a outras partes do mundo. Em 1851, entre Nova Iorque e S. Francisco via cabo Horn, o transatlântico *Flying Cloud* estabelece um recorde, ao ligar as duas cidades em 89 dias. Em 1800, um barco com partida de Londres precisa de cinco meses para chegar à Índia; em 1869, após a abertura do canal de Suez, bastam dois meses.

Também as distâncias entre os continentes se reduzem. O comboio permite a conquista do interior, antes de favorecer as relações interestados. No caso da Alemanha, favorece a consolidação dos interesses económicos entre regiões separadas por fronteiras políticas. A mobilização financeira, que a construção das redes implica, aumenta os investimentos internacionais, contribuindo para projetar no exterior interesses económicos até ali estritamente nacionais. Além disso, o caminho de ferro beneficia de uma dinâmica tecnológica que o faz progredir em rapidez, em capacidade e, para os passageiros, em conforto. Progressos técnicos e trabalhos de infraestruturas, tudo concorre para o crescimento do comércio mundial. Ora, o avanço industrial europeu, e antes de mais britânico, contribui para fazer crescer a irradiação da Europa. Acrescentemos os progressos da informação e da sua circulação. O telégrafo Chappe, primeiro, permite a difusão extremamente rápida das notícias relacionadas com a epopeia napoleónica, ou, em 1830, dos acontecimentos belgas. Em 1843, Samuel Morse aperfeiçoa o telégrafo elétrico, que a partir daí se propaga. Em 1851, cabos submarinos permitem atravessar o Pas-de-Calais, entre a França e a Inglaterra e, em 1866, o Atlântico Norte, enquanto o Extremo Oriente e a América Latina ficam ligados à Europa em 1872 e em 1874, respetivamente.

Com toda a evidência, para a Europa o mundo estreita-se. O eurocentrismo já não é uma deformação do espírito, contra a qual Montesquieu tinha inventado a figura do Persa. Na medida em que convirá traçar-lhe limites, é a nova forma de conceber e de organizar o mundo. Os empreendimentos coloniais do Reino Unido e da França, longe de serem refreados pela emancipação do continente americano, desembocam na Ásia e na África, culminando, em finais do século, numa partilha do mundo entre as potências europeias.

Embora um olhar sobre o estado do mundo em 1815 revele outros atores internacionais para além dos Europeus, «a Europa continua a ser o centro da história» (F. L'Huillier). A independência dos Estados Unidos (1776), consolidada no termo de uma guerra que os opôs à Inglaterra (1781), e as tendências secessionistas das colónias espanholas na América Latina são certamente reduções da influência dos Estados europeus. Resta o facto de que estes territórios são também um enxerto da Europa: o espírito europeu é, em parte, o deles. A construção do seu poder, especialmente o dos Estados Unidos, resulta em possíveis rivalidades entre o Antigo e o Novo Mundo. Mas a noção de Ocidente não estará a ser forjada exatamente no momento em que a progressiva dominação do mundo africano e asiático leva a uma tomada de consciência mais justa da singularidade europeia?

Frequentemente apresentada como missão civilizadora, a colonização reflete o estado de espírito europeu do século XIX: confiança no progresso, certezas morais, ambição. No entanto, esta expansão fecunda da Europa, que só será questionada com o desastre da Primeira Guerra Mundial, não é exercida de maneira uniforme. Se podemos falar da Europa sem explicitar qual a parte ou o Estado a que nos referimos, isso deve-se ao facto de nos colocarmos numa perspetiva globalizante, fruto deste dinamismo europeu. Desde o momento em que nos começamos a interessar pela história do continente europeu, somos conquistados pela sua complexidade, pelas suas linhas de fratura e pelas múltiplas rivalidades que pontuam a vida internacional.

A herança internacional da Revolução Francesa

Esta divisão é uma herança da história e os conflitos entre grandes potências marcaram os séculos precedentes: bastará recordar, entre outros, para a época dita moderna (séculos XVI e XVII), o confronto entre a Espanha e a França, entre a Espanha e a Inglaterra, entre a Inglaterra e a França, entre a Holanda e a Inglaterra. Ora, a Revolução Francesa vem subverter o jogo diplomático, introduzindo no seu âmago dois elementos: a ideologia e a nação.

A Revolução Francesa traz consigo as promessas do espírito do Iluminismo. Inaugura uma nova era, de que dá testemunho o calendário revolucionário. Embora se veja a si própria, inicialmente, como um elemento de paz (a 16 de maio de 1790, a Assembleia Nacional Francesa vota uma declaração de paz no mundo), depressa se propaga ao som dos canhões e da mobilização em massa. Apesar de provocada pela reação da Áustria, da Prússia e da Inglaterra, a guerra transforma-se em veículo de exportação do ideal revolucionário. Em novembro de 1792, a Convenção anuncia que «concederá fraternidade e socorro a todos os povos que desejarem recuperar a sua liberdade». Em dezembro do mesmo ano, os generais franceses, nos territórios ocupados pelas suas tropas, são encarregados de, «em nome da nação francesa, proclamar a supressão de todas as autoridades estabelecidas, dos impostos e das contribuições vigentes, a abolição dos dízimos, do feudalismo e de todos os privilégios». A Declaração dos Direitos do Homem e do Cidadão (24 de agosto de 1789) tem uma vocação universal. A França revolucionária não hesita em anexar os territórios que conquista: e fá-lo em nome da liberdade. Assim se compreende melhor o motivo pelo qual Napoleão Bonaparte foi visto, pela Europa dos reis, como o continuador da Revolução Francesa. A ordem por ele instaurada em França, sobre as bases da Revolução, alargou-a a uma parte da Europa, ao sabor das suas conquistas. O seu Código Civil, que traduz bem a absoluta igualdade civil dos cidadãos e que destrói a armadura jurídica da sociedade do Antigo Regime, teve o cuidado de o impor primeiro no norte da Itália (1805), depois em Nápoles (1809), na Alemanha (grão-ducados de Berg e de Bade e departamentos da Alemanha do Norte, em 1811), nas Províncias Ilíricas arrancadas à Áustria (1812).

No regulamento da paz emanado do Congresso de Viena (1815), a coligação vitoriosa é a da Contra Revolução, conduzida pela Áustria e pelo chanceler Metternich, pelo czar da Rússia, Alexandre I, mas também pela Inglaterra. A restauração dos Bourbons no trono de França simboliza esta vitória. A França é encarada como o foco das revoluções, que convém manter sob controlo. As considerações diplomáticas são acrescidas de motivações ideológicas. Talvez mesmo seja mais correto afirmar que se baseiam em receios políticos. Assim o entendeu Adolphe Thiers que, ao abordar o Congresso de Viena na sua *Histoire du Consulat et de l'Empire*, escreve: «A Europa possui o grave inconveniente de negligenciar todos os seus interesses em troca de um único, o de nos conter, de considerar [a França], de alguma maneira, como o adversário do espírito humano, a protetora dos abusos do passado, o patrono dos maus governos» (1860).

A Santa Aliança, que agrupa o czar da Rússia, o imperador da Áustria e o rei da Prússia, confirma o programa diplomático contrarrevolucionário. Em nome da religião, as três potências entendem garantir a nova ordem europeia e impedir a propagação das ideias e das doutrinas liberais. Assim, a defesa do *status quo* diplomático enriquece-se com uma dimensão claramente ideológica e a Contra Revolução julga vencer definitivamente o ideal perturbador de 1789.

A derrota da Revolução era apenas aparente. É certo que a reação domina quase por toda a parte: na Espanha, onde Fernando VII condena ao exílio os liberais e os constituintes de Cádis; na Itália, onde os Papas Pio VII, depois Leão XII e, por fim, Gregório XVI fazem as pazes com o poder teocrático; na Alemanha, onde os principados com constituição estão em minoria. Na própria França, apesar da Carta, Luís XVIII, e mais nitidamente ainda seu irmão Carlos X, tendem a marginalizar a Câmara dos Deputados. Mas as ideias liberais circulam, os exilados políticos, em Londres ou em Paris, criam um ambiente favorável que serve de sustentáculo à esperança de uma progressão do liberalismo e do constitucionalismo. Novas reivindicações, nascidas das crises económicas e sociais que a industrialização arrasta com ela, assomam também desde já. As correntes mais radicais da Revolução, como o babovismo (*), sofrem uma metamorfose. O ideal democrático ou socialista começa a ultrapassar o liberalismo pela esquerda. A palavra «socialismo» surge em 1822 na Inglaterra e em 1831 na França; enfrenta uma nova rutura da ordem social, ao colocar a questão da propriedade privada. Assim, as novas correntes são mais complexas e as ameaças aparecem cada vez mais sérias aos guardiões da Santa Aliança.

A isto vêm-se juntar as aspirações nacionais. Inicialmente emancipadora, antes de ser anexionista, a França revolucionária e napoleónica despertou esperanças nacionais: quer seja na Itália, onde Buonarroti e Paribelli reivindicavam simultaneamente o ideal de 1789 e o aparecimento de uma nação italiana; quer seja na Alemanha onde Fichte apela à nação alemã e onde escritores e publicistas tentam fazer ressurgir da história os traços desta nação; quer seja na Polónia, onde o ressurgimento do grão-ducado de Varsóvia, em 1807, devolve a

(*) Doutrina de Babeuf, revolucionário francês (1840), tendente a um socialismo igualitário. [*N. do T.*]

esperança aos patriotas. Por vezes, este alerta nacional assumiu a forma de um despertar: na Espanha, a guerrilha contra os Franceses fez nascer o mito mobilizador da «guerra da independência»; na Rússia, a campanha do «Grande Exército» enfrentou mobilizações patrióticas. Estes dois últimos exemplos mostram como seria errado traçar a equação nacionalismo igual a liberalismo. Para mais, as questões nacionais vêm fragmentar um mapa político onde a dependência nacional conta menos do que o relacionamento de forças diplomáticas. Os arranjos dos territórios alemães (a Ata da Dieta de 1803, o Tratado de Schönbrunn de 1805, a criação da Confederação do Reno, em 1806, o Congresso de Viena, em 1815) não são dominados pelos Alemães, mas impostos por potências exteriores. No Congresso de Viena, a Comissão de Estatística é encarregada de avaliar o impacto das redistribuições territoriais, não do ponto de vista político ou histórico, mas do simples cálculo (superfície e número de habitantes).

Quando, aqui ou além, na Itália, na Bélgica ou na Grécia, surgem movimentos, as potências europeias reagem de maneira contraditória. A libertação nacional grega é facilmente defensável: atinge os interesses do Império otomano, o inimigo tradicional. Mas as aspirações italianas contrariam duplamente a Áustria: colocam em causa a sua presença na península e assentam num liberalismo exatamente contrário aos pontos de vista de Metternich. A Bélgica conquista a sua independência à custa de uma arbitragem que, em 1830, lhe sacrifica a dos Polacos, entregues aos Russos.

Os anos de 1815-1847 apresentam na Europa um caráter nitidamente menos agitado do que os trinta anos precedentes (1789-1815). Mas, sob a relativa acalmia, fruto da vitória de 1815 sobre a França imperial, novas forças trabalham as sociedades, os ideais e os povos. O cartismo na Inglaterra, o radicalismo de Ledru-Rollin em França, a aspiração democrática de Mazzini na Itália, significam outras tantas ultrapassagens a um liberalismo que aspira essencialmente ao respeito de uma constituição e ao das liberdades fundamentais – liberdade do indivíduo, de imprensa e de associação.

Quando estas forças, em 1848, manifestam clamorosamente o seu poder, o equilíbrio internacional é afetado. Assim que, em fevereiro de 1848, Paris se levanta e expulsa Luís Filipe, renasce a esperança – ou, se se quiser, o seu espectro – da Revolução Francesa. É ela que leva Metternich a Viena, une os patriotas e entusiasma os nacionalistas alemães. Passou o tempo do *status quo*: esboça-se uma nova Europa. O mapa apresenta os seus vestígios, senão a sua realização: de um lado, povos que aspiram à unidade (Alemanha e Itália); do outro, movimentos separatistas que fazem vacilar a estrutura do império austríaco. Enfim, a divisão social parece poder libertar-se das fronteiras e o *Manifesto do Partido Comunista* de Karl Marx e Friedrich Engels (1847) abre o caminho à internacionalização das lutas sociais. O mito revolucionário mantém-se intacto.

1848, «Primavera dos povos»: a expressão indica bem em que sentido evoluem as relações internacionais. A partir de agora, a atualidade europeia é dominada pelas questões nacionais; entre 1850 e 1870, assiste-se à emergência de duas novas nações, a Itália e a Alemanha, enquanto a Hungria obtém de Viena o reconhecimento que a coloca em pé de igualdade com a Áustria (1867). Esta modificação em profundidade do equilíbrio europeu operou-se num clima de competição e de conflitos. A França e a Inglaterra estiveram implicadas, por vezes de forma contraditória. Foi o que se passou com a política de Napoleão III que, a princípio, se apresentou como protetor dos Estados Pontifícios, antes de tomar partido a favor da unidade italiana. A Prússia, em torno da qual a política de Bismarck reuniu as aspirações alemãs, só construiu a Alemanha à custa da derrota da Áustria (Sadova, 1866) e da França (Sedan, 1870).

As duas partes que constituem esta obra – os equilíbrios europeus; a Europa e o Mundo – pretendem dar conta, por um lado, da importância assumida pela zona central da Europa e, por outro, do início de uma globalização das relações internacionais. De facto, contrariamente ao que poderíamos pensar, a mundialização é um fenómeno mais antigo do que se julgou no século XX (R. Rémond). Assim, serão abordadas, primeiramente, as jogadas diplomáticas que opõem entre si as potências europeias, antes de passarmos a analisar a irradiação da Europa sobre o mundo, em primeiro lugar, mediante o estudo do papel mundial do Reino Unido e das rivalidades hegemónicas existentes entre as potências europeias; em segundo lugar, mediante o estudo da importância da colonização, que inicia uma profunda transformação das relações internacionais. Finalmente, tentaremos esclarecer a emergência do ator americano, que, longe de ficar apenas no seu terreno privilegiado, definido em 1823 pelo Presidente Monroe, adquire progressivamente os trunfos do poder, que o levarão a imiscuir-se cada vez mais na vida do mundo inteiro.

PRIMEIRA PARTE

OS EQUILÍBRIOS EUROPEUS

1

A Europa de Napoleão

O golpe de Estado de 18 do Brumário poderia não ter passado de mais uma vicissitude suplementar da história já controversa da França revolucionária. Apesar das incertezas que hipotecam o êxito do projeto dos conspiradores, o Consulado dota a França com instituições duradouras. Num contexto externo aparentemente desfavorável, a França assina tratados de paz que confirmam as suas ambições revolucionárias. Em seguida, desenvolve-se uma política de poderio, cujo palco é a Europa inteira. Nunca anteriormente houvera, em tão pouco tempo, perturbações territoriais de tal amplitude. A França de Napoleão dirige este movimento ambicioso e conquistador. Por isso, para podermos dar-nos conta das profundas alterações que afetam a Europa e o mundo, é necessário que nos coloquemos não na perspetiva específica francesa, mas sim na dinâmica napoleónica. Estes anos de guerra e de glória inauguram o século e lançam os alicerces de uma Europa em rutura com o Antigo Regime.

1. Ganhar a paz (1799-1802)

Embora a glória militar do general Bonaparte tenha trazido um evidente prestígio ao golpe de Estado, mantêm-se as incertezas sobre o resultado dos conflitos políticos que minam a França. O desejo de paz ostentado pelos novos poderes responde à necessidade de consolidar as conquistas da Revolução. Impõem-se uma pausa na guerra externa e uma reorganização interna.

A partir de 1792, a França encontra-se em guerra que, de defensiva, se tornou ofensiva. Permitiu o avanço francês na Bélgica e na

Holanda, na margem esquerda do Reno, na Suíça, na Itália; mas também no Mediterrâneo e, particularmente, no Egito. Com as suas vitórias italianas e aureolado pelo mito egípcio, Bonaparte pertence à jovem geração dos militares da Revolução, cujos êxitos alimentaram a glória nacional. Os tratados de Basileia (1795) e de Campofórmio (1797) tinham mais ou menos confirmado esta nova distribuição. Mas o recomeço da guerra em 1798, por iniciativa da Áustria, fica assinalado, na primavera de 1799, por reveses para os Franceses. Embora, no outono, Masséna obrigue os Russos a recuar, a situação herdada pelo novo poder é delicada para o poderio francês. E, mais grave ainda, a Inglaterra incomoda a França nos mares, apodera-se das suas colónias (Martinica, Santa Lúcia, Tobago, S. Pedro e Miquelon, e das feitorias indianas), dá o seu apoio aos realistas acampados no Oeste da França e exige que a anexação da Bélgica seja anulada.

As ofertas de paz apresentadas por Bonaparte ao imperador austríaco, Francisco II (2), e ao rei da Inglaterra, Jorge III (1760-1820), desde dezembro de 1799, são rejeitadas. Na primavera de 1800, retomam-se as campanhas militares. Moreau e o exército do Reno avançam rapidamente até Ulm, cercada a 25 de maio. Na Itália, Bonaparte vai em socorro de Masséna. O primeiro entra em Milão a 2 de junho, enquanto o segundo sai de Génova a 4 de junho. A 14 de junho, Franceses e Austríacos travam batalha em Marengo. A derrota francesa parece inevitável, até ao momento em que a chegada de Desaix com reforços inverte a situação. O choque psicológico da derrota militar forçou os Austríacos a negociarem com o vencedor. As negociações iriam abordar principalmente o mapa da Itália. Na Áustria, o partido da guerra perdia o seu principal fautor: Thugut abandonava a direção dos assuntos externos em proveito de Cobenzl. Em Lunéville, as delegações francesa, chefiada por José Bonaparte, e austríaca (Cobenzl) negociavam os termos de uma paz ainda duvidosa. Os dois países continuavam a enfrentar-se em combates na Alemanha. A vitória de Moreau em Hohenlinden (3 de dezembro de 1800) obriga a delegação austríaca a aceitar os termos de paz, assinada em Lunéville a 9 de fevereiro de 1801. Esta paz instaura o equilíbrio na Itália: a Áustria,

(2) Francisco (1768-1835): filho do imperador Leopoldo II. Francisco de Habsburgo é conhecido primeiro pelo nome de Francisco II, imperador do Sacro Império (1792-1806), e depois por Francisco I, imperador da Áustria (1804-1835). Enfraquecido pelo novo mapa alemão, depõe a coroa do Sacro Império Romano-Germânico em 1806.

a quem são confirmadas as suas possessões no nordeste da península (Ístria, Dalmácia, embocadura do Cattaro, territórios até ao Ádige), reconhece as repúblicas italianas cisalpina (Milão) e lígure (Génova), colocadas sob a proteção da França. Veem-se, aliás, dotadas de constituições inspiradas no modelo francês. Bonaparte é eleito presidente da república Cisalpina em janeiro de 1802 (torna-se a república italiana em 1802). Lunéville assinala também o reconhecimento pela Áustria do domínio francês da margem esquerda do Reno, da anexação da Bélgica (antigo território austríaco), das repúblicas batávica (Holanda) e helvética, das quais Bonaparte pensa fazer «repúblicas irmãs».

Em agosto de 1804, à proclamação de Napoleão como imperador (maio de 1804) tinha ripostado com a sua elevação ao título de Imperador da Áustria.

A Rússia do czar Paulo I (1796-1801) tinha adiantado os seus peões na Europa e no Mediterrâneo onde, apesar de uma aliança formal com os Turcos (dezembro de 1798), os Russos tomavam posição, na expectativa da decomposição do Império otomano. Opera-se uma aproximação franco-russa: posta em causa a situação na Itália – o czar entende que a França deve abandoná-la –, mas visível na hostilidade recente da Rússia contra a Inglaterra, tanto no Báltico como no Mediterrâneo. Um projeto de expedição contra os domínios ingleses na Índia aborta, com o assassinato do czar por cortesãos contrários à sua política pró-francesa e às suas extravagâncias. Apesar desta viragem política em Sampetersburgo, Bonaparte estava interessado numa aliança franco-russa, que encontrava a sua justificação nos interesses comuns no Mediterrâneo oriental. A 8 de outubro de 1801, o tratado franco-russo formalizava a paz: a França renunciava às ilhas Jónicas, respeitava a integridade do reino de Nápoles e aceitava a mediação do czar Alexandre I (1801-1825) no seu conflito com os Turcos. No dia seguinte, a paz de Paris via a França devolver o Egito ao Império otomano. Estas concessões francesas tinham um objetivo: reforçar a determinação dos Russos em proibir à Inglaterra o acesso ao Mediterrâneo oriental.

Não foi fácil chegar a um tratado de paz entre a França e a Inglaterra. As conquistas francesas no continente (anexação da Bélgica e da Holanda), a guerra de corso, a aliança com a Espanha, potência marítima, a vontade de lutar contra a presença inglesa no Mediterrâneo constituíam outros tantos agravos, sem falar nos motivos políticos. A Inglaterra de Pitt apoiava a restauração dos Bourbons e tinha a intenção de obrigar a França a recuar. Fortalecida pela prosperidade obtida através da guerra continental (as exportações inglesas aumentam 40% entre 1793 e 1801, ao passo que o comércio externo francês recua fortemente), a Inglaterra tinha ganho a guerra económica. Mas, por volta de 1800, as dificuldades multiplicaram-se: más colheitas acarretando a necessidade de abastecimentos no exterior, uma alta nos preços e risco de penúria, enfim, evoluções diplomáticas no continente.

O primeiro cônsul francês, por seu lado, dá provas de uma extrema prudência: graças à revogação, em dezembro de 1799, da lei de janeiro de 1798 que autorizava a pirataria e que deixava de respeitar os pavilhões neutros, e à normalização das relações com os Estados Unidos, castigados por esta guerra de corso (Tratado de Mortefontaine, 30 de setembro de 1800), Bonaparte conseguiu contornar, em parte, o bloqueio inglês e aparecer como defensor da liberdade marítima. A Inglaterra reagiu reivindicando, apesar de tudo, o «direito de busca» aos navios, condição essencial à eficácia do bloqueio. Alguns desentendimentos entre Dinamarqueses e Ingleses (julho-agosto de 1800) levam à união dos Estados bálticos numa Liga dos Neutros, conduzida pela Rússia de Paulo I. No início de 1801, os Dinamarqueses apoderam-se de Hamburgo e de Lubeque; os Prussianos entram no eleitorado de Hanôver, propriedade do rei de Inglaterra. Este riposta com o ataque a Copenhaga (2 de abril de 1801). Os Dinamarqueses têm de abandonar a Liga, enfraquecida pela morte do czar. Um acordo russo-britânico (junho de 1801) encerrava este episódio. A Inglaterra assegurara os seus abastecimentos de víveres (trigo e peixe) e de madeira. Mas o alerta tinha sido grave e tinha convencido o novo homem forte, Addington, a negociar com a França. Os preliminares, acordados entre os dois países a 1 de outubro de 1801, constituem a base de debate entre os negociadores (José Bonaparte e Lorde Cornwallis), em Amiens; o tratado é assinado em 27 de março de 1802. A Inglaterra afasta a França do Egito, entrega a cidade do Cabo aos Holandeses, cede Malta à Ordem dos Cavaleiros e conserva a ilha da Trindade, no Atlântico. A França recupera as suas colónias nas Antilhas. No entanto, a Inglaterra não reconhece os arranjos continentais, saídos da Revolução.

Com a paz de Amiens, Bonaparte acaba de dar a paz à França e de pacificar a Europa. Esta paz sela o reconhecimento da vitória da Revolução, tanto no que diz respeito à expansão territorial e militar da França, como no que se refere ao reconhecimento da sua subversão política. A causa dos Bourbons foi sacrificada à paz europeia. Aliás, o Consulado assinou uma concordata com a Santa Sé (15 de julho de 1801) que, embora à primeira vista diga respeito à pacificação religiosa da França, merece ser apontada como um êxito em política externa. Esta concordata põe termo ao conflito que vinha opondo a França revolucionária a Roma, apesar das tensões existentes entre os dois Estados em Itália; e pode interpretar-se como um desejo sincero de paz pelo lado de Bonaparte.

2. De uma França hegemónica a uma Europa francesa (1802-1808)

Após o Tratado de Amiens, a posição da França é muito favorável. A sua influência na Holanda, na Suíça e na Itália estende-se também para leste, onde as cláusulas do Tratado de Lunéville o envolviam na reorganização política e territorial prevista (artigo 7 do tratado, que prevê «indemnizar» os príncipes alemães, quer dizer, redistribuir os territórios). Esta posição de árbitro continental inquieta Londres. Mais ainda, o primeiro cônsul não hesita em conduzir uma vigorosa reconquista das colónias (submissão da revolta de Toussaint Louverture, em maio de 1802, na ilha de São Domingos), em manter uma política comercial hostil aos interesses britânicos, em aumentar a influência da França na Itália e em enfraquecer a Áustria na Alemanha. Perante este eventual «superpoderio» francês, a Inglaterra não podia deixar de reagir.

2.1. O conflito com a Inglaterra

A questão de Malta (a ilha devia ser cedida pelos Ingleses aos cavaleiros da Ordem de S. João de Jerusalém) não passa de um pretexto no confronto franco-inglês. É evidente a dimensão económica deste confronto: a política protecionista da França e os seus pontos de apoio na Europa representavam um obstáculo ao escoamento da indústria britânica. Do mesmo modo, um controlo demasiado apertado dos portos por parte da França bloqueava as importações para a Inglaterra, o que, pelo menos no plano agrícola, a fragilizava, visto não ser autossuficiente. Uma vez pacificada, a França de Bonaparte tinha a intenção de reconquistar os mercados que abandonara quando estivera presa da tormenta e da guerra revolucionária. O número de tratados comerciais assinados pela França (em 1801 com Nápoles,

Espanha, Portugal, Argélia e Rússia; em 1802, com o Império otomano e com Tunes) e a reconquista do seu comércio externo mostravam que a paz favorecia a França. Ao retomar a guerra em maio de 1803, o governo inglês chefiado pelo *tory* Addington defendia os interesses da sua economia e acompanhava os sentimentos antifranceses da sua opinião pública.

De caráter económico (o bloqueio dos portos e o apresamento dos navios), a guerra é essencialmente naval. Embora a França disponha de numerosos pontos de apoio em terra (em 1803, ocupa Hanôver), no mar encontra-se em situação de desvantagem. O projeto napoleónico de invasão da Inglaterra começa a esboçar-se: durante todo o ano de 1804 e até agosto de 1805, tropas, canhões e mantimentos concentram-se em Bolonha. A lógica do bloqueio contra a Inglaterra acentua-se à medida dos progressos do Império e o decreto de 21 de novembro de 1806 (publicado em Berlim, na sequência da vitória contra a Prússia) culmina no bloqueio geral das ilhas Britânicas.

2.2. Rumo a uma Itália submetida

Em setembro de 1802, o Piemonte é incorporado à República Francesa e dividido em seis províncias, governadas por prefeitos. Três anos mais tarde (junho de 1805), a república lígure era anexada ao império francês e transformada em três províncias francesas. Em 1808, foi a vez do ducado de Parma. A república italiana, com Milão por capital, elege Bonaparte como presidente e terá Napoleão como rei (1805). Este dispositivo reforça a presença francesa na Itália, em detrimento da Áustria. Finalmente, ao sabor da guerra europeia, Napoleão expulsa os Bourbons do reino de Nápoles, onde, em 1806, instala o irmão José. Anteriormente (1803), tivera o cuidado de controlar os portos napolitanos, provocando nos Ingleses e nos Russos uma inquietação crescente, face às suas ambições no Mediterrâneo. A irmã Elisa recebe o principado de Lucca e de Piombino, no centro da península. Em 1806, dispõe dos feudos pontifícios do reino de Nápoles (nomeia Talleyrand príncipe de Benevento e oferece a Bernadotte o principado de Pontecorvo). A hostilidade crescente do Papa Pio VII leva o imperador francês a entrar em Roma em janeiro de 1808 e a confiscar os territórios pontifícios ao longo da costa adriática (abril de 1808). Esta estratégia italiana responde simultaneamente à ambição napoleónica, de que dá testemunho a instalação dos seus familiares como soberanos, e à necessidade de eliminar qualquer oposição suscetível de o enfraquecer na guerra contra a Inglaterra (o controlo dos portos italianos era essencial) e contra a Áustria.

2.3. *O reordenamento dos territórios alemães*

O mapa político dos territórios alemães era de uma incrível complexidade, imbricando várias centenas de Estados com estatutos diferentes – reinos, principados, cidades livres, principados eclesiásticos... – e envolvia as grandes potências: a Rússia – o czar está ligado a várias famílias reinantes –, a Inglaterra – o Hanôver é propriedade pessoal do rei da Inglaterra –, a França, preocupada em consolidar a sua fronteira natural no Reno, e a Áustria, cujo soberano era Imperador do Sacro Império Romano-Germânico. A Prússia tinha enfim adquirido, no decurso do século XVIII, uma importância crescente.

O novo mapa alemão resulta de cálculos e de pressões francesas e russas. Ao favorecer Estados médios, aliados da França (Baviera, Vurtemberga e Bade) e a Prússia, aumentada graças a uma deslocação para nordeste, vai enfraquecer duradouramente a influência austríaca. Ao eliminar 45 cidades livres, de um total de 51, assim como a quase totalidade dos principados eclesiásticos, ao redistribuir os cargos eleitorais do Império criando assim uma maioria protestante ([3]), a Ata da Dieta do Império, assinada em 25 de fevereiro de 1803, modificava o equilíbrio alemão e abria o caminho de par em par à influência francesa.

2.4. *Rumo ao domínio do continente*

A França dispunha, além disso, da aliança espanhola. À falsa neutralidade acordada em outubro de 1803 (a Espanha não entrava em guerra mas comprometia-se a pagar seis milhões de libras por mês à

([3]) O Sacro Império Românico-Germânico elegia o imperador. Sete príncipes alemães detinham a qualidade de eleitores. Os príncipes de Bade, de Vurtemberga e de Hesse-Cassel receberam em 1803 esta prerrogativa, havendo a partir de então seis eleitores protestantes, ou seja, a maioria, o que abria o caminho a uma próxima substituição dos Habsburgos católicos e detentores da dignidade imperial desde Carlos V.

França) segue-se, em dezembro de 1804, a entrada em guerra contra a Inglaterra. Da Espanha, Napoleão esperava essencialmente o apoio da armada espanhola para pôr em execução o projeto de invasão das ilhas Britânicas. Uma manobra de diversão franco-espanhola deveria atrair a armada inglesa às Antilhas, de forma a desimpedir a Mancha.

O sistema napoleónico inquieta igualmente Londres e Sampetersburgo. A aliança franco-russa, fruto da política de Paulo I, ia ser abandonada pelo filho, Alexandre I, em proveito de um entendimento com o Governo britânico, dirigido, desde maio de 1804, por William Pitt. A 11 de abril de 1805, é assinado em Sampetersburgo o tratado anglo-russo. Pormenorizando as condições do auxílio financeiro da Inglaterra à Rússia (entrega de 1,25 milhões de libras esterlinas por ano, verba destinada ao alistamento de 100 000 soldados russos), o tratado é o eixo em redor do qual se organiza a terceira coligação contra a França. A Suécia entra na aliança assinando, em março e em outubro de 1805, tratados com a Rússia e com a Inglaterra. A 16 de junho do mesmo ano, a Áustria adere ao tratado de 11 de abril. Depois de muito hesitar quanto a uma nova guerra contra a França, o imperador Francisco I resigna-se a entrar no jogo russo. Sem apoio, não poderia tentar reconquistar uma influência singularmente maltratada na Alemanha. Mantendo-se neutro, arriscar-se-ia a pagar as despesas de uma vitória russa. Está erguido o novo cenário diplomático: abre-se sobre uma guerra continental, na qual Napoleão irá recolher os seus mais belos triunfos militares.

Fortalecidos pelas alianças com Vurtemberga, Bade e a Baviera (agosto-setembro de 1805), Napoleão e o Grande Exército podem cair rapidamente sobre o exército austríaco, derrotado em Ulm a 15 de outubro de 1805. A 2 de dezembro, Russos e Austríacos são humilhados em Austerlitz. Estes êxitos compensam um fracasso pesado de consequências: o fracasso de Napoleão no plano naval. O desastre de Trafalgar (21 de outubro de 1805), em que se assiste ao aniquilamento das armadas francesa e espanhola pela de Nelson, obriga o imperador a adiar o seu projeto de invasão da Inglaterra e a concentrar-se, portanto, no continente. A paz de Presburgo (27 de dezembro de 1805), entre a França e a Áustria, traduz a relação de forças resultante da guerra. A Áustria abandona os seus domínios italianos: Veneza, mas também a Ístria e a Dalmácia são agregadas ao reino da Itália. A França domina a península. Na Alemanha, o Sacro Império desaparece. Vurtemberga e a Baviera tornam-se reinos e aumentam à custa da Áustria e dos seus principados aliados. A 16 de julho de 1806, a Confederação do

Reno, agrupando em redor das três potências do sul (Baviera, Bade e Vurtemberga) outros treze Estados alemães, é um instrumento nas mãos de Napoleão, nomeado seu «Protetor». A confederação, à qual se junta, em finais de 1806, a Saxónia, compromete-se a fornecer 63 000 homens aos exércitos imperiais.

Uma tentativa de negociação entre a França, a Inglaterra e a Rússia gora-se no decurso do verão. A Prússia, intimada por Napoleão a entrar numa aliança francesa e recompensada por isso com o Hanôver, muda de lado e associa-se à Rússia. Fazendo um ultimato a Napoleão – deve retirar as suas tropas para lá do Reno – o rei Frederico Guilherme III oficializa a sua reviravolta. A quarta coligação contra a França agrupa a Rússia, a Prússia e a Inglaterra, isto é, os únicos Estados ainda em condições de se oporem à expansão francesa. A derrota militar prussiana (vitórias francesas de Iena e de Auerstedt, de 15 de outubro de 1806), a entrada de Napoleão em Berlim a 27 de outubro, a ocupação da Prússia confiada aos administradores franceses Daru e Bignon abalam mais uma vez o equilíbrio europeu. A Alemanha, pode dizer-se, era francesa. Sentindo-se forte com o seu domínio do continente, Napoleão, depois de Berlim (a 21 de novembro de 1806), tinha decretado as ilhas britânicas em estado de bloqueio.

2.5. A aliança franco-russa

Frente a frente, Russos e Franceses confrontam-se durante o inverno de 1807. A batalha de Eylau (8 de fevereiro) não é decisiva para nenhum dos dois campos. Só a fulgurante vitória francesa de Friedland (14 de junho de 1807), obrigando o exército russo a submeter-se, força o czar Alexandre I a encarar a paz com Napoleão e obriga os Prussianos e os Austríacos a abandonarem temporariamente as suas esperanças de desforra. Mais, as entrevistas de Napoleão e Alexandre a partir de 25 de junho em Tilsit culminam numa reviravolta espetacular: a aliança entre a França e a Rússia (7 de julho de 1807). A paz com a Prússia (9 de julho de 1807) desmantela o Estado alemão, em proveito do grão-ducado de Varsóvia e de um reino de Vestfália, confiado a Jerónimo Bonaparte, que tinha desposado Catarina, filha do rei de Vurtemberga, tecendo desta forma os laços dinásticos sobre a Alemanha e sobre a Europa, de que Napoleão fazia agora a sua política.

Talleyrand (Charles-Maurice de) 1754-1838

Este aristocrata do *Ancien Régime*, bispo de Autun em 1789 e açambarcador de numerosos benefícios eclesiásticos, soube tirar partido das transformações revolucionárias e aliou-se à Constituição Civil do Clero; emigrado em 1792, ocupou no Diretório o Ministério das Relações Exteriores e aderiu ao golpe de Estado de 18 do Brumário. Ministro de Bonaparte de 1799 a 1807, apoia Napoleão, ao mesmo tempo que revela a sua visão pessoal do equilíbrio europeu. Assim, é favorável a uma aliança franco-austríaca. Mas o tratado de Presburgo, em 1805, revela os limites da sua influência junto do Imperador, mais inclinado a uma aproximação com a Rússia. Afastado do Ministério em 1807, continua a gozar de grande influência junto do Imperador, que o recompensou com o título de príncipe de Benevento, um principado arrancado ao Papa. Favorável ao envolvimento francês em Espanha, desdiz-se à vista dos acontecimentos contrários ao êxito dos Franceses e, em oposição cada vez mais clara a Napoleão, Talleyrand não hesita em jogar uma cartada pessoal fornecendo informações e conselhos ao imperador da Áustria, depois ao czar. Em 1814, é um dos artesãos do regresso dos Bourbons. Luís XVIII nomeia-o ministro dos Assuntos Estrangeiros a 13 de maio de 1814 e fá-lo Príncipe de Talleyrand e Par de França a 4 de junho desse mesmo ano. Negociador francês no Congresso de Viena, utiliza as suas ligações e a sua influência para se instalar no centro das negociações. Consegue associar a França a uma aliança austro-britânica contra a Prússia e a Rússia. Os Cem Dias vêm anular os benefícios políticos desta habilidade diplomática. O contexto político e internacional deixou de ser favorável à solução de compromisso entre o poderio francês e a ordem europeia, entre a Restauração e as conquistas da Revolução, encarnadas por Talleyrand. É preciso aguardar por 1830 e pelo regime de julho para vermos Talleyrand retomar o serviço: é embaixador em Londres até agosto de 1834. Esforça-se por conseguir uma aproximação franco-inglesa.

O político corrupto e traiçoeiro coabita com o diplomata subtil. Não será que o homem se serviu a si próprio, antes de servir a França? Embora seja para Chateaubriand a própria imagem do vício – a sua venalidade não tem limites: «Quando o senhor Talleyrand não conspira, trafica», escreveu ele – não se lhe pode negar uma visão clara da política estrangeira da França. A sua oposição a Napoleão resultou em desacordo cada vez mais profundo com o desejo de expansão do imperador. Por defender a expansão da *Grande Nação*, foi o primeiro a perceber que a luta contra toda a Europa, após 1805, se tinha tornado inútil e perigosa.

3. Apogeu e declínio do Império (1808-1815)

3.1. A guerra em Espanha

Aliada tradicional da França desde a Guerra da Sucessão (1700-1713) e dos pactos de família do século XVIII, a Espanha viveu dolorosamente os ecos da Revolução Francesa. Após a queda da monarquia em França, os Bourbons de Espanha sentem-se isolados e ameaçados. Mas, graças à ajuda da inércia e à união de interesses recíprocos, Madrid tinha reatado com a aliança francesa a partir de 1795. O poderio naval e colonial representava um elemento chave, do qual Napoleão procurava tirar partido. O desastre de Trafalgar tinha assestado um golpe terrível na marinha espanhola e a Espanha, cuja desordem política crescia cada vez mais, tinha-se tornado um foco de instabilidade na Europa napoleónica. Totalmente empenhado na política de bloqueio contra a Inglaterra, Napoleão ficava irritado com os circuitos comerciais que saíam de Portugal e iam até ao Reino Unido e com os fenómenos de contrabando que tinham a sua origem na costa atlântica da Espanha.

Devido a querelas familiares, em si mesmas expressões da oposição cada vez mais pronunciada à política de Godoy, primeiro-ministro de Carlos IV e amante da rainha Maria Luísa, Napoleão é levado a intervir em Espanha. O motim de Aranjuez, em 19 de março de 1808, culmina na abdicação de Carlos IV a favor de seu filho Fernando VII, mais nitidamente hostil à França. Enquanto os dois protagonistas são convocados a Bayonne, Murat penetra em Espanha e entra em Madrid. A revolta que se segue, a 2 de maio, imediatamente reprimida com violência (3 de maio), convence Napoleão a livrar-se dos Bourbons (5 de maio). Nomeia seu irmão José como rei de Espanha. Uma assembleia de notáveis espanhóis ratifica uma constituição feita por medida (7 de julho de 1808). Iria a Espanha transformar-se numa nova Itália?

A revolta contra a presença francesa alastra por todo o país. Em vários aspetos, ela é paradoxal e sintomática. Paradoxal, porque conjuga contraditoriamente a reivindicação nacionalista (a rejeição dos Franceses, exército de ocupação em nome dos valores tradicionais da Espanha – à frente dos quais, o catolicismo) e a aspiração liberal (uma assembleia, reunida em Cádis, elabora uma Constituição herdeira do espírito de 1789). Sintomática, porque combina ao mesmo tempo o ideal revolucionário difundido pela França e a aspiração à independência nacional. Estes dois movimentos inspiram a resistência ao ocupante francês na Alemanha, mas também na Itália. Para mais, a vitória dos insurretos espanhóis em Bailé, a 22 de julho de 1808, à custa do general Dupont, demonstra à Europa inteira que Napoleão e o seu exército não são invencíveis. E também se compreende melhor o jogo espanhol: é a manifestação mais clara dos limites à hegemonia napoleónica e o sinal dado a todos os que, na Europa, gostariam de conjugar nacionalismo e liberalismo, sem precisarem do protetorado francês. Assim, o ministro prussiano Stein apela a um levantamento contra Napoleão, antes de ser exilado do Império (16 de dezembro de 1808).

No plano diplomático e militar, a Espanha torna-se o palco do confronto entre Napoleão e a Inglaterra. Esta dá imediatamente o seu apoio a Portugal e Junot tem de capitular a 30 de agosto, em frente de Sintra. Os exércitos de Wellington ([4]) vão fixar na Península Ibérica centenas de milhar de soldados franceses, indispensáveis noutras frentes.

De 29 de outubro de 1808 a 10 de janeiro de 1809, é o próprio Napoleão quem conduz as operações em Espanha. As vitórias de Burgos (10 de novembro) e de Somosierra (30 de novembro) abrem-lhe a estrada para Madrid, onde entra a 4 de dezembro. Perseguindo os Ingleses no noroeste da península, obliqua em Astorga para regressar a Paris, onde a atmosfera política se tornara pesada.

A história da «guerra da Independência», como lhe chamam os Espanhóis, é uma sucessão de reviravoltas do acaso, tanto para uns como para outros. Uma coisa é certa: os Franceses são incapazes de dar conta de uma guerrilha poderosa, ajudada pela Inglaterra e conhecedora do terreno. A autoridade de José Bonaparte é insignificante.

3.2. A guerra de 1809

Tanto sob o ponto de vista político como sob o ponto de vista diplomático e militar, a resistência espanhola cria as condições favoráveis à retomada da guerra contra a França. Na Áustria e na Prússia, observa-se uma política bastante sistemática de reorganização do Estado e dos exércitos, que faz evoluir as estruturas sociais (abolição da servidão na Prússia, por exemplo). Conduzida por homens como

---

([4]) Antes de ter sido feito 1.º duque de Wellington, foi conhecido pelo nome de Arthur Wellesley.

Stadion (Áustria) e Stein (Prússia), esta política preludia uma recuperação nacional a que aspiram numerosos escritores, transformados em porta-vozes do nacionalismo alemão. Em 1807, Fichte, acabrunhado sob o peso da derrota de 1806, tinha escrito o seu *Discurso à Nação Alemã*, que permanece nas memórias como a ilustração perfeita de um apelo ao despertar da consciência nacional e cujos ecos são percetíveis ao longo de todo o século XIX.

Jogando com estes sentimentos nacionalistas, o chanceler austríaco Stadion encoraja um levantamento popular antifrancês no Tirol e no norte da Alemanha. Ao mesmo tempo, o grosso do exército austríaco, confiado ao arquiduque Carlos, concentra os seus ataques sobre a Baviera, aliada da França. Outras tropas vigiavam, na Galícia, os possíveis movimentos dos exércitos da Rússia, oficialmente ligada à França, através de uma aliança defensiva. Napoleão chefia pessoalmente o exército na Alemanha e enfrenta os Austríacos entre 17 e 22 de abril de 1809. A vitória de Eckmül abre-lhe a estrada de Viena, onde entra a 12 de maio. A derrota austríaca, contudo, não está consumada. Por isso, os Franceses têm ainda de travar vários combates extenuantes e duvidosos. Somados aos da Espanha, onde os reveses se acumulam, estes acontecimentos criam uma incerteza cada vez mais profunda sobre a sorte de Napoleão e do seu império. Entre Napoleão e o aparelho político parisiense, entre o exército e as elites civis começam a surgir fissuras, que irão aprofundar-se cada vez mais, deixando espaço para as manobras de Fouché ou de Talleyrand. Nestas condições, percebem-se melhor as reviravoltas das alianças e das situações dos finais do império.

No entanto, mais uma vez, Napoleão sai vencedor deste conflito particularmente incerto. Depois de terem resistido na ilha Lobau, no Danúbio, as tropas napoleónicas conhecem em Wagram uma vitória significativa (6 de julho de 1809). Nestas condições e a despeito do desembarque inglês na Holanda (em Flessingue, a 30 de julho) logo rechaçado pelas iniciativas de Fouché, que mobiliza os guardas nacionais das províncias belgas e holandesas do Império (os Ingleses reembarcam sem combater, a 30 de setembro), os Austríacos são forçados às negociações, conduzidas por Metternich, sucessor de Stadion. A paz de Viena (14 de outubro de 1809) consagra mais uma vez o recuo do poderio austríaco. A França anexa as «Províncias Ilíricas» – a costa oriental do Adriático, que põe em contacto o Império francês com o Império otomano –, exige indemnizações (85 milhões de francos) e partilha a Galícia entre a Rússia e o grão-ducado de Varsóvia.

A família Bonaparte e os tronos europeus

Ao mais velho dos irmãos, José (1768-1844), Napoleão I oferece primeiro o reino de Nápoles (1806-1808), depois a Espanha (1808-1813), onde a sua autoridade será apenas nominal. Quanto às irmãs, faz de Elisa (1777-1820) princesa de Lucca (1805-1809), depois grã-duquesa da Toscana (1809-1814), enquanto Carolina (1782-1839) casa com o marechal Murat, grão-duque de Berg (1806-1808) e em seguida rei de Nápoles (1808-1815). Luís (1778-1840), que casa com a filha do primeiro casamento da imperatriz Josefina, Hortense de Beauharnais, é rei da Holanda (1806-1810). Da sua união nasce Carlos Luís em 1808, futuro Napoleão III. Eugénio de Beauharnais (1781-1824), irmão de Hortense, é vice-rei da Itália (1805-1814), depois duque de Leuchtenberg. Jerónimo Bonaparte é rei da Vestefália entre 1807 e 1813. Luciano é o único que não recebe nenhum principado para governar. Napoleão divorcia-se em 1809 para casar com Maria Luísa de Áustria. Seu filho, Napoleão II (1811-1832), rei de Roma e duque de Reichstadt, liga o sangue do clã corso ao dos Habsburgos, síntese admirável do turbilhão dinástico que o episódio napoleónico deixa supor, mistura de legitimidade revolucionária com ambições régias.

Da mesma forma, Napoleão reata com os títulos aristocráticos e cumula de favores os seus generais, chegando a ponto de confiar a Berthier a soberania de Neuchâtel e a Bernadotte a de Pontecorvo. Kellerman é duque de Valmy; Lefebvre, duque de Dantzig; Moncey, duque de Conegliano; Masséna, duque de Rivoli e príncipe de Essling; Soult, duque da Dalmácia; Lannes, duque de Montebello; Mortier, duque de Treviso; Ney, duque de Elchingen, príncipe da Moscóvia; Davout, duque de Auerstedt e príncipe de Eckmül; Bessières, duque da Ístria; Victor, duque de Bellune; Macdonald, duque de Tarento; Mormont, duque de Ragusa; Oudinot, duque de Reggio; Suchet, duque de Albufera.

Na mesmo altura, Napoleão anexa os Estados pontifícios, transformando-os em duas províncias francesas (10 de junho de 1809). A reação de Pio VII é clássica: excomunga o imperador; mas é este quem manda prender o Papa. Em fevereiro de 1810, fica decidido que o primeiro filho do imperador terá o título de «rei de Roma».

Em 11 de março de 1811, o casamento de Napoleão com Maria Luísa de Áustria esclarece a Europa sobre as intenções do imperador. Preocupado em assegurar uma descendência que garanta a legitimidade à sua dinastia (Josefina Beauharnais não pode ter filhos),

Napoleão escolhe uma princesa Habsburgo. Desta forma, passa a fazer parte de uma das mais antigas famílias da Europa, fazendo do seu futuro herdeiro o improvável rebento da Revolução e do Antigo Regime. No entanto, esta aliança não supõe a criação de um eixo Paris--Viena, sobre o qual repousaria o equilíbrio de uma Europa finalmente pacificada. Napoleão está convencido da necessidade de uma aliança franco-russa. Aliás, tinha posto a hipótese de desposar uma filha do czar Alexandre I, hipótese que este tinha rejeitado.

3.3. As consequências políticas do bloqueio continental

Em todas as frentes em que se envolveu, Napoleão entrou sempre em choque com a Inglaterra, quer de uma forma direta – Espanha e Portugal – quer de uma forma indireta – Áustria e, mais tarde, a Rússia. A política de bloqueio, que aplica com todo o rigor, revela algumas falhas: contradições, quando o imperador, em 1810 e 1811, autoriza algumas alterações no bloqueio a favor da França (venda de licenças de comércio com a Inglaterra para alguns produtos, essencialmente coloniais; venda de cereais em 1811, mediante uma taxa muito elevada), ao mesmo tempo que alguns territórios especializados no comércio (Holanda ou cidades hanseáticas) são prejudicadas pelo fim das correntes comerciais com a Inglaterra; fracassos, quando o contrabando, seja ele grego ou holandês, contorna as proibições francesas; e, por fim, a política, porque a desorganização do comércio europeu atinge em cheio os interesses de setores ou de territórios inteiros recentemente integrados no Império. Assim, em 1810, quando Luís Bonaparte abandona o trono da Holanda, Napoleão anexa esse território, transformando-o em nove províncias francesas. Num primeiro momento, autoriza a venda de víveres ingleses armazenados. Da mesma forma, Napoleão ocupa as margens do Mar do Norte, que dependiam do reino da Vestefália, apesar de entregue a seu irmão Jerónimo, e anexa Bremen, Hamburgo e Lubeque (dezembro de 1810), assim como o principado de Oldenburgo, propriedade do cunhado do czar da Rússia e cuja integridade tinha sido garantida pelo tratado de Tilsit. A lógica do bloqueio evolui e significa ocupação política e militar, com todas as consequências diplomáticas: a Rússia, descontente com a atitude de Napoleão, abre as portas aos neutros e proíbe a entrada de mercadorias por via terrestre, particularmente às sedas francesas.

As alfândegas francesas, dirigidas por Collin de Sussy, contam com 27 000 alfandegários vigilantes, espalhados ao longo das costas e das fronteiras, mesmo quando não se trata das fronteiras do Império, como é o caso do Hanôver, anexado em 1810 ao reino da Vestefália, ou de Barcelona e da Catalunha, anexadas em 1812. Não obstante esta política, o aparelho económico inglês, apesar de enfraquecido, não quebra. E mais, os acontecimentos políticos abrem à Inglaterra as portas das colónias espanholas. Assim, o ano de 1809 é, para a Inglaterra, excelente a nível económico. Em contrapartida, um contratempo nas colheitas agrícolas ameaça a posição inglesa. É o que se passa em 1811. Na guerra económica, a Inglaterra possui além disso uma última vantagem: o domínio dos mares. Em 1814, a *Royal Navy* possuía perto de 215 navios, contra os 70 das forças imperiais. Apesar dos esforços na construção naval empreendidos em França (Cherburgo e Antuérpia) ou em Itália (Veneza e Trieste), a marinha napoleónica não consegue recuperar o seu atraso sobre a Inglaterra. Nesse aspeto, Trafalgar assinalou um ponto de inflexão decisivo.

3.4. A campanha da Rússia

A aliança franco-russa de Tilsit (1807) devia constituir aos olhos de Napoleão o eixo da estabilização da Europa. O domínio francês na Alemanha e na Itália, a marginalização da Áustria, enfraquecida por sucessivas derrotas, a luta contra a Inglaterra, exigiam que fosse garantida a paz com a Rússia. No entanto, Alexandre I não conduz a política esperada. Tem de lidar com uma aristocracia hostil à França, potência revolucionária por excelência, que receia as consequências sociais da sua influência (na Prússia, acaba de ser abolida a servidão). O czar preocupa-se com os alargamentos sucessivos do grão-ducado de Varsóvia. Vê nele um limite às suas próprias ambições em relação à Europa ocidental e a futura base da retaguarda do exército napoleónico, receio confirmado pela política de apoio militar prestado a Varsóvia pela França que, a partir de 1811, possui um contingente de 60 000 homens. Alexandre tem ainda de suportar as violências de Napoleão, pouco se importando com a letra do Tratado de Tilsit, como o prova a anexação do principado de Oldenburgo. Finalmente, tem o cuidado de manter uma ligação com a Prússia e a Áustria, sujeitas, mais do que desejariam, à aliança francesa. Apesar dos acordos franco-prussianos (fevereiro de 1812, Tratado de Paris, prevendo que

20 000 soldados prussianos combateriam nos exércitos napoleónicos, que estes teriam o direito de estacionar na Prússia e que seriam abastecidos no local) e franco-austríacos (março de 1812, 30 000 homens oferecidos à França), o czar recebe dos dois parceiros a garantia de uma mobilização simbólica ao lado da França.

Os esforços diplomáticos da Rússia obtêm dois resultados imprevisíveis: por um lado, um tratado com o Império otomano (28 de maio de 1812, Bucareste); do outro, uma aliança em boa e devida forma com a Suécia (9 de abril de 1812), cuja política é dirigida por Bernadotte, um soldado de Napoleão transformado em príncipe real. Bernadotte tinha assumido as opções suecas: o bloqueio continental prejudicava os interesses do tráfego comercial no Báltico. Apesar da anexação da Finlândia pelos Russos, em 1809 (anteriormente, a Finlândia fora sueca), inclina-se para esta aliança, após ter obtido do czar a garantia de um auxílio para a conquista da Noruega, na altura possessão dinamarquesa. A vantagem principal proporcionada à Rússia por uma aliança com a Turquia advém de que este inimigo tradicional não irá pender para o lado da França e impede a abertura de uma frente secundária.

A partir de Tilsit, os imperialismos francês e russo encontram-se, na verdade, em situação de concorrência, menos talvez a nível territorial do que a nível simbólico e político. A este propósito, a preocupação de Alexandre em obter equivalentes a cada avanço de Napoleão mostra-o bem. A subida de tensão entre Paris e Sampetersburgo parecia inscrita nos factos e nos protagonistas: apesar de se empenharem em manter a porta aberta à diplomacia, preparam cada vez mais claramente o seu confronto. Se assim não fosse, como explicar de outra forma a preocupação de Napoleão em armar o grão-ducado de Varsóvia e, em paralelo, a de Alexandre, prometendo aos Lituanos toda a espécie de vantagens, na esperança de impedir a sua separação sempre possível?

A nível militar, Napoleão conseguiu preparar um exército de perto de 600 000 homens, metade franceses, e a outra metade composta por contingentes da Confederação germânica e dos países dominados. Alexandre sorri deste «exército das vinte nações». Contra esta máquina de guerra jogam desfavoravelmente vários fatores: a manutenção de uma frente espanhola, que continua a mobilizar mais de 200 000 homens, as distâncias, que supõem um esforço de logística desmesurado, as ideias preconcebidas das chancelarias prussiana e austríaca, conducentes a um recrutamento mais do que modesto das suas tropas. A 24 de junho de 1812, Napoleão atravessa o Niémen e penetra na Lituânia. As tropas russas evitam o contacto, forçando o exército imperial a embrenhar-se mais no território, tática compensadora, pelo facto de enfraquecer o adversário multiplicando os problemas de abastecimento e por impedir Napoleão de proceder de acordo com o seu método habitual: cair sobre o inimigo reunido e derrotá-lo numa única batalha. A 7 de setembro, em Borodino, uma batalha opõe finalmente 130 000 franceses a 130 000 russos. O resultado ambíguo é transformado em vitória por Napoleão (inventa para o *Boletim do Grande Exército* a expressão «batalha da Moscóvia»), que entra em Moscovo no fim do mês. Aguarda em vão o pedido de negociações por parte de Alexandre. A 19 de outubro, abandona Moscovo e inicia com o seu exército a viagem de regresso. Com a ajuda do frio e dos incómodos causados pelos Russos, acaba por ser uma retirada que, na altura de atravessar o rio Berezina (27 de novembro), redunda em desastre. Ao chegar a Paris, Napoleão recebe do general Berthier, a 16 de dezembro de 1812, a seguinte mensagem: «Já não há exército». Dos 600 000 homens que tinham entrado na Rússia, apenas 100 000 regressavam. Os números falam por si e indicam a consequência mais importante da campanha da Rússia: o equilíbrio de forças tinha-se alterado, Napoleão tinha perdido a supremacia.

3.5. Da perda da Alemanha à derrocada final

Começam então a surgir as traições. O corpo prussiano abandona o Grande Exército em 30 de setembro de 1812 e a Prússia assina com a Rússia uma aliança contra a França, no dia 1 de março de 1813, no momento em que os Russos entram na Alemanha. Da mesma forma, os Austríacos tinham-se retirado, deixando aberto aos Russos o caminho para Varsóvia (janeiro de 1813). Aqui e ali, rebentam movimentos nacionalistas, particularmente em Hamburgo, donde os Franceses são expulsos a 18 de março.

Apesar destes reveses, Napoleão continua a espantar a Europa, reconstituindo um exército numericamente importante. Entre setembro de 1812 e abril de 1813, são arrolados 630 000 soldados. A maior parte são inexperientes, outros são reservistas, os últimos pertencem à guarda nacional. Mas, tudo bem contado (exércitos da Espanha, sobreviventes da Rússia e novos contigentes), Napoleão reúne mais de um milhão de homens. No entanto, algumas fraquezas estruturais impedem-no de tirar todo o partido deste novo esforço: ressente-se terrivelmente da falta da cavalaria, não poderá perseguir os exércitos inimigos para os aniquilar totalmente.

Não obstante este dispositivo ainda impressionante, os Europeus começam a calcular a derrota do Império; o jogo das alianças diplomáticas organiza-se de acordo com esta hipótese que se vai reforçando ao longo de todo o ano, especialmente após os novos reveses infligidos por Wellington em Espanha (derrota francesa em Vitória, a 21 de junho de 1813). Russos e Prussianos são os primeiros a entenderem-se. Frederico Guilherme III deixa-se convencer, principalmente atendendo aos levantamentos nacionalistas que apelam para uma «libertação germânica». A Áustria, cuja diplomacia é dirigida por Metternich, empenha-se progressivamente na coligação antifrancesa e declara, a 14 de abril de 1813, a sua «mediação armada», elegante eufemismo para significar guerra. Os primeiros êxitos militares franceses (Lâtzen, 2 de maio, e Bautzen, 21 de maio, que permitem a Davout reentrar em Hamburgo, a 8 de maio) não se transformam em derrota para os Russos, Prussianos e Austríacos. A 29 de maio, Napoleão aceita o armistício proposto por Metternich. Vai durar dois meses e meio, enquanto um congresso se reúne em Praga. As exigências dos participantes na coligação tendem a desfazer as conquistas de dez anos de política alemã da França: dissolução do grão-ducado de Varsóvia, restabelecimento da Prússia nas suas fronteiras de 1806, restituição da Ilíria à Áustria e supressão da Confederação do Reno. Na mesma altura, a Inglaterra volta a introduzir-se no jogo continental. O novo governo, inspirado pelo príncipe de Gales, regente do reino, e dirigido por Liverpool com Castlereagh no *Foreign Office*, entende contribuir para a união contra Napoleão. A 14 e 15 de junho, são assinados acordos em Reichenbach com a Prússia e com a Rússia: a Inglaterra financia a guerra (dois milhões de libras esterlinas) e obtém garantias sobre Hanôver. Militar e diplomaticamente, Napoleão está em posição de inferioridade, tanto mais que Bernadotte compromete a Suécia ao lado dos participantes na coligação e Murat, depois de Nápoles, sonda a Áustria para encarar a salvação do seu trono, jogando assim uma cartada pessoal. A Itália, atormentada também ela por movimentos nacionalistas e com o apelo à resistência por parte do Papa Pio VII, acentua as brechas do Império francês.

O confronto militar na Alemanha redunda em vantagem para os Aliados. A sua superioridade numérica, a sua tática de cansaço e a recusa em reunir as suas forças num só conjunto não permitem a Napoleão repetir as suas anteriores proezas. Em Leipzig, nos dias 15 e 16 de outubro, 320 000 coligados enfrentam 180 000 Franceses. É a Batalha das Nações, cujo eco é chamado a ter uma sorte política decisiva para a consciência alemã. Quase cercado, Napoleão não consegue mais do que uma retirada cada vez mais difícil. Na mesma altura (7 de outubro de 1813), Ingleses, Portugueses e Espanhóis, comandados por Wellington, atravessam o Bidassoa e acampam em frente de Bayonne. Em dezembro de 1813, a França é ameaçada de invasão, e não tem as reservas necessárias para a repelir.

Os objetivos de guerra dos parceiros da coligação coincidem num ponto: vingar-se da França; mas divergem em todos os outros. Como redefinir o equilíbrio europeu, vencido Napoleão? Os Austríacos receavam uma intrusão russa na Europa e ambicionavam recuperar as suas posições na Itália, na Alemanha, no Adriático (Ilíria) e contra a Polónia (Galícia). Os Russos encaravam a restauração da Polónia sob a sua influência. Os Prussianos reivindicavam as fronteiras de 1806, o que contrariava os planos russos sobre a Polónia. Bernadotte, na Suécia, jogava a sua cartada pessoal e deitava os olhos para a Noruega; Murat tinha garantida a benevolência de Viena, comprometendo-se a fornecer-lhe 30 000 homens (janeiro de 1814). As tropas continuavam o seu avanço em território francês, no qual Napoleão oferecia uma resistência heroica mas inútil. Embora Prussianos e Austríacos fossem demorados entre o Marne e o Sena, tropas frescas entravam pelo norte (os Suecos de Bernadotte). A 30 de março, Paris capitulava e a 6 de abril Napoleão abdicava. O esforço de guerra contra a França tinha sido financiado por Londres (três milhões de libras esterlinas em 1813 e cinco milhões em 1814): o ministro Castlereagh tinha também a autoridade necessária para impor as opiniões da Inglaterra quanto à futura paz. O Protocolo de Langres (29 de janeiro de 1814) previa o regresso da França às fronteiras de 1792. A ideia das fronteiras naturais (a margem esquerda do Reno) tinha sido abandonada em finais de 1813, perante a evidente vantagem de que iriam beneficiar os inimigos de Napoleão. A aliança dos beligerantes, enfim, tinha sido feita, sempre por iniciativa de Castlereagh, em Chaumont, em março: baseava-se num compromisso recíproco de não se assinar qualquer paz separada. A Inglaterra tentava obter garantias sobre a derrota francesa e conseguia-as. A derrocada do Império foi facilitada pelo cansaço da opinião pública, pela multiplicação das conspirações e pela traição dos servidores do regime. A restauração dos Bourbons – Luís XVIII entra em Paris a 3 de maio – compreende-se melhor se se tiverem presentes estas numerosas reviravoltas, de Talleyrand a Marmont, passando por diversos marechais do Império.

Carl von Clausewitz (1780-1831)

Em 1792, entra no Regimento de Potsdam. Em 1806, participa, como ajudante de campo do príncipe Augusto da Prússia, na batalha de Auerstedt, onde é feito prisioneiro. Do seu cativeiro, alimenta um ódio profundo contra a França. De regresso a Berlim, colabora, sob as ordens do general Scharnhost (1755-1813), na renovação do exército prussiano. Recusando a aliança imposta à Prússia pela França contra a Rússia, vai servir no estado-maior russo. De 1818 a 1830, dirige a *Kriegsakademie* em Berlim, e morre de cólera, em 1831.

Da sua longa experiência militar e apesar de nunca ter exercido o comando de grandes unidades, Clausewitz redigiu obras importantes sobre estratégia e tática («a tática é a teoria da utilização das forças, ao passo que a estratégia é a do emprego dos combates com o objetivo da sua decisão final»). A sua glória, póstuma, deve-se em grande parte à edição dos seus textos, feita pela esposa. Assim, a sua obra principal, *Vom Krieg* [*Sobre a Guerra*], foi publicada entre 1832 e 1837.

A partir da década de 1870, Clausewitz vai tornar-se uma referência incontornável, atendendo à afirmação do poderio militar prussiano, vitorioso sobre a Áustria, em 1866, e principalmente sobre a França, em 1870. O pensamento clausewitziano conhece então o seu apogeu. A vitória dos Aliados, em 1918, veio eclipsar a influência dos escritos do general prussiano. Na década de 1970, assiste-se à renovação dos estudos sobre Clausewitz, particularmente com a redescoberta da dimensão política de toda a estratégia militar. Para Clausewitz, há uma primazia do político sobre o militar e a guerra é, acima de tudo, um prolongamento do confronto político entre países adversários. No plano tático, considera a defensiva como superior à ofensiva e considera que os fatores morais desempenham um papel capital para ganhar ou perder uma batalha.

Do mesmo modo, a Paz de Paris, assinada a 30 de maio de 1814, retomava o essencial do Protocolo de Langres. Embora reduzisse a França às suas fronteiras de 1792, longe, pois, do Império das 130 províncias (mas conservando Mulhouse, Montbéliard, Chambéry, Annecy, Avignon e o condado Venessino), embora lhe retirasse todas as suas possessões, não a sujeitava a qualquer pagamento de indemnizações de guerra e conservava-lhe as suas colónias, salvo algumas ilhas nas Antilhas e a parte espanhola da ilha de São Domingos.

Reunidos em congresso em Viena, soberanos e diplomatas estão a traçar um novo mapa da Europa, quando são surpreendidos pelo regresso de Napoleão, que desembarca no golfo Juan proveniente da ilha de Elba (no dia 1 de março de 1815), epopeia que mais uma vez dá a volta à opinião pública, reúne os marechais (Ney) e inquieta a Europa. Empurrado para a guerra pela intransigência aliada, Napoleão volta a mobilizar homens e armas. O confronto ocorre em Waterloo (a 16 de junho de 1815), onde as tropas de Wellington e de Blücher põem ponto final nas ambições napoleónicas. A França vai então ter de sujeitar-se a um tratamento muito mais duro na Segunda Paz de Paris (20 de novembro de 1815): perde a Saboia, várias cidades fortificadas na Alsácia e na Lorena, tem de pagar uma indemnização de 700 milhões de francos e aceitar um exército de ocupação de 150 000 homens durante cinco anos; ao mesmo tempo, os tesouros artísticos acumulados por Napoleão no Louvre, ao longo das suas campanhas, são recuperados pelos Estados espoliados.

4. A Europa napoleónica: conquistas e balanço

O episódio napoleónico constitui uma página essencial da história da Europa. Encerra e ao mesmo tempo prolonga a Revolução Francesa. A França, dotada de instituições vigorosas e duradouras (o Código Civil, a administração em prefeituras, o franco-ouro), elabora uma síntese entre os princípios e os homens da Revolução e os símbolos e os partidários do Antigo Regime. A tendência monárquica de Napoleão, a criação de uma nobreza do Império, mas também a escolha de colaboradores competentes (pouco importa o seu percurso político durante os anos da tormenta, 1789-1799), criam uma elite capaz de sobreviver à queda do regime e de se unir aos Bourbons. Da mesma forma, o arrebatamento nacional, suscitado pela guerra e pelas vitórias, sobreviverá à derrota: vamos encontrá-lo na altura dos Cem Dias, assim como na lenda napoleónica que alimentará o imaginário romântico até ao Segundo Império. Enfim, a política de poderio favoreceu as produções económicas francesas. Embora o bloqueio continental e o dirigismo tenham constituído um travão ao desenvolvimento económico, o privilégio concedido prioritariamente às produções francesas sobre as restantes reforçou o orgulho nacional.

Na Europa, Napoleão é o homem da Revolução. A sua política externa é fiel à da Convenção e à teoria das fronteiras naturais. Quando se envolve mais além, entende exportar um modelo político. As constituições italiana, alemã ou espanhola retomam os princípios de 1789. Ao confiar o reino de Vestefália a seu irmão Luís, em 1807, Napoleão ordena-lhe que seja um «rei constitucional». O Código Civil é introduzido na Itália em 1805 e nas Províncias Ilíricas em 1809. A abolição do feudalismo em Itália, na Ilíria ou na Alemanha e da Inquisição em Espanha são outras tantas marcas de «modernidade». Aliás, a oposição a Napoleão não é, acima de tudo, a dos representantes do Antigo Regime, opositores realistas, Ingleses partidários dos Bourbons, Austríacos e Russos autocratas? A chegada de tropas francesas não é muitas vezes vivida como uma promessa de libertação? Beethoven dedica a Napoleão o seu Concerto n.º 5 para piano, chamado *O Imperador*; Goethe e Hegel veem nele um acelerador da História.

No entanto, e aí reside um dos paradoxos mais profundos deste período, Napoleão e os seus exércitos espalhados por toda a Europa provocam o despertar de um sentimento nacional que lhes é hostil. A Espanha oferece um exemplo perfeito: o vigor do levantamento nacional assestou pela primeira vez alguns golpes decisivos contra Napoleão, tanto em termos militares como em termos de imagem. Mas as contradições que embaraçam os Espanhóis revelam a incerteza dos povos perante a novidade: o entusiasmo nacional não garante a unanimidade política. A Espanha vai pagar caro as ambiguidades desta «guerra de independência». No regresso de Fernando VII, em 1814, a repressão realista abate-se sobre os liberais que, em Cádis, tinham sonhado com um futuro constitucional para a Espanha. Estava iniciado o ciclo de guerra civil. Em Itália, como em Espanha, o catolicismo representa uma força de oposição ao Império. Napoleão não se deixa enganar, ele que confisca os Estados do Papa, que o aprisiona e tenta ganhar para a sua causa, propondo-lhe *in extremis* uma nova concordata (1811). A transformação da Itália num feudo dos «Napoleónidas» desilude os patriotas que esperavam do antigo general revolucionário uma política mais generosa. Na Alemanha, a variedade das situações impede o desenvolvimento de um sentimento nacional unitário, difundido por escritores como Fichte, Kleist, Novalis ou Görres, redator do *Rheinische Merkur*, cuja audiência cresce sem parar. Os Estados do sul, aliados da França (Baviera e Vurtemberga), têm pouco a ver com a Prússia. O seu rei, Frederico Guilherme III, segue, mais do que conduz, o movimento nacional, impulsionado com fervor pelo seu antigo ministro Stein. As revoltas de 1813, que precederam a libertação do território, foram reduzidas e, na realidade, é a recordação transformada e manipulada da batalha das nações (15 e 16 de outubro de 1813, em Leipzig) que vai criar uma lenda unitária, *a posteriori* e em condições bem diferentes.

Sem dúvida, convém insistir na importância das consequências políticas do bloqueio continental. A luta contra a Inglaterra nunca cessou. Depois de Trafalgar e do fracasso naval, a esperança de Napoleão era alimentada pela ideia de estrangular economicamente o Reino Unido. Este desejo levou-o a impor à Europa, e particularmente às regiões litorais (Holanda, Mar do Norte e Báltico), sacrifícios excessivos e contrários aos seus interesses. A guerra económica reforçou o caráter hegemónico da presença francesa: anexações injustificadas, imposição das alfândegas francesas... E, acima de tudo, esta opinião acabou por revelar-se pouco eficiente; e a Inglaterra, apesar de alguns alarmes, resistiu e pôde, em 1813, tornar-se o grande financiador da coligação continental contra o Imperador francês.

Mesmo assim, apesar do seu fracasso final, a obra de Napoleão é imensa. Elevou o poderio francês ao mais alto grau, concretizando o que nenhum rei de França tinha alguma vez sonhado. Revolveu o mapa da Europa, abrindo caminho à remodelação da Alemanha, enquanto mostrava à Itália que podia escapar ao jugo austríaco. Impelido pelo seu expansionismo desmesurado, quis fazer renascer a Polónia, enfraquecer de vez a Áustria e utilizar a Rússia contra a Inglaterra. Estes projetos foram contrariados e semearam por toda a parte os germes das políticas futuras. Quer desequilibrando situações tradicionais, quer acenando com a miragem da nação e da constituição, quer reunindo em volta da Europa um sistema europeu feito de integração, de satelitização ou de vassalização, Napoleão criou os quadros políticos, territoriais e militares com os quais deveria compor-se a diplomacia do século XIX.

Quatro mapas da Europa: a expansão francesa entre 1800 e 1812

A leitura destes quatro mapas ilumina a extensão progressiva da França, à medida das vitórias militares de Napoleão, que confirmam os tratados diplomáticos. Da mesma forma, pode ver-se a evolução das alianças entre Estados e a progressão da influência francesa na Itália e na Alemanha.

A EUROPA NA PAZ DE LUNÉVILLE, 1801

A EUROPA EM 1806, APÓS O TRATADO DE PRESBURGO (26.12.1805)

A EUROPA DEPOIS DO TRATADO DE TILSIT 1807

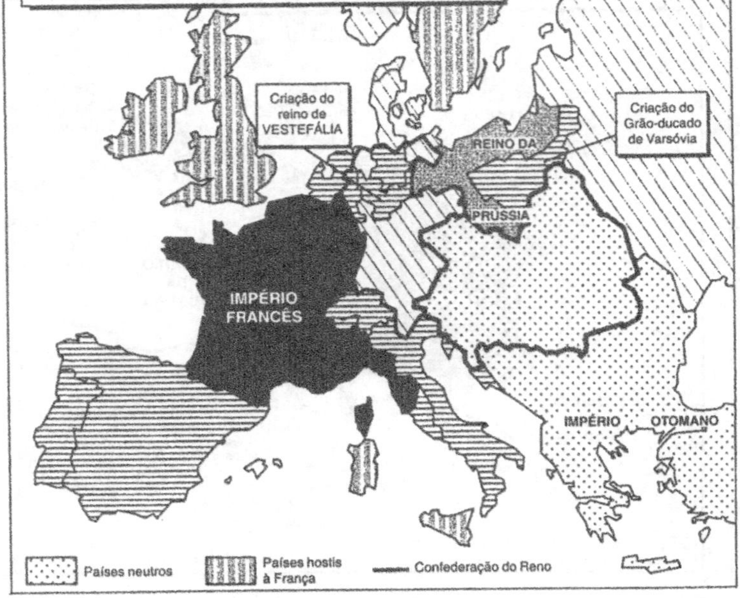

A EUROPA NAS VÉSPERAS DA CAMPANHA DA RÚSSIA, 1812

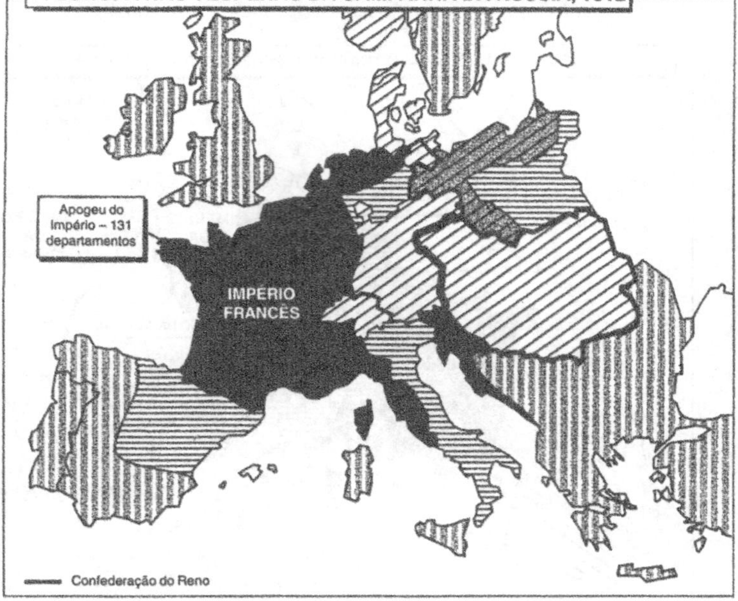

Fonte: François Furet, *La Révolution, t. 1: De Turgot à Napoléon 1770-1814*, Hachette, col. Pluriel, Paris, 1990.

2

A Europa do Congresso de Viena (1815-1830)

A certeza da vitória sobre Napoleão tinha levado os Aliados a antecipar a resolução da paz e a chegar a acordo sobre determinados reordenamentos territoriais. No entanto, será em Viena, cuja situação política – capital da Áustria – e geográfica – situada no centro do continente europeu – sublinha as jogadas da paz a construir, que iriam ser tomadas as grandes orientações e, mais importante ainda, que um acordo iria ligar entre si as potências vitoriosas, de forma a garantir a nova ordem. De um Estado para outro, é natural que diferisse a inspiração política que animava cada um dos plenipotenciários: tal facto apenas refletia os interesses divergentes que cada um defendia. Se o Tratado da Santa Aliança parece unir a Rússia, a Áustria e a Prússia no mesmo empenho de manter a ordem «legítima» na Europa, nem por isso essa atitude deixa de encobrir segundas intenções face ao Império otomano. Ali se encontra um ponto de desacordo entre a Rússia e a Inglaterra. A primeira é uma potência enorme, cujos domínios tocam a Europa, a Ásia e a América (Alasca, mas também um entreposto comercial na baía de Bodega, na Califórnia). A segunda é já uma potência mundial, cuja base assenta no domínio dos oceanos. Ora, no momento exato em que se iniciam as negociações na Europa, alguns fenómenos políticos e sociais começam a transformar as relações de forças no mundo. O império colonial espanhol é percorrido por correntes separatistas. Os Estados Unidos, uma vez mais, acabam de se opor à Inglaterra. A questão europeia domina a ordem do dia, em Viena, mas tende muitas vezes a complicar-se com outras jogadas.

1. Os resultados do Congresso de Viena

1.1. As conquistas diplomáticas de 1814

Antes da abertura do Congresso, o Governo de Londres regista uma série de êxitos diplomáticos que lhe permitem apresentar-se reforçado com determinadas vantagens obtidas no Atlântico. Face à Dinamarca que se tinha mostrado fiel a Napoleão e à sua política de bloqueio, Londres impõe, com o tratado de Kiel (14 de janeiro de 1814), algumas cessões territoriais: a Heligolândia passa para o domínio britânico. Trata-se de um ferrolho estratégico no Mar do Norte, a controlar a foz do Elba e do Véser, isto é, nada mais nada menos do que Hamburgo e Bremen; a Suécia de Bernadotte recebe a Noruega, arrancada à Dinamarca. É a recompensa pela intervenção ativa de Bernadotte ao lado dos Aliados contra o seu antigo protetor. O secretário do *Foreign Office,* Castlereagh, explicou bem cedo o ponto de vista da Inglaterra acerca dos Países Baixos: devia criar-se um forte Estado-tampão de forma a impedir qualquer nova expansão francesa para norte. No primeiro Tratado de Paris (30 de maio de 1814), a Áustria renunciava às suas possessões belgas, que foram engrossar os Países Baixos com um conjunto flamengo e valão, maioritariamente católico. Além disso, um acordo, assinado a 13 de agosto de 1814, põe termo às rivalidades coloniais anglo-holandesas, em benefício de Londres. Embora a Holanda recupere as suas possessões na Oceânia (Java) e nas Antilhas, cede no entanto aos Ingleses a cidade do Cabo, Ceilão e uma parte da Guiana. Por outro lado, Londres tinha assinado, em 5 de julho de 1814, um tratado de amizade com Madrid. A Espanha, no referente ao comércio com as suas colónias, comprometia-se a manter a cláusula de nação mais favorecida aplicada à Inglaterra. Apesar de Londres se comprometer a cortar as ajudas aos insurretos americanos, o essencial está conseguido: o monopólio colonial, preexistente à grande crise napoleónica, não pode voltar a ser restabelecido. O Império colonial espanhol é assim severamente penalizado. Um artigo secreto impedia qualquer regresso à política dita dos «pactos de família», através da qual a Espanha se tinha mantido ligada à França ao longo do século XVIII. Este acordo anglo-espanhol reveste-se de um significado especial quando se sabe que, paralelamente, o czar da Rússia propunha a Fernando VIII uma aliança, que pretendia fosse apoiada numa base matrimonial (Alexandre I, czar da Rússia, queria casar a irmã com o rei de Espanha). Enfim, o Tratado de Gand (24 de dezembro de 1814) celebrava a paz com os Estados Unidos numa base de restituição recíproca dos territórios conquistados.

Em jeito de balanço, pois, e tendo em conta algumas cláusulas referentes às colónias francesas contidas no Tratado de Paris, a Inglaterra garantiu o seu domínio dos mares e adquiriu pontos nevrálgicos nos circuitos marítimos entre a metrópole e as colónias.

1.2. Negociações e resultados

A modificar o espírito do Congresso, surge um primeiro contratempo. Talleyrand, o ministro francês dos Negócios Estrangeiros, consegue adiar a abertura oficial do encontro, argumentando que as Quatro Potências vitoriosas não podiam continuar a chamar-se «os Aliados», uma vez que lidavam com a França, onde reinava um soberano legítimo, Luís XVIII, ligado a elas por amizade. Explorando o facto, Talleyrand impõe-se como interlocutor dos outros chanceleres e apresenta-se como o defensor dos Estados secundários, a Espanha, Portugal e a Suécia, bastante descontentes por estarem sujeitos ao diretório dos «Quatro Grandes». Enfim, o ministro francês consegue introduzir-se como o contrapeso necessário no confronto cada vez mais visível entre, por um lado, um eixo Metternich-Castlereagh e, pelo outro, Alexandre I-Hardenberg (o plenipotenciário prussiano). Deste jogo, todo feito de subtilezas, sai o tratado secreto de 3 de janeiro de 1815 entre a Inglaterra, a Áustria e a França, que prevê uma aliança defensiva contra o czar da Rússia e encara a formação de um exército formado por três contingentes de 150 000 homens cada um. Durante os Cem Dias, Napoleão vai tentar, mas em vão, utilizar este documento para desviar o czar da coligação que o persegue.

A atividade dos ministros é secundada pelo trabalho da Comissão de Estatística, que estuda cada uma das proposições, estabelecendo as suas consequências a nível demográfico e geográfico. A diversidade das proposições levou à multiplicação dos cálculos, donde a impressão de «troca» dada pelo Congresso. Mas isso seria tomar aqui a consequência pela causa. Na realidade, o que há a fazer é analisar a filosofia política do Congresso. Quando Talleyrand lança o termo «legitimidade», parece dar um salto de 25 anos para trás. A legitimidade, na boca de um ministro francês, é o princípio que explica e justifica a presença no trono francês do representante da família dos Bourbons, que data as suas decisões a partir de 1795, ano da morte

Os protagonistas do Congresso

A Inglaterra é representada por **Castlereagh** (1769-1822). Antigo ministro da Guerra, nos governos de William Pitt, ocupa as funções de ministro do *Foreign Office*, desde 1812 até à sua morte, em 1822. Artesão da união dos coligados contra Napoleão, esforça-se por isolar a França e por definir um equilíbrio europeu fundado sobre o entendimento entre os vencedores de Waterloo.

Clément **Metternich** (1773-1859), oriundo da aristocracia austríaca, encarna a Contra Revolução ao mesmo tempo que se empenha em restituir à Áustria os elementos do seu poder anterior, violentamente abalado pelas sucessivas derrotas perante Napoleão. Embaixador em Paris de 1806 a 1809, sucedeu ao conde Stadion no ministério dos Negócios Estrangeiros, após o desastre de Wagran. A sua política de aliança com a França significou apenas um parênteses: fundada numa correta apreciação das relações de força, procurava apenas contemporizar. O avanço russo e a campanha da Alemanha proporcionam-lhe a ocasião para a reviravolta de 1813. No Congresso que se realiza em Viena, capital da Áustria, Metternich defende o princípio de legitimidade sobre o qual pensa reconstruir a Europa política. Isso permite-lhe reivindicar as antigas possessões do Império austríaco na Itália, na Alemanha e na Europa oriental. Constitui-se garante do sistema inaugurado em Viena e que os congressos sucessivos dispõem ao sabor das situações. Embora considere a ordem austríaca uma prioridade na Itália, tem de fazer face ao aumento progressivo das ambições prussianas na Alemanha. Chanceler de Estado a partir de 1821, Metternich representa a linha conservadora do regime monárquico, baseado na censura e na vigilância policial dos focos perigosos, como as universidades. A pluralidade do Império da Áustria parece-lhe garantida pelas tradições históricas: assim, opõe-se com todas as forças às reivindicações nacionalistas de um Kossuth, ao passo que não hostiliza o desenvolvimento das línguas regionais que, entre 1830 e 1840, encontram um novo eco. A queda de Metternich, em março de 1848, simboliza o fim da ordem estabelecida em 1815.

Alexandre I (1777-1825) e o seu ministro **Karl Nesselrode** (1780--1862) dispõem em Viena do prestígio ganho pela Rússia na sua luta contra Napoleão. Existe uma certa contradição nas posições do czar, que oscila entre o liberalismo e o conservadorismo. A sua política a propósito da Polónia traz este sinal. Segue cada vez mais de perto as opções de Metternich e acaba o seu reinado desenvolvendo uma ação nitidamente reacionária, fundamentada numa aliança estreita com a Igreja Ortodoxa. Nesselrode, ministro dos Negócios estrangeiros de 1816 a 1856, mantém, para além da morte do czar, a política da Santa Aliança. É ela que inspira a sua ação no momento da «Primavera dos Povos»: as tropas russas ajudam a Áustria a derrotar os Húngaros, conduzidos por Kossuth.

Talleyrand, vide capítulo 1.

do filho de Luís XVI. O argumento permite ao negociador francês complicar os entendimentos entre os vencedores, principalmente a propósito da Saxónia, mas alinhar nas conceções de Metternich. O Congresso de Viena procede à remodelação do mapa da Europa, não pelo princípio revolucionário da soberania nacional, mas pelas bases do Antigo Regime. O sentimento nacional não teve a sua quota parte na definição das novas fronteiras. A consequência deste estado de facto é que as reivindicações nacionais que posteriormente verão a luz do dia hão de contradizer duplamente o Congresso de Viena, ao pretenderem modificar fronteiras e domínios e ao fazê-lo a partir de um credo nacional e liberal.

A ofensiva diplomática de Talleyrand teve como resultado o alargamento para Oito do Conselho dos Quatro, com o que a França podia esperar mobilizar atrás de si a Espanha, Portugal e a Suécia. Mas, na prática, as negociações eram feitas a cinco; os Estados secundários eram simplesmente mantidos ao corrente da progressão dos trabalhos. A Espanha manifesta o seu descontentamento em relação a este procedimento, recusando-se a subscrever, em junho de 1815, a Ata final, que só em junho de 1817 acabará por aceitar. O regresso inesperado de Napoleão (os Cem Dias) reduz a zero a política de Talleyrand. O segundo Tratado de Paris e as conclusões últimas de Viena enfraquecem e isolam a França (vide capítulo 1).

Nas suas grandes linhas, o Congresso satisfaz a Áustria que, em contrapartida do abandono dos seus territórios belgas, recupera as Províncias Ilíricas e a sua influência na Itália. O reino lombardo-veneziano é entregue à Áustria; a Toscana e Modena são confiados a arquiduques austríacos e a imperatriz Maria Luísa recebe o ducado de Parma. Nápoles e o seu reino são devolvidos aos Bourbons. Vítor Emanuel I de Saboia rege os destinos do reino sardo, acrescido com a Saboia, o condado de Nice e Génova. O Papa retoma a posse dos Estados pontifícios. A Áustria apagou a obra napoleónica e anulou os efeitos das suas derrotas sucessivas que, em parte, tinham contribuído para a sua expulsão da península.

Nas terras alemãs, a competição entre a Prússia e a Áustria deu à luz um compromisso prenhe de ambiguidades. A Prússia sai aumentada com os arranjos territoriais: de 190 000 km^2 passa para 280 000. Este alargamento foi feito à custa do reino da Saxónia (o seu soberano tinha sido fiel a Napoleão, mas Metternich e Talleyrand tinham de seguida tomado a sua defesa, argumentando com o princípio de legitimidade, mas principalmente para impedir uma anexação pura e simples da totalidade da Saxónia pela Prússia). Para leste, aumentava com a Pomerânia sueca e com a Posnânia polaca. Enfim, instalava-se na margem esquerda do Reno, controlando um território que de Coblença a Clêves a deixava implantada nas fronteiras francesas. A Prússia abarcava terras alemãs a leste e a oeste.

Face a esta pressão, a Áustria e a França tinham defendido os interesses dos outros Estados alemães, chamados *Mittelstaaten*. Tratava-se principalmente da Baviera e do Hesse. Entretanto, Viena tinha retomado à Baviera o Tirol, Salzburgo e alguns outros territórios fronteiriços, sendo esta compensada com o Palatinado. Mas acima de tudo tinha sido criada uma Confederação germânica. Agrupando 39 Estados federados, cujos direitos e cuja inviolabilidade eram garantidos pela Ata Constitutiva de 18 de junho de 1815, a Confederação compreende uma Dieta, cuja presidência era ocupada pela Áustria. Aqui, prossegue a ação napoleónica, que tinha consideravelmente simplificado o mapa político da Alemanha, embora o seu equilíbrio interno seja muito diferente.

O grão-ducado de Varsóvia é desmembrado em proveito da Rússia, da Prússia (Posnânia) e da Áustria, que recupera a Galícia. É criado o reino da Polónia (3,2 milhões de habitantes) e confiado sob protetorado à Rússia. O ideal de uma Polónia independente só se mantém pela criação da cidade livre de Cracóvia, território com 1000 quilómetros quadrados de superfície e 95 000 habitantes.

Quanto às questões coloniais ainda pendentes, a arbitragem de Viena é favorável à Inglaterra: arranca à França preciosas possessões nas Antilhas e no Oceano Índico, prosseguindo metodicamente a sua política de proteção das rotas marítimas. No Mediterrâneo, é reconhecida a soberania da Inglaterra, tanto sobre Malta como sobre as Ilhas Jónicas. No primeiro caso, põe-se ponto final a uma questão espinhosa, que tinha azedado as relações franco-inglesas, depois da Paz de Amiens; a Inglaterra controla o eixo entre as bacias ocidental e oriental do Mediterrâneo. No segundo, a Inglaterra afirma a sua presença, face ao Império otomano, cujo rápido enfraquecimento todos aguardam. A política de Castlereagh permite-lhe, pois, instalar-se num ponto estratégico, próprio para favorecer uma reação da Inglaterra, no caso de a Rússia se aproximar demasiado do Mediterrâneo.

Uma descrição retrospetiva dos trabalhos do Congresso, por Adolphe Thiers

Tudo o que não pertencia aos *Quatro* ou que não lhes interessava diretamente foi partilhado como se fosse o saque de uma cidade tomada de assalto. Pequenos príncipes alemães, cidades livres, bens da Ordem Teutónica, bens da Ordem de Malta, principados eclesiásticos, antigas repúblicas, tudo foi engolido sem contemplações, para constituir o território dos vencedores ou dos seus clientes. Quer se tratasse de acalmar a inveja de um vizinho, de pagar a um confederado útil, de melhor traçar as fronteira de um dos *Quatro*, de lhe encontrar um litoral ou um enclave de sua conveniência, imediatamente se mediatizava um príncipe alemão, se incorporava uma cidade livre, se suprimia uma antiga república, ou se secularizava um bem da Igreja germânica. A Áustria ficava com Veneza, o Piemonte ficava com Génova, sem que se erguesse uma única objeção [...] A Polónia estava defendida também pela inveja da Áustria e da Inglaterra relativamente à Rússia; mas era entregue ao imperador Alexandre, sob um pretexto que servia para colorir a ambição de um, a fraqueza dos outros: o de reconstituir este reino e de o colocar sob a autoridade de um único senhor; triste ilusão, que não podia ser de longa duração, pois a Polónia, ao encobrir com esta semi-independência o desejo e o meio de sacudir o jugo russo, devia em breve insurgir-se e tornar-se, como castigo da sua revolta, uma simples província do império dos czares; e a Europa, por seu turno, ficaria a saber que tinha simplesmente aumentado a Rússia, entregando-lhe toda a Polónia. A Áustria desejava a Itália, que apenas podia interessar à França – que pouco se preocupa com ela – que entregou à Áustria, aos seus príncipes, à sua influência, toda a Itália, pesado fardo, cujo peso o Governo de Viena viria um dia a sentir e a lamentar.

Fonte: *Histoire du Consulat et de l'Empire*, Paris, 1860, livro LVI, t. XVIII.

2. A Santa Aliança, órgão de regulação da ordem europeia?

A rivalidade entre a Inglaterra e a Rússia explica as iniciativas diplomáticas pós-Congresso, que tomam a forma de dois tratados: o Tratado da Santa Aliança, assinado entre o czar da Rússia, o imperador da Áustria e o rei da Prússia (26 de setembro de 1815) e o Tratado

O Tratado da Santa Aliança (setembro de 1815)

No texto deste tratado, preste-se atenção ao vocabulário utilizado e ao conceito político apresentado: declara-se explicitamente o ideal contrarrevolucionário e fica bem patente o desejo de rutura com o período 1789-1815.

Em nome da santíssima e indivisível Trindade.

Suas Majestades o imperador da Áustria, o rei da Prússia e o imperador da Rússia, na sequência dos importantes acontecimentos que assinalaram na Europa o decurso dos três últimos anos e, principalmente, dos benefícios que à Divina Providência aprouve derramar sobre os Estados cujos governos nela depositaram a sua confiança e a sua esperança; tendo chegado à convicção íntima de que é necessário definir a marcha a adotar pelas potências nas suas mútuas relações, acerca das verdades sublimes que nos ensina a eterna religião de Deus Salvador:

Solenemente declaramos que a presente Ata só tem por objeto manifestar à face do Universo a sua determinação inabalável de, quer na administração dos seus respetivos Estados, quer nas suas relações políticas com qualquer outro governo, não tomarem por regra da sua conduta nenhuma outra a não ser os preceitos desta santa religião, preceitos de justiça, de caridade e de paz, que, longe de serem aplicáveis apenas à vida privada, devem, pelo contrário, influir diretamente nas decisões dos príncipes e guiar todas as suas atitudes, como único meio de consolidar as instituições humanas e remediar as suas imperfeições.

Por conseguinte, Suas Majestades acordaram nos artigos seguintes:

Artigo Primeiro. – Conforme as palavras da Sagrada Escritura, que ordena a todos os homens que se considerem como irmãos, os três monarcas contratantes ficarão unidos pelos laços de uma verdadeira e indissolúvel fraternidade, e, considerando-se como compatriotas, prestar-se-ão mutuamente, em todas as ocasiões e em todos os lugares, assistência, auxílio e socorro; vendo-se a si próprios como pais de família para com os seus súbditos e exércitos, dirigi-los-ão com o mesmo espírito de fraternidade de que estão animados para proteger a religião, a paz e a justiça.

Artigo Segundo. – Por conseguinte, o único princípio em vigor, seja entre os ditos governantes, ou entre os seus súbditos, será o de prestarem mutuamente serviço, de testemunharem através de uma cordialidade inalterável a mútua afeição de que devem estar animados, de apenas se considerarem membros de uma mesma nação cristã, os três príncipes aliados vendo-se a si próprios como meros delegados da Providência para governarem os três ramos de uma mesma família, ou seja: a Áustria, a Prússia e a Rússia; confessando assim que a nação cristã, de que eles e os seus súbditos fazem parte, não tem realmente outro soberano a não ser Aquele a quem pertencem por direito próprio o poder, porque só nele se encontram todos os tesouros do amor, da ciência e da sabedoria infinitas, isto é, Deus, Nosso Salvador Divino Jesus Cristo, o Verbo do Altíssimo, palavra de vida. Suas Majestades recomendam, por conseguinte, aos seus povos, com a mais terna solicitude, como único meio de usufruírem desta paz que nasce da boa consciência e a única duradoura, que se fortaleçam cada dia mais nos princípios do exercício dos deveres que o Divino Salvador ensinou aos homens.

Artigo Terceiro. – Todas as potências que desejarem confessar solenemente os princípios sagrados que ditaram a presente Ata e reconhecerem quanto é importante para a felicidade das nações, há tanto tempo agitadas, que estas verdades exerçam a partir de agora sobre os destinos da humanidade toda a influência que lhes é inerente, serão recebidas com tanta solicitude como afeição nesta Santa Aliança.

dito da Quádrupla Aliança, entre os Quatro Grandes: Inglaterra, Rússia, Áustria e Prússia (20 de novembro de 1815).

O Tratado da Santa Aliança, assinado em setembro de 1815 entre a Rússia, a Áustria e a Prússia, encara a restauração na Europa da ordem religiosa e monárquica, fundamento do Antigo Regime que a Revolução Francesa quis derrubar. Apoiando-se na comunidade cristã, exclui de facto desta aliança o sultão otomano, mas o czar encara o seu sistema como devendo abrir-se à França e à Espanha. A Inglaterra manteve-se afastada desta Aliança, pretextando uma argúcia jurídica (sendo um tratado pessoal entre soberanos, o príncipe de Gales, regente inglês, não poderia subscrevê-lo), que esconde uma evidente reticência.

A influência russa na Europa é nessa altura considerável. O rei da Prússia, Frederico Guilherme III, considera-se quase como um vassalo do czar. Na França, a nomeação do duque de Richelieu – amigo pessoal do czar e antigo governador de Odessa durante a emigração – para chefe do governo (substitui Talleyrand a 22 de setembro de 1815) e a ação do embaixador russo Pozzo di Borgo criam as condições favoráveis ao desenvolvimento das iniciativas de Sampetersburgo. Na Espanha, na corte de Fernando VII, o embaixador Tatischev procura atrair Madrid aos planos russos, prometendo ajuda na luta contra a insurreição das colónias americanas.

A Europa do Congresso de Viena (1815)

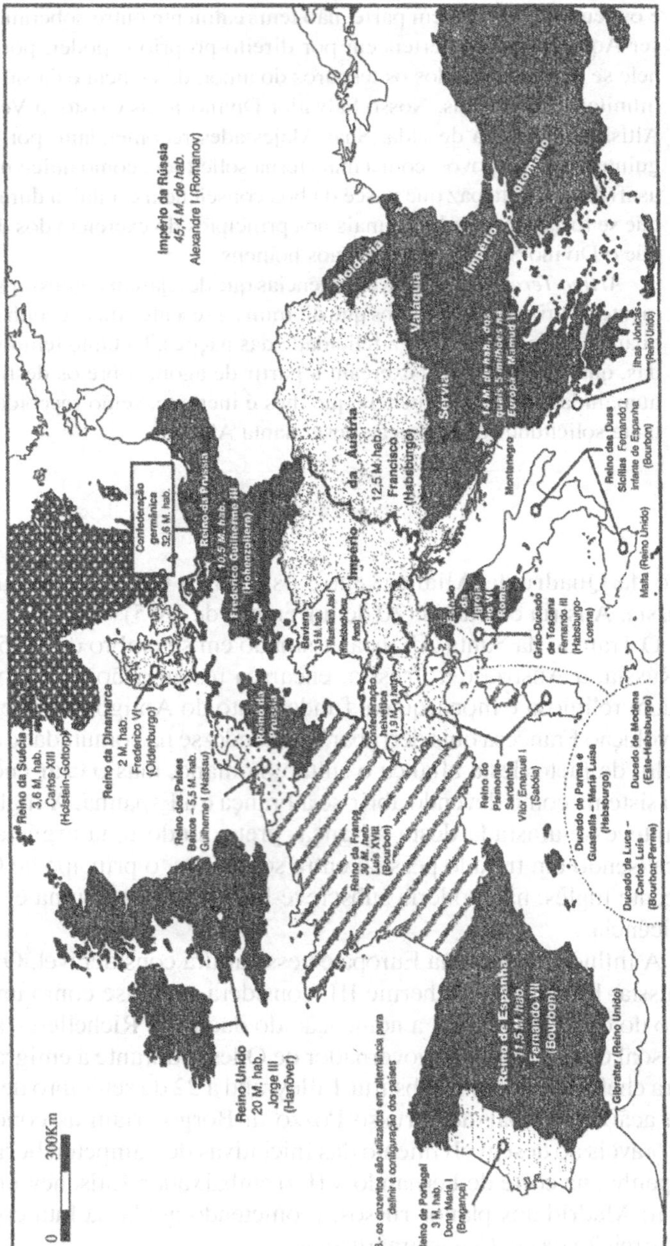

Quanto à Inglaterra, propõe a continuação do tratado de Chaumont (12 de março de 1814), pelo qual os Quatro Aliados se tinham comprometido a ficar unidos contra a França durante 20 anos. A Quádrupla Aliança, formalizada no momento da assinatura do Segundo Tratado de Paris (20 de novembro de 1815), prolonga o isolamento diplomático da França. Existe, pois, uma certa contradição entre as duas alianças, como se vê pelo lugar que a França ocupa no equilíbrio europeu. Para a Rússia, a França pode voltar a desempenhar um papel. Para a Inglaterra, seria necessário contrariar o desejo de influência hegemónica continental da Rússia ([5]).

2.1. *A política dos congressos e de repressão antiliberal*

Sob a orientação do duque de Richelieu, a França fixa uma política de estrita observância das cláusulas do Tratado de Paris. Em fins de 1817, e tendo em conta a conjuntura interna que preocupa as chancelarias europeias (um novo impulso revolucionário em França poderia ter consequências incalculáveis), o duque de Richelieu propõe integrar a França no sistema de alianças europeu. Para analisar esta questão, é convocado o congresso de Aix-la-Chapelle (primavera de 1818), o qual toma nota do pagamento das indemnizações a pagar pela França aos países ocupantes para acabar com a presença militar no seu território. O duque de Wellington, encarregado de elaborar um relatório sobre o assunto, tinha emitido uma opinião favorável. No entanto, Castlereagh recusa a entrada da França na Quádrupla Aliança, enquanto a Rússia envolve Paris com atenções, de forma a trazê-la ao seu projeto. Contudo, nada de concreto vem dar corpo a estas intenções.

Mais preocupantes parecem à Áustria as veleidades liberais que por todo o lado se manifestam, particularmente na Alemanha. As sociedades nacionalistas comemoraram simultaneamente o 300.º aniversário do protesto luterano e o aniversário da batalha das nações, na festa de Wartburgo, em outubro de 1817. Para Metternich, que preside aos destinos de um império multinacional, fundado em princípios de pertença dinástica e não no sentimento nacional, estas reivindicações representam uma ameaça. A polícia política austríaca, que cobre

([5]) Acerca das questões coloniais e da concorrência entre a Inglaterra e a Rússia, nessa altura, consultar os capítulos 5, 6 e 7.

amplamente os países alemães, envia também ao chanceler austríaco relatórios preocupantes. Mais: a agitação liberal obtém retumbantes êxitos na Baviera e no grão-ducado de Bade, onde se instalam regimes constitucionais. Em 1819, o assassinato de Kotzebue, um jornalista reacionário e informador do czar, constitui um incidente bastante grave, que demonstra a agitação subterrânea existente na Alemanha. Quando o movimento revolucionário chega ao reino de Nápoles, onde um *pronunciamiento* liderado pelo general Pape força Fernando I a aceitar uma constituição liberal (julho de 1820), é o bastião italiano da Áustria que está a ser ameaçado. Seis meses mais tarde, o general Riego tinha liderado um levantamento militar vitorioso contra o rei da Espanha, Fernando VII. Instalou-se em Madrid um regime liberal, baseado na Constituição de Cádis. Esta Constituição foi tomada como modelo tanto em Nápoles (julho) como no Piemonte (março de 1821). A própria França não foi poupada pela agitação política: o duque de Berry, sobrinho do rei e filho do conde de Artois, chefe de fila dos ultrarrealistas, é assassinado em fevereiro de 1820 por um militante republicano. O primeiro semestre de 1820 vê, pois, ressurgir o fantasma da revolução.

Contudo, uma intervenção das potências da Quádrupla Aliança na Espanha ou na Itália seria contrária ao espírito do acordo. É esse, pelo menos, o ponto de vista de Castlereagh, expresso a 5 de maio de 1820. Responde assim à mensagem de Alexandre I (3 de março), favorável a uma intervenção em Espanha. As divergências anglo-russas têm a ver, por um lado, com a sensibilidade «liberal» de Londres e, por outro, com a sua rivalidade hegemónica. O czar entende abordar o problema do levantamento antiespanhol na América Latina, enquanto Londres se regozija com a eliminação progressiva da Espanha nesta parte do mundo. Metternich consegue finalmente jogar com esta oposição para defender os interesses austríacos. Quando os acontecimentos de Nápoles abalam o equilíbrio da península, obtém a convocação de um congresso. Aberto no mês de outubro, em Troppau, o encontro diplomático dá carta branca à Áustria para intervir na Itália, onde a crise tinha alcançado o reino sardo (Acordos de Laibach, janeiro de 1821). Em Turim, uma sedição tinha deixado o poder nas mãos dos liberais. Alguns enviados vindos de Milão tinham tentado convencer o novo rei Carlos Félix (1765-1831) (Vítor Emanuel tinha abdicado perante o motim das suas tropas, em março) a chefiar um movimento nacional italiano. Este abstém-se, do mesmo modo natural com que não se comprometeria numa revolução contra Carlos Alberto

A prática dos congressos diplomáticos

Depois dos congressos de Viena e de Aix-la-Chapelle, os príncipes da Europa ficaram de cabeça louca pelos congressos: era nos congressos que se divertiam e que partilhavam alguns povos. Mal terminou o congresso iniciado em Laibach e continuado em Troppau, logo se pensou convocar outro em Viena, Ferrara ou Verona; os assuntos de Espanha ofereciam um bom pretexto para apressar a sua realização. Cada corte tinha já designado o respetivo embaixador.

Fonte: Chateaubriand, *Memórias de Além-túmulo,* livro XXVII, cap. 8.

(1798-1849), regente do reino e herdeiro do reino sardo ([6]). A Áustria intervém militarmente: em março de 1821, a vitória de Rieti permite o restabelecimento do rei Bourbon em Nápoles. Em abril, o Piemonte é devolvido a Vítor Emanuel I. É restabelecida a ordem absolutista, que é também uma ordem austríaca.

2.2. A intervenção francesa em Espanha

A questão espanhola suscita o interesse da França. No Congresso de Verona (setembro de 1822), os representantes franceses, Montmorency (ministro dos Negócios Estrangeiros) e Chateaubriand (embaixador em Londres), defendem uma intervenção militar para restabelecer Fernando VII nas suas prerrogativas. O governo radical de Villèle está motivado por uma dupla aproximação ideológica e diplomática. Chateaubriand defende a segunda e, tendo-se tornado ministro dos Negócios Estrangeiros desde o início de 1823, defende que a França deve procurar em Espanha o prestígio militar ofuscado pelas humilhantes derrotas de 1814 e de 1815.

A intervenção dos Cem Mil Filhos de S. Luís, chefiada pelo duque de Angoulême, sobrinho do rei, é um êxito completo. A vitória de Trocadero (31 de agosto de 1820), perto de Cádis, dará disso testemunho durante muito tempo. Fernando VII volta a ser um soberano absoluto. Desencadeia contra os liberais uma repressão feroz, forçando

([6]) Vítor Emanuel I e Carlos Félix são irmãos, mas não têm descendência masculina. O príncipe Carlos Alberto é regente do reino após a abdicação de Vítor Emanuel, por motivo da ausência, no local, de Carlos Félix.

Chateaubriand e a guerra em Espanha

Neste excerto, podem apreciar-se por um lado a obsessão por Napoleão e o desejo de apagar a sua memória, alcançando êxitos no terreno em que ele fracassou; e, por outro, os elementos de política interna que explicam as motivações do ministério francês.

A minha guerra de Espanha, o grande acontecimento político da minha vida, era um empreendimento gigantesco. A legitimidade, pela primeira vez, ia incendiar a pólvora debaixo da bandeira branca, disparar o seu primeiro tiro de canhão, após os tiros de canhão do império, que a última posteridade irá ouvir. Transpor as Espanhas, de uma passada, ter êxito no mesmo chão no qual outrora os exércitos do homem magnífico tinham sofrido reveses, fazer em seis meses o que ele não conseguira fazer em sete anos, quem se atreveria a pensar em tal prodígio? Foi, no entanto, o que eu fiz; mas à custa de quantas maldições, que me obrigaram a bater com a cabeça na mesa de jogo à qual a Restauração me obrigou a sentar. Tinha à minha frente uma França inimiga dos Bourbons e dois grandes ministros estrangeiros, o príncipe de Metternich e Canning. [...] A guerra com a Espanha não era popular, absolutamente, nem na França nem na Europa.

Fonte: Chateaubriand, *Memórias de Além-túmulo,* livro XXVIII, cap. 1.

ao exílio milhares de Espanhóis que, em Londres ou em Paris, vão defrontar-se com as realidades europeias, imaginando para o seu país um futuro liberal.

Troppau, Laybach e Verona significam outros tantos êxitos da diplomacia e da política de Metternich. A Santa Aliança só serviu para camuflar uma política de repressão do liberalismo. Ao mesmo tempo, o czar, involuntariamente, marcou pontos a seu favor e contra a Inglaterra que, descontente com as intervenções em Itália e em Espanha, não pôde opor-se-lhes. O suicídio de Castlereagh, nas vésperas de Verona, embora possa ser explicado por outros fatores, simboliza o fim de uma certa diplomacia. A Inglaterra foi incapaz de se opor às operações austríaca e francesa. Os enérgicos protestos do novo ministro do *Foreign Office,* Canning, não alteram nada, salvo o facto de deixarem transparecer a reprovação inglesa. A ordem que passa a reinar na Europa a partir de 1823 é a ordem do Antigo Regime. Ideologia e equilíbrio diplomático encontraram-se: é obra de Metternich. Mas como todo o momento histórico, esta reconstrução da ordem europeia é ameaçada pela sua fragilidade.

Chateaubriand (François René de) (1768-1848)

O escritor romântico dá testemunho do seu tempo. A sua sensibilidade marcada por um cristianismo lírico e histórico comanda uma nova escrita, fundadora do romantismo literário, em que o indivíduo e as suas inquietações ocupam o primeiro lugar. Mas o aristocrata emigrado não é o último testemunho de um mundo em vias de desaparecimento. Homem de ação, Chateaubriand conjuga a visão histórica (*Ensaio sobre as revoluções*, 1797; *O Génio do Cristianismo*, 1802; *Estudos históricos*, 1831) com o compromisso político (*De Bonaparte e dos Bourbons*, 1814; *Da Monarquia segundo a Carta*, 1816). Embaixador em Berlim, em 1821, está em Londres no ano seguinte, é ministro dos Negócios Estrangeiros em 1823, liderando, em Espanha, a intervenção dos Cem Mil Filhos de S. Luís. Em seguida, é embaixador em Roma. Próximo da família real e dos meios legitimistas, renuncia a toda a atividade política com a subida ao trono de Luís Filipe de Orleães. A sua glória naturalmente está mais ligada à sua obra do que à sua ação política. Mas as *Memórias de Além-túmulo* permitem ler a união das suas duas facetas.

3. As aspirações liberais e nacionais, fermentos de questionamento da Europa dos Congressos

3.1. O Império otomano, foco de incertezas

Entre as rivalidades que opõem as grandes potências europeias, a questão do Império otomano ocupa um lugar privilegiado. As dificuldades internas deste conjunto discordante, cujos domínios se inscrevem a toda a volta do Mediterrâneo, desde a península helénica até Argel, passando pela Turquia, pelos Lugares Santos e pelo Egito, aguçam os apetites da Rússia e da Inglaterra. Esta última, preocupada em consolidar o seu domínio no Mediterrâneo, espreita o enfraquecimento do poder otomano para acentuar a sua presença nesta bacia. A Rússia, reatando uma política entrevista pela czarina Catarina II (1729-1796), bem gostaria de garantir as saídas mediterrânicas, sequência lógica da sua presença no Mar Negro. Efetivamente, depender da Sublime Porta para poder atravessar os estreitos que encerram o Mar Negro não é a posição mais agradável com que o czar possa sonhar.

As brechas do Império otomano são manifestas nos territórios europeus por ele controlados e nos quais o choque entre o Cristianismo e o Islamismo introduz uma linha de fratura essencial. Na Sérvia, um levantamento chefiado por Djorgje Karageorges (1752-1817) no início do século contou com o apoio russo. Mas as exigências da luta contra Napoleão levaram Alexandre I a sacrificar a causa sérvia à paz com o sultão, mediante a assinatura do Tratado de Bucareste (28 de maio de 1812). A autonomia sérvia prevista pelo tratado não é respeitada pelos Turcos que, em 1813, obrigam Karageorges a procurar refúgio na Áustria. Paralelamente, um senhor sérvio, Miloch Obrenovitch, deu o seu apoio às tropas turcas: estratagema destinado a colocar-se em posição de força para retomar, em seu proveito, a luta nacional. De facto, obtém algumas concessões: passa a coexistir uma dupla administração, sérvia e turca. Esta situação melhora ainda em outubro de 1826. Nesta data, o sultão, enredado na questão grega, concede uma mais ampla autonomia aos Sérvios: livre exercício do culto cristão, imposto único, competências nos domínios escolar e sanitário e interdição aos Turcos de residirem na Sérvia. No entanto, as tropas turcas conservam o controlo das fortalezas. Miloch Obrenovitch é reconhecido como príncipe herdeiro. Todas estas disposições são confirmadas pela regulamentação geral da questão grega (Tratado de Andrinopla, em setembro de 1829).

3.2. O movimento nacional grego: expressões, apoios e jogadas

A história da independência grega desenha-se a partir de vários ângulos, todos eles solidários. Em primeiro plano, as aspirações nacionais dos Gregos. Tudo opõe as populações gregas ortodoxas, representadas em Constantinopla pelo seu patriarca e chefe religioso, aos senhores turcos: história, religião, interesses económicos, língua. O Império otomano faz sentir pesadamente a sua presença. Dois terços das terras pertencem aos Turcos, o regime fiscal penaliza os camponeses cristãos e os comerciantes gregos que sulcam o Mar Egeu e o Mar Negro. Não é, pois, de estranhar que se desenvolvam sociedades secretas com o objetivo de lutar pela independência grega. Em Odessa, no Mar Negro, a *Hetaira dos Amigos* projeta expedições de libertação. Em fevereiro de 1821, o antigo ajudante de campo do czar, o general Ypsilanti (1792-1828), passa de Odessa para as províncias romenas. As tropas turcas travam-lhe o passo, mas o levantamento nacional grego está lançado. A repressão do sultão é violenta: manda prender e executar em Constantinopla uma série de comerciantes gregos. Mais grave ainda: o patriarca grego é enforcado no dia de Páscoa. A revolta grega assume um caráter religioso.

É aí que intervém um segundo aspeto da questão. A dimensão religiosa permite ao czar Alexandre reclamar de imediato uma ação a favor dos Gregos, em nome da Santa Aliança. Em julho de 1821, endereça uma nota ao sultão, exigindo a reconstrução das igrejas gregas de Constantinopla e em agosto, perante a inércia turca, manda regressar o seu embaixador. Assim, a solidariedade religiosa joga a favor do movimento nacional. Vai ser também enriquecida por um filelenismo europeu, que desempenha papel importante na mediatização da crise. Fundam-se sociedades de apoio; Chateaubriand preside ao Comité Filelénico de Paris. O gesto de Lord Byron, chefe de fila do romantismo literário, inaugura o empenhamento dos intelectuais em questões internacionais. O desenrolar da guerra e os massacres de que os Turcos são culpados (em 1822, os ecos dos massacres de Quios – 22 000 mortos? – inflamam o imaginário romântico. Victor Hugo nas suas *Orientales*, Delacroix através da sua pintura, oferecem deles uma versão trágica) acentuam o movimento de simpatia em favor dos Gregos.

Apesar deste movimento, a crise ocupa a atualidade internacional durante toda a década de 20. Efetivamente, e aqui tocamos no terceiro ponto da questão, as jogadas geopolíticas impedem a definição de uma política europeia clara. Para além da Grécia, a verdadeira questão internacional que se põe é a de substituir a influência otomana nesta região do Mediterrâneo por outra. Rússia ou Inglaterra? A partida vai ser jogada essencialmente por estes dois protagonistas.

3.3. As grandes potências face à questão grega

A primeira reação da Áustria, ocupada em resolver os seus diferendos com a Itália, consiste em ignorar a revolta grega, em nome do equilíbrio europeu. Metternich, no Congresso de Verona, defende a sua opinião neste sentido, com tanto maior convicção quanto o movimento nacional grego repousa na adesão ao liberalismo. Em janeiro de 1822, uma assembleia de notáveis gregos, reunida no Epidauro, tinha proclamado a independência e votado uma constituição. Sob a direção do presidente Alexandros Mavrocordato (1791-1865), toma forma um esboço de Estado grego. Até este momento, a Rússia e a Inglaterra vigiavam-se mutuamente: em dezembro de 1821, o czar tinha renunciado a uma tentativa isolada, atendo-se aos princípios das alianças diplomáticas e Castlereagh não tinha prestado apoio significativo aos insurretos. Em 1823, o seu substituto, Canning, deixa entrever uma viragem, mostrando-se recetivo a uma delegação grega, que tinha ido procurar apoio e dinheiro.

Alexandre I tenta retomar a iniciativa política, propondo, em janeiro de 1824, a realização de um congresso para debater a seguinte solução: aplicar à Grécia um modelo análogo aos principados do Danúbio (Moldávia e Valáquia). Formar-se-iam três regiões: Grécia Oriental (Tessália, Beócia e Ática); Grécia Meridional (Moreia e Creta); e Grécia Ocidental (Epiro e Acarnânia). Ser-lhes-ia concedida uma larga autonomia. Todas as potências europeias se opõem a este projeto.

Entretanto, as forças militares turcas continuam a reconquista da Moreia. O paxá do Egito, Mehemet Ali, enviou um exército de 30 000 homens e uma armada. Os reveses gregos são consideráveis e as tropas egípcias instalam-se em Navarino. Em junho de 1825, é tomada a cidade de Nauplia, sede do governo grego. Os Gregos entregam-se nas mãos dos Ingleses. Uma delegação pura e simplesmente propõe a Londres o protetorado da Grécia. Canning não dá seguimento à proposta, embora reconhecendo a situação de beligerância dos Gregos. A análise de Metternich é logo posta de lado. Seja qual for a solução, a crise grega põe em causa a intangibilidade das fronteiras e o *status quo* a que os negociadores de Viena julgavam ter chegado. O ano de 1825 decididamente é capital para este problema: a morte de Alexandre I e a subida ao trono de um novo czar, Nicolau I, em dezembro, vêm modificar os dados da política russa.

Ao mesmo tempo que Nicolau envia aos Turcos um ultimato exigindo o respeito pelas cláusulas do Tratado de Bucareste (16 de março de 1826), Wellington, enviado como embaixador à Rússia, negoceia com o czar uma abordagem comum da questão grega. Primeiro êxito: a realidade política da Grécia é reconhecida, e as duas diplomacias tornam público um plano que prevê a autonomia da Grécia no respeito pela suserania otomana. Cada um dos parceiros reconheceu ao outro uma esfera de influência específica: o Danúbio para os Russos, o Mediterrâneo para os Ingleses. Na mesma altura, realizam-se negociações turco-russas, que culminam na garantia da autonomia sérvia. Estes progressos a nível diplomático estão em contradição flagrante com o avanço militar turco. A queda da cidade de Missolonghi (22 de abril de 1826) relança o filelenismo na opinião europeia. Atenas rende-se no dia 1 de abril de 1827, o que fortalece o sultão na sua recusa de negociar. Ora, a aproximação anglo-russa veio modificar os dados. Neutralizados a partir de agora, os dois parceiros podem encarar a hipótese de uma ação a favor dos Gregos.

Intervém então a França. Por motivos que têm a ver com considerações de política interna (o prestígio externo viria reforçar o trono), tanto quanto com ambições no Mediterrâneo, o governo Villèle tenta imiscuir-se nas relações anglo-russas. Canning aproveita a ocasião para envolver um novo parceiro e escapar ao frente a frente anglo-russo. O tratado com data de 6 de julho de 1827 fixa as bases para uma saída da crise: a suserania otomana não impediria a autonomia da Grécia, que seria dotada de uma administração autóctone e que recuperaria, mediante uma indemnização, as propriedades dos Turcos. Em acréscimo, seguem para o Mediterrâneo três armadas. O tempo que as instruções demoram a chegar aos almirantes e, em sentido contrário, as demoras que atrasam as reações das chancelarias, vão então desempenhar um papel importante. Um incidente na baía de Navarino degenera em batalha naval e a armada turco-egípcia é destruída (20 de outubro de 1827). Em Constantinopla, a reação é imediata: guerra santa. Quebra-se a ténue ligação que permitia o diálogo entre o Império otomano e as potências europeias. Na Inglaterra, o novo ministro dos Negócios Estrangeiros, Aberdeen, agarra-se mais do que nunca a uma política de manutenção do Império otomano, política menos contraditória do que parece, quando se sabe que, para os interesses britânicos, a ameaça russa parece superior à ameaça que poderia exercer um império em decadência. Na Rússia, o czar decide declarar guerra à Turquia (26 de abril de 1828). A França, cuja política externa é chefiada por La Ferronnays, consegue uma mediação entre Sampetersburgo e Londres: as operações militares russas manter-se-ão confinadas aos principados do Danúbio. De repente, surge uma solução para a Grécia: no decurso do verão de 1828, as forças turco-egípcias abandonam o território. O corpo expedicionário das três potências, comandado pelo general francês Maison, chega à Moreia em setembro. Abrem-se negociações entre todos os protagonistas. A intransigência do sultão leva os Russos a acentuar o seu avanço militar: a cidade de Varna, no Mar Negro, é conquistada (12 de outubro de 1828); em março de 1829, desembarcam a 120 quilómetros de Andrinopla, na Trácia. Diante deles, abre-se a estrada para Constantinopla. O Protocolo de Londres, de 22 de março de 1829, fixa a resolução da questão

Os soberanos gregos

Otão I (1815-1867): filho de Luís I da Baviera; Otão reina na Grécia de 1833 a 1862. A sua política autoritária encontra no nacionalismo um exutório fácil. Contudo, em 1844, é forçado a aceitar uma constituição liberal. Em 1862, é destronado por uma revolução. Morre no exílio. Em outubro de 1863, sobe ao trono da Grécia Guilherme, filho do rei Cristiano IX da Dinamarca e cunhado do príncipe de Gales, Eduardo, filho da rainha Vitória. Adota o nome de Jorge I (1845-1913), fundando uma nova dinastia que só perderá o trono em 1967.

grega; determina o território fixando-lhe a organização política (uma monarquia hereditária, cujo futuro soberano receberia a investidura do sultão), encara-se a hipótese de uma transferência de população entre Gregos e Muçulmanos. Uma vez mais, Constantinopla opõe-se a este ajustamento. Só perante a ameaça de um novo avanço dos Russos (Andrinopla é conquistada a 19 de agosto, deixando assim aberto o caminho para Constantinopla), o sultão acaba finalmente por ceder. O Tratado de Andrinopla (14 de setembro de 1829) retoma as cláusulas do Protocolo de 22 de março. Uma última pretensão turca relativa às fronteiras gregas acaba na proclamação da independência do país. A 3 de fevereiro de 1830, nasceu oficialmente um novo Estado. Jean Capo d'Istria (1776-1831) assume a sua direção, até a Inglaterra, a França e a Rússia fazerem recair a sua escolha sobre Otão de Baviera.

3.4. As consequências da independência grega

Por que motivo insistimos tanto nos acasos da guerra da independência grega? O acontecimento, na realidade, ultrapassa os limites da Grécia. Ao dar lugar a um novo Estado, desfez-se o equilíbrio de Viena. Foi uma primeira indicação. Ora, o ano que começa vai assistir a outros questionamentos. O confronto entre Russos e Ingleses revelou a importância da sua rivalidade. A França soube aproveitar a oportunidade e voltou a introduzir-se em pleno no jogo internacional. Os êxitos obtidos quer pela sua mediação quer pelas armas, particularmente da sua marinha, conferem um novo ambiente à sua política externa. Em setembro de 1829, o ministro Polignac elabora um «grande projeto» de reordenamento territorial de toda a Europa. Esta quimera nada--morta não deixa de ser um indicativo das novas intenções de uma França voltada para a aventura exterior. Dentro de pouco tempo, os acontecimentos da Argélia conferem uma dimensão autêntica a esta ambição. Enfim, última lição aprendida com a crise: como os índices faziam prever, o Império otomano estava carcomido. Gerir a sua decomposição, partilhar os seus despojos: eis novos horizontes para potências seguras de si próprias.

Nos inícios de 1830, o que resta da política dos congressos que, entre 1815 e 1822, tinham construído uma espécie de diretoria da Europa?

O equilíbrio europeu foi mantido pelo entendimento entre os «Quatro Grandes» (Inglaterra, Rússia, Áustria e Prússia) e foi fortalecido pela estabilização política na França. A partir de 1818, Paris conseguiu associar-se à política de manutenção da ordem na Europa e a monarquia de Luís XVIII encontra motivo de satisfação na expedição francesa à Espanha (1823). Mas esta política de *status quo*, à qual Metternich concedeu tanta importância, encontra nela os seus próprios limites. Em favor dos movimentos revolucionários de 1820--1821, viu-se que o equilíbrio internacional repousava também sobre a ordem política do Antigo Regime. Os congressos (Troppau, Laibach e Verona) consagram então um direito de ingerência, cujo princípio a Inglaterra tem dificuldade em aceitar. Após a intervenção na Espanha, o desacordo entre as grandes potências é real.

Mas só os assuntos europeus não bastariam para explicar este facto. A conversão de Londres ao liberalismo político, principalmente por parte de governantes conservadores, não é totalmente sincera. Há considerações secundárias a comandar este novo discurso oficial. A acessão à independência da América espanhola e o definhamento do Império otomano estão presentes no espírito das chancelarias quando negoceiam em conjunto o equilíbrio europeu. Por detrás deste, oculta-se a competição pela hegemonia entre a Rússia e a Inglaterra. Os seus responsáveis políticos raciocinam à escala do mundo. Assim se impõem progressivamente as lutas que põem em confronto os interesses extraeuropeus das potências do Mundo Antigo. E se a Europa é ainda chamada a conhecer algumas reviravoltas, estas, em 1830, parecem ocorrer primeiro e antes de tudo, fora da Europa.

3

Liberalismo e Nacionalismo (1830-1848)

A revolução parisiense de julho de 1830 – dias 27, 28 e 29 –, também conhecida como os Três Gloriosos, abre uma nova página na história da Europa. Apesar de maltratada pelas divergências entre os vencedores de Napoleão, a ordem estabelecida em Viena continuava a ser a pedra angular do equilíbrio europeu. Este não assentava apenas no princípio da intangibilidade das fronteiras, mas também na estabilidade política dos regimes. Vimos já como esta ligação, estabelecida pelo Tratado da Santa Aliança mas também principalmente pela política de Metternich, continha em si a sua própria contradição e acentuou as divergências entre a Inglaterra, a Áustria e a Rússia. Os acontecimentos franceses acabam por arruinar um equilíbrio precário, já enfraquecido pelas rivalidades entre Londres e Sampetersburgo, que a questão grega tinha cruamente trazido à luz, inquietando tanto mais as chancelarias europeias quanto vão afetar uma potência que se tinha progressivamente reintegrado no jogo diplomático e que, fortalecida pelos seus êxitos no Mediterrâneo, já não ocultava uma certa ambição. O período que se inicia e que se encerra em Paris, uma vez mais, com um novo episódio revolucionário em 1848, é assinalado por um reagrupamento mais ou menos estável entre potências liberais e Estados absolutistas. A consolidação do liberalismo contribui, aliás, para desenvolver os sentimentos nacionais, cuja expressão concomitante em 1848 conduzirá a uma nova redistribuição das forças. Se observarmos a cronologia desses anos, verificamos que a um primeiro período rico em reviravoltas políticas (1830-1833), sucede outra etapa marcada pelo confronto progressivo das potências europeias no mundo (Mediterrâneo, Próximo Oriente, Extremo Oriente). A estes acontecimentos que dependem muito da história diplomática, junta-se uma outra série, marcada principalmente pela constituição do *Zollverein* (a união aduaneira da Alemanha), prelúdio indispensável às grandes mutações dos anos seguintes.

1. Europa liberal contra Europa absolutista?

1.1. A revolução de 1830 em França e o seu eco na Europa

A queda da monarquia de Carlos X preocupa a Europa tanto mais que a França, sob a sua orientação, tinha reintegrado ativamente o concerto diplomático, em que executava mesmo uma partitura própria. As ambições de que o ministro Polignac, chefe do governo, dera provas, tinham a ver, simultaneamente, com a reorganização do mapa da Europa (projeto Bois Le Comte, de setembro de 1829) e com a procura de prestígio externo, através da tomada de Argel (17 de julho de 1830). O que preocupa os guardiões da ordem europeia é que esta aquisição possa cair nas mãos de um poder revolucionário, quer dizer, dos partidários de 1789. Uma determinada oposição a Carlos X partilha efetivamente as preocupações com a propagação da revolução. A propaganda do jornal *Le National*, ativada por Adolphe Thiers, os ideais republicanos e também os primeiros gestos simbólicos do novo rei Luís Filipe contribuem para fundamentar o receio dos outros Estados. O duque de Orleães baseia a sua legitimidade popular na adesão ativa aos princípios de 1789: recorda que foi militar em Valmy e em Jemmapes, do lado francês, restaura a bandeira tricolor, acentua o liberalismo da Constituição (a Carta é revista, eliminando-se os «abusos» a que se tinha entregue Carlos X). Para Metternich, tal como para o czar da Rússia, a questão consiste em saber se o novo regime vai optar por uma política de expansão revolucionária, próxima da que inspirou Napoleão, ou se, pelo contrário, vai manter uma atitude de prudência. Em França, a pressão da opinião pública a favor da ação externa é forte e é acentuada pelos acontecimentos belgas, que não podem deixar de preocupar a política francesa.

A política externa, uma jogada de política interna; princípios da política europeia: a análise de François Guizot (1787-1874), embaixador em Londres (1839-1840), ministro dos Negócios Estrangeiros de Luís Filipe entre 1840 e 1847

Para os povos como para os reis, para os homens de Estado como para os homens de guerra, a política externa é o campo onde a imaginação, a ambição e o orgulho desabrocham, nas suas livres fantasias. [...] Desde o seu nascimento e durante todo o decurso da sua existência, o governo de 1830 teve de lutar contra esta paixão póstuma de aventuras e de conquistas. A decadência era grande: em vez da Convenção nacional e do imperador Napoleão, quem se portava como senhor e dono de uma política ambiciosa e guerreira eram um advogado sofista [M. Mauguin] e um militar declamador [o general Lamarque] [...] Eram eles quem falava em nome das tradições revolucionárias e militares; misturavam e confundiam, numa incoerente mas brilhante amálgama, as promessas da liberdade e o prestígio da força, a Revolução e o Império [7]. A França não desejava recomeçar nem um nem outro destes terríveis regimes [...] mas, ainda ofuscada e perturbada, gostava de ouvir celebrá-los confusamente e sob belos nomes; aí é que estava, dizia-se, o espírito liberal e o espírito nacional: para a França a grandeza, para a Europa o progresso. [...]

Não conheço outra ideia tão radicalmente falsa e funesta, mais desmentida pela experiência, mais contrária às verdadeiras tendências da nossa época e à grandeza da França, bem como ao progresso geral da Europa.

A Europa é uma sociedade de povos e de Estados, ao mesmo tempo diferentes e semelhantes, separados e não estranhos, não apenas vizinhos mas aparentados, unidos entre si por laços morais e materiais que não conseguiriam quebrar, pela mistura das raças, pela comunidade de religião, pela analogia das ideias e dos costumes, por numerosas e contínuas relações industriais, comerciais, políticas e literárias, pelos progressos de civilização variados e desiguais, mas tendentes aos mesmos objetivos. [...]

Este facto importante teve como consequência natural a formação progressiva de um direito público europeu e cristão, quer dizer, o estabelecimento de determinados princípios [...] As máximas essenciais e incontestadas do direito público europeu são em pequeno número [...]:

---

(7) Um pouco mais adiante, Guizot escreve esta observação esclarecedora: «A Revolução Francesa e o imperador Napoleão I lançaram um determinado número de espíritos, entre eles alguns dos mais distintos, numa excitação febril, que se transformou numa autêntica doença moral».

1.º) A paz é o estado normal das nações e dos governos. A guerra é um facto excecional e que deve ter um motivo legítimo;

2.º) Os diversos Estados são inteiramente independentes uns dos outros, quanto aos seus assuntos internos; cada um deles se constitui e se governa segundo os princípios e as formas que lhe convierem;

3.º) Enquanto os Estados viverem em paz, os seus governos são obrigados a nada fazer que possa perturbar naturalmente a sua ordem interna;

4.º) Nenhum Estado tem o direito de intervir na situação e no governo interno de outro Estado, a não ser que o interesse da sua própria segurança torne indispensável essa intervenção.

Fonte: François Guizot, *Mémoires pour servir à l'histoire de mon temps*, Paris, t. IV, 1864.

1.2. A independência da Bélgica

O levantamento belga deve-se tanto a causas internas como a uma conjuntura internacional, favorável ao movimento nacional. Os territórios belgas pertencentes à coroa dos Países Baixos são mais povoados (3,5 milhões de habitantes) do que os holandeses (2,5 milhões). Mas a distribuição do poder político – 80% dos lugares da administração são ocupados por Holandeses e a representação eleitoral é igual para as duas comunidades – provoca alguma tensão. No entanto, existe entre os dois conjuntos uma real solidariedade económica: a industrialização da Flandres e da Valónia tira vantagens do comércio com a Holanda e das vias de comunicação constituídas pelo Reno e pelo Escalda. A diferença religiosa (católicos belgas contra protestantes holandeses) não é decisiva. Não obstante um catolicismo comum, existe uma separação entre Flamengos e Valões: estes últimos são nitidamente anticlericais. No entanto, a partir de 1828, verifica-se uma evolução que tem como resultado transformar a questão religiosa numa questão secundária. Reforça-se uma análise comum sobre a necessidade de autonomia das províncias belgas. A recessão económica dos anos 1828-1829 atinge os interesses belgas, provocando uma renovação das teses autonomistas.

Sob o efeito da revolução parisiense, as desordens de Bruxelas, em 26 de agosto de 1830, vão escapar à sua primeira motivação social, para assumirem uma dimensão liberal e nacional. A violenta reação do rei Guilherme I (Bruxelas é recuperada pelas tropas holandesas em finais de setembro), longe de alcançar o resultado esperado, reforça a determinação dos insurretos. O apoio francês parece ponto assente, tanto mais que o partido do Movimento (Laffitte, Thiers), no poder em Paris, lhes é favorável. Uma delegação do governo provisório belga, chefiada por Gedebien, tenta obter de Luís Filipe o compromisso de que estará a seu lado (28 de setembro). Apesar da abstenção francesa, os Belgas proclamam a sua independência em 4 de outubro.

Quais as jogadas internacionais desta crise?

Verdadeiro levantamento nacional, a independência belga desestabiliza um Estado cujas fronteiras foram traçadas no Congresso de Viena e cuja existência e integridade estão garantidas pelas potências signatárias. As cláusulas de Viena irão ser aplicadas? O rei da Prússia mobiliza mais de 60 000 homens junto do Reno e o czar Nicolau I procede de igual forma, e estaciona tropas na Polónia. Será que vamos assistir ao equivalente das intervenções austríacas em Itália ou francesas em Espanha? A Inglaterra não pode defender agora uma solução que anteriormente rejeitara, e que, no caso presente, reforçaria a predominância russa no continente. Por outro lado, não pode permanecer insensível ao perigo representado pela fragmentação do Estado holandês: uma das razões da sua existência é opor um travão às ambições francesas em direção ao Reno. As semelhanças que unem Valões e Franceses e a nova disposição do poder francês constituem ameaças reais de uma possível ligação da Bélgica à França. Quanto a esta última, a divisão da opinião pública e do governo sobre uma orientação expansionista ou não convida Luís Filipe à prudência. Para um poder jovem e pouco seguro, é preciso, em primeiro lugar, tomar o pulso à situação internacional. A partir do dia 31 de agosto, o ministro Mathieu Molé tivera o cuidado de esclarecer que a França não faria qualquer intervenção na Bélgica. A nomeação de Talleyrand para a embaixada de Londres (setembro) revela as intenções francesas: procurar um acordo com os Ingleses e, sobretudo, não os apressar.

A proposta britânica no sentido de se realizar uma conferência internacional permite salvaguardar uma política de entendimento entre as potências europeias, ao mesmo tempo que marca o fim de toda a política de intervenção armada. Implicitamente, reconhece o caráter inelutável da independência belga. Entretanto, os independentistas reuniram uma assembleia constituinte que, a 22 de novembro, chega a acordo sobre um modelo de monarquia constitucional. O liberalismo político progride. A 20 de dezembro, a Conferência de Londres reconhece a independência da Bélgica. Resta acertar os pormenores.

As negociações culminam em vários acordos: a neutralidade do Estado belga (21 de janeiro de 1831), os limites territoriais e a partilha da dívida entre os dois parceiros holandês e belga (27 de janeiro). A França apoia o governo belga na sua recusa das fronteiras propostas (as de 1790, segundo as quais a Holanda conservava o Luxemburgo e o Limburgo). Os patriotas belgas avançam então com a candidatura ao trono do duque de Nemours, filho de Luís Filipe, a fim de acabarem por atrair a proteção francesa. Mas esta iniciativa (o duque de Nemours é eleito a 3 de fevereiro) é contrariada por Luís Filipe que, em nome do filho, recusa o trono belga (17 de fevereiro); este entende manter-se coerente com a sua linha política. A França não procura tirar qualquer vantagem territorial da independência belga. Aliás, Paris procura a todo o custo preservar o entendimento com Londres acerca deste delicado processo. Os acordos de janeiro são finalmente aceites e os Belgas escolhem um rei na pessoa de Leopoldo de Saxe-Coburgo (a 4 de junho de 1831). Uma derradeira negociação (Tratado dos 18 Artigos, 26 de junho de 1831) permite que o Luxemburgo volte para o domínio belga. Leopoldo entra em Bruxelas a 21 de julho.

No dia 1 de agosto, as tropas holandesas entram na Bélgica e apoderam-se de Antuérpia. A França envia um destacamento militar em socorro da independência da jovem nação, o que constitui para o governo de Luís Filipe um êxito internacional. Atribui-se-lhe tanto mais valor quanto esta intervenção, longe de ser uma aventura isolada da França, representa a defesa de decisões tomadas em concertação com Londres e com outras capitais. Um novo acordo entre Belgas e Holandeses modifica as fronteiras (Tratado dos 24 Artigos, de 14 de outubro de 1831; o Luxemburgo volta a passar quase na totalidade para os Holandeses, tal como o Limburgo e a cidade de Maastricht). Apesar de Guilherme I da Holanda continuar a ocupar Antuérpia (as suas tropas só serão desalojadas em outubro de 1832, como resultado de uma ação franco-britânica) e recusar o Tratado dos 24 Artigos, a sua resistência tornou-se inútil. Em 1839, tem de aceitar o tratado e de formalizar o reconhecimento da independência belga.

As consequências diplomáticas deste episódio merecem ser analisadas. Uma vez mais, e desta vez no centro da Europa, o Congresso de Viena foi alterado. Tratando-se da existência da Bélgica e da sua neutralidade, foi sem dúvida uma disposição importante. Mas convém notar que esta cláusula de neutralidade, imposta pelos Ingleses, atenua mas não anula a política de controlo do poderio francês. Com esta medida, a França renuncia a toda e qualquer expansão em direção à foz do Reno: é o fim de uma tentação secular que inspirou Luís XIV e que foi bem conduzida pela Revolução e por Napoleão. O controlo do porto de Antuérpia continua a ser uma prioridade absoluta para Londres, seja qual for a forma assumida. Os mecanismos de garantia previstos em Viena não jogaram a favor do rei da Holanda, mas a concertação internacional enquadrou o desenrolar da crise belga. Se as potências não acorreram em socorro da Holanda, isso ficou a dever-se a que a relação de forças entre elas era desfavorável aos partidários da intervenção (particularmente a Rússia e a Prússia). Porquê esta oscilação? A Inglaterra nada mais faz senão agarrar-se à linha definida por Castlereagh contra a intervenção em Itália e em Espanha (1822). Esta posição aparece reforçada pela mudança de poder em França: um aliado liberal vem juntar-se à Inglaterra. A Áustria de Metternich preferiu fixar a sua atenção nas questões italianas, no momento exato em que a Rússia se viu enredada numa crise polaca. A Prússia ficava isolada, o mesmo é dizer que nada podia fazer.

A independência da Bélgica, mais ainda do que a da Grécia, revela os deslizes das relações de força europeias que se operaram a favor da revolução de 1830 em França e no prolongamento dos acontecimentos da década de 1820.

1.3. A crise polaca

A insurreição polaca mergulha as suas raízes no sentimento nacional. A reorganização de 1815 amputou à Polónia histórica parte do seu território, colocando-o sob dependência russa. Embora o czar Alexandre I tivesse tido o cuidado de outorgar a este novo reino uma constituição liberal, embora tenha acautelado um certo equilíbrio entre funcionários polacos e representantes russos, o sentimento de ser governado por uma potência estrangeira é muito forte. A presença de um vice-rei em Varsóvia, de um general russo à frente do exército polaco, as medidas antiliberais de 1820 (censura da imprensa) são espinhos cravados na consciência nacional polaca. Os animadores do movimento nacional recrutam-se principalmente entre os intelectuais e entre os oficiais.

A insurreição de 21 de novembro de 1830 expulsa os Russos de Varsóvia. Os insurretos contam com o efeito belga e com o apoio francês. Aliás, em Paris, a ala esquerda do regime reclama uma intervenção a favor da Polónia. A primeira consequência internacional desta situação consiste em paralisar a ação do czar Nicolau I contra os Belgas. O seu exército (na Polónia, estão concentrados 100 000 homens, mais tarde 170 000) é obrigado a ficar imobilizado. O governo provisório polaco, no qual o conde Adam Czartoryski (1770-1861), antigo ministro dos Negócios Estrangeiros de Alexandre I (1802-1806), desempenha um papel central, começa por apresentar aos Russos um pedido de regresso à Constituição de 1815, assim como um regresso às fronteiras polacas anteriores a 1772. A recusa de Nicolau tem como resultado a proclamação da independência em 25 de janeiro de 1831. O contexto internacional alterou-se: a crise belga está em vias de solução e o princípio de não intervenção impôs-se. A Áustria atua em Itália, mas por enquanto não ameaça diretamente os interesses franceses, próximos dos liberais italianos. Paris esclareceu, aliás, que as suas tropas apenas atuariam em países limítrofes. A Polónia está, assim, fora de questão. Em Londres, Palmerston receia um alargamento da influência francesa para leste e prefere uma presença russa. O receio do contágio revolucionário francês em todo o continente mantém-se, pois, vivo, apesar das atitudes prudentes de Luís Filipe e da subida da direita ao poder, com o governo Périer.

A intervenção das tropas russas permite, a partir de julho de 1831, resultados inequívocos e o restabelecimento do domínio imperial. A 7 de setembro, Varsóvia cai nas mãos dos Russos. A reconquista é brutal: o estatuto orgânico de 26 de fevereiro de 1832 anula as disposições liberais do texto de 1815, as universidades de Varsóvia e de Vilna são encerradas, são enforcados os responsáveis políticos pelo levantamento. Perante este estado de coisas, é fácil compreender o eco que os exilados polacos conseguem transmitir à sua causa. Sobretudo em França, alimenta-se da má consciência dos liberais, que abandonaram a Polónia à sua sorte. Em 1833, a publicação em francês do *Livre des pèlerins polonais [Livro dos peregrinos polacos]* garante ao seu autor, Adam Mickiewicz (1798-1885), um êxito assinalável. Encontra uma tribuna no Collège de France; com Michelet, mantém acesa a chama patriótica.

1.4. A Itália e a Alemanha face aos movimentos nacionais

Metternich vigia de perto a evolução política dos Italianos. As sociedades secretas, entre as quais a Carbonária, difundem o ideal liberal e patriótico de uma Itália unificada. A recordação da ação emancipadora da França mantém-se viva, apesar dos desvios posteriores de Napoleão. E também as jornadas de Paris ecoam rapidamente pela península. Em agosto de 1830, os estudantes manifestam-se em Ferrara, celebrando os «Três Gloriosos». A convicção de que o partido do Movimento em França apoiará as revoluções italianas anima os militantes liberais italianos. Depois de Paris, Ciro Menotti (1798-1831) cria uma comissão a favor da independência, da união e da unidade da Itália. Regressa a Modena onde, em fevereiro de 1831, o duque François d'Este é expulso por uma revolução. O poder pontifício fica abalado: em dezembro, a Carbonária, em que milita Luís Napoleão Bonaparte, tenta um golpe; no mês de fevereiro, em Bolonha, um governo provisório decreta o fim do poder temporal do Papa. Em Parma, Maria Luísa de Habsburgo, ex-mulher de Napoleão, tem de se pôr em fuga. Mais do que uma revolução nacional, estes movimentos exprimem o vigor da reivindicação liberal. A sua repressão brutal por parte das forças austríacas (entram em Modena a 4 de março de 1831 – Menotti é enforcado; em fins de março, está terminada a reconquista dos Estados pontifícios) marca a opinião pública. O liberalismo italiano é condenado a ser antiaustríaco e a junção entre o liberalismo e o nacionalismo vai-se operando progressivamente. Conduz os partidários da unidade a colocar o problema dos Estados pontifícios. Outras tantas questões, de consequências pesadas para o equilíbrio europeu nos anos seguintes.

Nos inícios de 1832, os Austríacos desejam aumentar as suas vantagens e ter peso na política de Roma. A França envia um corpo expedicionário que desembarca em Ancona, cidade dependente de Roma, em fevereiro. As ambições austríacas param de imediato: Metternich não reage, preocupado em evitar um confronto geral que enfraqueceria as posições da Áustria em Itália. Tomando posição nesta data – em 1831, pelo contrário, o governo abstivera-se –, a França mostra estar preparada para conduzir uma política autónoma, agora bem distante das conquistas do Congresso de Viena.

A partir deste momento, liberalismo e nacionalismo têm encontro marcado em Itália, sem que, no entanto, a articulação política e diplomática destas reivindicações se esboce claramente à saída das crises. Carlos Alberto, rei do Piemonte, não deu um passo sequer, não obstante as suas simpatias por estes movimentos. O novo rei das Duas Sicílias (Nápoles), Fernando II, também não se mexeu. A sombra protetora dos Austríacos estava ainda sem dúvida demasiado presente.

Metternich luta também na frente alemã. Embora os acontecimentos de 1830 e inícios de 1831 na Saxónia, em Hesse, em Brunsvique e em Hanôver atestem a subida da febre liberal, não se assemelham em nada a um entusiasmo generalizado. A efervescência intelectual, contudo, está no auge: multiplicam-se os escritos e os panfletos sobre o futuro da Alemanha. A busca do passado alimenta uma reflexão histórica que desagua em visões de futuro. A ameaça liberal preocupa Frederico Guilherme III da Prússia, inclinado a favorecer a política de Metternich. Este coíbe-se de qualquer concessão ao liberalismo. Em junho de 1832, o «protocolo dos seis artigos», submetido ao voto da Dieta da Confederação germânica, cria o controlo das assembleias legislativas federadas. As críticas ao estatuto confederativo são consideradas um delito, é reafirmada a força do poder executivo, que as assembleias não devem contestar. Estas medidas respondem à demonstração dos liberais que, a 27 de maio de 1832, em Hambach, ofereceram um banquete a emigrantes polacos. Nele se arvoram as cores preto, vermelho e ouro ([8]). O programa, em que se pede a igualdade de todos perante a lei, a liberdade de imprensa e de opinião, a soberania popular e a criação de um Estado moderno e liberal que aí é adotado, conjuga bem liberalismo e nacionalismo.

De igual modo, no combate que o equilíbrio europeu, pensado em Viena, é levado a travar contra os princípios liberais e nacionais pela elaboração de um novo mapa da Europa, a Áustria encontra-se na primeira linha. Ressuscitar o espírito da Santa Aliança torna-se o objetivo da diplomacia de Metternich que, em setembro de 1833, faz assinar pela Rússia, pela Prússia e pela Áustria o Tratado de Münchengrätz, uma atualização do texto de 1815.

1.5. Uma nova quádrupla aliança

As circunstâncias obrigaram Russos, Austríacos e Prussianos a reagruparem as suas forças, ao mesmo tempo que procediam a concessões mútuas: os Austríacos deixam o caminho livre à Rússia e à sua ação no Império otomano; os Russos abandonam aos Austríacos a influência na Alemanha, que os Prussianos têm de aceitar *volens nolens*, de preferência a serem arrastados pela revolução liberal. Esta coligação assemelha-se a um reagrupamento das forças absolutistas. Os meios que a Áustria e a Rússia utilizaram para reprimir os

([8]) Eram as cores dos uniformes das companhias independentes, durante a guerra da libertação de 1813.

movimentos nacionais são os da Contra Revolução. À opinião pública francesa e inglesa parecem tanto mais impróprios quanto os progressos das liberdades políticas lhes parecem inelutáveis.

Paris e Londres coincidem ainda na defesa dos regimes liberais da Península Ibérica. Em Portugal, partidários e adversários da rainha Dona Maria enfrentam-se desde 1823. Dom Miguel, soberano absolutista, controla inicialmente o trono, antes de ter sido expulso por uma intervenção marítima inglesa, em Lisboa, em 1833. Em Espanha, a morte de Fernando VII (a 29 de setembro de 1833) permite o regresso dos liberais do seu exílio francês ou inglês. Rapidamente um governo dirigido por Francisco Martínez de la Rosa redige um texto pré-constitucional (o Estatuto de 1834), que abre o caminho a um regime liberal (abril de 1834). Mas a guerra civil alastra pelo país: Dom Carlos, irmão do falecido rei, recusa em bloco a legitimidade de acesso ao trono de sua sobrinha Isabel e o liberalismo servil da Regência. Desenvolve-se em Espanha um ponto de fixação da Contra Revolução e do integralismo católico. A Inglaterra e a França ajudaram os soberanos legítimos (Dona Maria em Portugal e Dona Isabel em Espanha), entregando-se também a uma certa concorrência. A Inglaterra, ciosa dos seus interesses históricos em Portugal, impede toda a penetração comercial francesa. Da mesma forma em Espanha, as jogadas financeiras e comerciais tecem a trama de uma oposição franco-espanhola, mais viva do que o seu entendimento político. Entretanto, é ela que, num primeiro tempo, parece dominar. A 22 de abril de 1834, um tratado associa a Inglaterra, a França, a Espanha e Portugal numa «quádrupla aliança». O bloco liberal e o bloco absolutista organizam-se. Será o entendimento ideológico que, daqui em diante, vai conduzir a política estrangeira dos Estados europeus?

2. França-Inglaterra: do entendimento cordial à oposição

2.1. O que é o entendimento cordial?

Enquanto o conflito tinha sido, desde o início do século, o tom dominante das relações entre a França e a Inglaterra, nos anos 1825-1833 as duas potências estão de acordo em vários pontos, como sejam a questão grega, o apoio aos movimentos liberais e nacionais, e o futuro do Império otomano. Na crise que abala o Império decorrente da independência grega e das ambições do paxá do Egito, Mehemet

Ali, a França e a Grã-Bretanha convergiram no essencial: impedir a Rússia de «ganhar a aposta», instaurar um protetorado sobre os Turcos, ameaça real no momento da assinatura do Tratado russo-turco de Unkiar-Skelessi (8 de julho de 1833), no qual se previa uma assistência mútua entre os signatários e, principalmente, o encerramento do Bósforo em caso de guerra contra um dos dois signatários. A diplomacia de Nicolau I acabava de marcar um ponto decisivo: a armada russa ficava senhora do ferrolho entre o Mar Negro e o Mar Mediterrâneo.

O bom ambiente franco-inglês leva os Franceses a propor uma aliança em boa e devida forma. O duque de Broglie, ministro dos Negócios Estrangeiros (outubro de 1832-Abril de 1834), com o auxílio de Talleyrand, embaixador em Londres, esforça-se por aproximar ainda mais os dois países. Ainda antes da aliança política, tenta, mas sem êxito, fazer aprovar pela Câmara francesa uma redução nas pautas aduaneiras capaz de estimular o comércio e de manifestar aos Ingleses uma disposição favorável. Em dezembro de 1833, propõe uma aliança defensiva entre os dois países. Londres, cuja diplomacia é dirigida por Palmerston, declina. É preciso aguardar o tratado de 22 de abril de 1834, limitado aliás a questões ibéricas, para que um texto manifeste esta «*entente cordiale*», segundo a expressão divulgada por Palmerston.

2.2. *Incertezas mediterrânicas*

O futuro do Mediterrâneo preocupa as grandes potências europeias. Para Londres, conservar o domínio das rotas comerciais que ligam a Europa ao Oriente – quer através do istmo de Suez quer pela bacia do Tigre e do Eufrates – é um objetivo primordial explicável pelos seus interesses crescentes na Índia. A Rússia alimenta ambições expansionistas para sul e para os mares quentes. Quanto à França, ao instalar-se em Argel (julho-agosto de 1830) acaba de tomar uma orientação ainda incerta nas suas dimensões. A expedição punitiva contra o bei (*) de Argel abre à França a possibilidade de se instalar na margem sul do Mediterrâneo. Embora, num primeiro tempo, a operação tivesse como objetivo limpar o mar dos corsários argelinos, o êxito modifica-lhe o alcance. Só progressivamente a política

(*) Bei, nome que se dá ao governador de uma província muçulmana, neste caso de Argel (1671-1830). [*N. T.*]

francesa se esclarece, culminando, em finais de 1836-inícios de 1837, na afixação, alto e bom som, de um objetivo de colonização da costa e do interior (9).

A independência da Grécia acarreta algumas consequências no Mediterrâneo oriental. Não é apenas a cobiça do Ocidente que a fraqueza do Império otomano desencadeia. No seu seio desenvolvem-se tendências separatistas, das quais a mais importante e a mais coerente é conduzida pelo paxá do Egito, Mehemet Ali (1769-1849). O auxílio por ele prestado ao sultão Mamud durante a crise grega deu-lhe uma ideia bastante exata do seu poderio. No Egito, pôde desenvolver uma política autónoma, contando em larga medida com a ajuda ocidental, sobretudo francesa, e cujo objetivo confessado é a modernização do país. Para mais, joga com a identidade muçulmana para apoiar as suas ambições de expansão que visam apoderar-se da Síria, a fim de aumentar o seu domínio de governação. Mehemet Ali deseja também transmitir ao filho o cargo de paxá, o que significa que, na realidade, entende fundar uma dinastia hereditária. Constantinopla recusa os dois pontos. Por isso, o paxá do Egito lança-se num conflito armado contra o seu suserano. A vitória obtida pelas tropas egípcias em Cónia, em dezembro de 1832, deixa Mehemet Ali em posição de força. A ajuda prestada então pela Rússia a Mamud, depois de este ter visto os seus pedidos rejeitados pela França e pela Inglaterra, assusta Londres e Paris (fevereiro de 1833). Exercem-se pressões sobre o Sultão, no sentido de ceder a Mehemet Ali: pressões que culminam, no mês de maio, na assinatura da Convenção de Kutayeh, que reconhece ao paxá do Egito o controlo da Síria. É este o equilíbrio precário que um golpe de teatro deita a perder. Em 8 de julho de 1833, o embaixador russo Orlo consegue fazer assinar um tratado de aliança turco-russo (Tratado de Unkiar-Skelessi), no qual se incluía um artigo secreto – que rapidamente iria deixar de o ser – prevendo o encerramento dos Dardanelos a todos os navios de guerra que não arvorassem a bandeira russa. A Rússia, por seu lado, em caso de agressão ao Império otomano, comprometia-se a fornecer um contingente armado. A diplomacia do czar obtinha o que vários anos de pressão sobre Constantinopla tinham em vão tentado obter: a proteção do Mar Negro. À Rússia restava agora conseguir o direito de passagem no Mediterrâneo.

Contra o perigo russo impõe-se a aliança franco-britânica. Depois, a reafirmação da solidariedade entre a Áustria, a Rússia e a Prússia,

(9) Acerca desta questão, vide capítulo 6.

Instruções do duque de Broglie, ministro dos Negócios Estrangeiros, ao marechal marquês Maison, embaixador da França na Rússia (28 de outubro de 1833)

Senhor Marechal: o governo junto do qual sois chamado a representar o governo do Rei é talvez aquele cujas relações com a França resultaram mais alteradas pela revolução. Anteriormente aos acontecimentos de 1830, a França e a Rússia estavam unidas por uma aliança que parecia dever estreitar-se cada vez mais. Esta aliança, fundada nos laços mais fortes que podem existir entre dois Estados, a comunidade de adversários e a ausência absoluta de pontos de fricção e de motivos de rivalidade, tinha resistido a todos os esforços da Áustria para a dissolver... [...] Por um lado, [a revolução de julho] suscitou sobre vários pontos, particularmente na Polónia e na Bélgica, questões em que as simpatias e os interesses do Governo de Sampetersburgo se encontraram em oposição absoluta com os nossos. Por outro, devido a uma consequência menos imediata, mas que não tardou a desenvolver-se, conduziu a uma aproximação entre a França e a Inglaterra, o que só por si teria bastado para modificar a natureza das nossas relações com o governo russo... [...] Os acontecimentos do Oriente vieram acrescentar uma nova crise a todas as que já ameaçavam o sossego da Europa. [...] Persuadir a Porta [o Império otomano] a concessões indispensáveis e que, feitas um pouco mais cedo, teriam sido menos onerosas; levar o vice-rei do Egito, tanto mediante prudentes representações, como através de um aparelho imponente, a restringir as suas exigências a limites razoáveis; pacificar igualmente o Império otomano: tal era o objetivo que tínhamos em vista e que a Inglaterra se propunha tal como nós... [...] Infelizmente, a Rússia não trouxe a esta questão opiniões tão desinteressadas. Quis aproveitar-se da situação difícil em que se encontrava o Grande Senhor e da fraqueza deste infeliz príncipe, para transformar numa espécie de suserania e de protetorado a preponderância que já exercia em Constantinopla. Não contente de espantar o mundo face ao espetáculo de uma armada e de um exército russos introduzidos no Bósforo e às portas de Constantinopla [...], o governo russo, como se se tivesse proposto desafiar as restantes potências inquietas e alarmadas por um facto tão insólito, imaginou consagrar por um ato solene a posição ameaçadora que acabava de tomar. [...] De comum acordo com a Inglaterra, tivemos de protestar contra as consequências de um acordo que procurava alterar, sem a nossa participação, as relações das potências no Oriente. [...]

Embora não desconhecendo as vantagens que, numa outra época, teve para nós a aliança estreita com o Governo de Sampetersburgo, compreendemos perfeitamente que, nas atuais circunstâncias, não só não é possível restabelecê-la, mas que haveria mesmo uma perigosa cegueira em parecer desejá-la, dirigindo ostensivamente para tal objetivo as combinações da nossa política... [...] Como, apesar de tudo, um futuro mais ou menos próximo pode fazer surgir questões nas quais seria igualmente do interesse da França e da Rússia concertar-se e entender-se, devemos [...] esforçar-nos por nos reintegrar [...] em relações de benevolência, pelo menos aparente. [...] É mais ou menos neste pé que nos encontramos com a Prússia e com a Áustria.

mediante o Tratado de Münchengrätz, faz aparecer a aliança cordial entre a França e a Inglaterra como um eixo liberal. Mas semelhante eixo, seria mesmo sólido?

2.3. *Os trâmites franceses*

Os acasos da vida política francesa e o desejo de Luís Filipe se aproximar da Áustria explicam uma diplomacia incerta e timorata. O futuro matrimonial dos filhos preocupa-o e deseja criar laços entre a família de Orleães e as dinastias europeias, que têm tendência para ver nele um rei colocado num trono que não lhe pertencia. Aliás, a concorrência entre a Inglaterra e a França tende a generalizar-se por todo o lado em que as duas potências estão presentes. A nível comercial, Paris, sob a pressão dos industriais, mantém uma política protecionista, ao passo que Londres escolheu deliberadamente a livre troca. A rivalidade económica, financeira e comercial multiplica os itens de discórdia. Em Espanha, as duas diplomacias apostam em forças diferentes: a França prefere apoiar os «moderados», equivalente espanhol dos liberais doutrinários franceses, ao passo que a Inglaterra privilegia os «exaltados». A sua chegada ao poder com Mendizabal permite aos interesses ingleses na península uma posição de eleição. Esta política inglesa não foi ditada unicamente pelas considerações espanholas: a instalação da França em Argel faz da península, onde os Ingleses possuem Gibraltar há mais de um século (Tratado de Utreque, de 1713), uma posição estratégica. Deixar livre curso à influência da França em Espanha seria equivalente a favorecer a sua predominância na bacia ocidental do Mediterrâneo. Enfim, à anglofilia de Talleyrand e de Broglie, sucede uma manifesta desconfiança em Thiers ou Molé. Indício do arrefecimento franco-inglês: no discurso do trono de 1837, a expressão «*entente cordiale*», utilizada desde 1831, não foi mencionada.

2.4. A questão do Oriente e a rutura anglo-francesa

A resolução da primeira crise egípcia, na realidade, não era satisfatória para a Inglaterra. A consolidação de um Egito pró-francês, cuja extensão ameaçava as rotas terrestres para a Índia, inquietava Palmerston e os Ingleses. A preponderância adquirida pelos Russos no Império otomano, graças ao Tratado de Unkiar-Skelessi, constituía um revés importante para os interesses britânicos. É em função destas coordenadas e na dinâmica da política comercial britânica (em 1838, um tratado de comércio anglo-turco vem abolir todos os monopólios, abrindo as portas à influência comercial britânica; em 1838, ainda, a Companhia das Índias e o Estado inglês financiam a construção de uma estrada no istmo de Suez; no Mar Vermelho, o Sultão cede Adem aos Ingleses, em 1839) que se deve entender a política mediterrânica de Palmerston: a França, ao colonizar a Argélia e com a sua influência no Egito, tornou-se a grande potência que importava refrear. As veleidades de independência expressas por Mehemet Ali aos representantes franceses e ingleses, em janeiro de 1838, são mal recebidas por Londres. A estas iniciativas egípcias, responde o sultão Mamud. É um desastre: os seus exércitos são derrotados em junho de 1839. Mehemet Ali parece imparável.

Na Europa, Metternich, receando ver a Rússia pôr em prática as cláusulas do Tratado de Unkiar-Skelessi, aproxima-se das teses inglesas. O governo francês do marechal Soult aceita a arbitragem internacional. A 27 de julho de 1839, os cinco embaixadores (Rússia, Inglaterra, França, Áustria e Prússia) enviam ao sultão Mamud uma nota nesse sentido. Mas os termos da arbitragem opõem a Inglaterra à França. Paris não queria aceitar uma resolução que viesse enfraquecer Mehemet Ali. Nos inícios de 1840, a chegada de Thiers à chefia do governo revela a rigidez da posição francesa e também o divórcio entre os dois chefes do executivo: Luís Filipe estava preocupado em preservar a paz. O discurso bélico de Thiers convence Palmerston a agir por sua própria conta. O Tratado de Londres de 15 de julho de 1840 leva ao rubro os atritos anglo-franceses. Este tratado, assinado pela Inglaterra, Rússia, Áustria e Prússia, não associa a França à solução da questão do Império otomano. Para mais, prevê uma sequência de ultimatos apresentados a Mehemet Ali. Quanto mais tarde este aceitar a conciliação com Constantinopla, tanto mais terá a perder. As Quatro Potências estão de acordo em entregar-lhe o Egito a título hereditário, a Síria temporariamente. Mas esta solução vai diluir-se no tempo, se o paxá do Egito não ceder.

O nacionalismo francês, melindrado pelas iniciativas de Londres, inflama-se. Thiers, sempre favorável a uma grande aventura externa que conseguisse apagar a humilhação de 1815 (sem ser napoleónico, é um saudosista deste grande período da história de França, do qual publicará uma interpretação; no mesmo ano, a transferência das cinzas de Napoleão e a inauguração do Arco de Triunfo, em Paris, levam ao rubro a recordação destas horas de glória), toma medidas militares (meios para terminar as fortificações de Paris, mobilização...). Edgar Quinet, num breve texto intitulado *1815 e 1840*, explica os motivos pelos quais a França tem o direito de exigir a modificação das fronteiras traçadas em Viena. Exigências retomadas por Victor Hugo em 1841, em *Le Rhin* [*O Reno*]. Esta exaltação francesa encontra um acolhimento exatamente oposto ao efeito obtido na Alemanha: longe de abraçar o ideal revolucionário agitado pela imprensa francesa, os nacionalistas alemães afastam as recordações da luta contra Napoleão e da Batalha das Nações, de Leipzig. Nicolas Becker compõe o canto do Reno *(Rheinlied)*. A Inglaterra, pouco impressionada com a firmeza francesa, prossegue a sua política de reconquista da influência no Próximo Oriente: em setembro, Beirute é bombardeada. Será que está próximo o fim de Mehemet Ali? Nenhum dos protagonistas deseja chegar a um ponto irreversível. A França fez da deposição do paxá um *casus belli*. As dissensões francesas estavam a chegar também a um ponto extremo. Luís Filipe, em outubro de 1840, desautoriza Thiers e chama o marechal Soult para formar um novo governo. A pasta dos Negócios Estrangeiros é confiada a Guizot, que abandona a embaixada em Londres. Esta escolha revela uma dupla mensagem: apelar para o representante francês na Inglaterra, cuja opinião refletia as divergências com Thiers, é um gesto de pacificação; no plano interno, todos conhecem as teses de Guizot, a favor da paz e do equilíbrio europeu.

No terreno, a derrota diplomática francesa é completada pela derrota de Mehemet Ali. Em novembro, tem de abandonar a Síria, sob a pressão da armada britânica. A 11 de dezembro, capitula sem condições, após o que a marinha inglesa ocupou a baía de Alexandria. A política de Guizot é suficientemente hábil para permitir à França manter a sua proteção a Mehemet Ali. As negociações com

Memorando de Lorde Palmerston, dirigido ao governo francês, a 31 de agosto de 1840

A posição das cinco potências era a seguinte: todas tinham declarado a sua convicção de que, no interesse do equilíbrio e da preservação da paz na Europa, era essencial conservar a independência e a integridade do Império otomano, sob a atual dinastia; [...] a França, porém, defendeu que o melhor meio para chegar a este resultado era abandonar o Sultão à mercê de Mehemet Ali [...]; ao passo que as quatro potências restantes encararam uma mais prolongada ocupação militar das províncias do Sultão por Mehemet Ali, como conducente à destruição da integridade do Império turco e fatal à sua independência; julgaram, pois, ser necessário encerrar Mehemet Ali em limites mais restritos. [...]

O vivo desejo das Quatro Potências no sentido de obterem a cooperação da França ficou suficientemente manifesto nas ofertas feitas ao longo de vários meses de negociações. Conhecem o valor de tais ofertas [...] em relação aos interesses gerais e permanentes da Europa [...]. Desejariam cooperar com a França para fazer o bem, mas não estavam preparadas para fazer o mal. Julgando, pois, que a política aconselhada pela França era injusta e de forma alguma sensata para com o Sultão, e que poderia ocasionar desgraças na Europa [...], as Quatro Potências sentiram que não podiam fazer o sacrifício que se lhes exigia, pagando a um tal preço a cooperação com a França [...]. Não podendo, pois, adotar os pontos de vista da França, as Quatro Potências estão determinadas a cumprir a sua missão.

Constantinopla só poderão ser bem sucedidas se todas as potências europeias estiverem de acordo. Por isso, Guizot condiciona o acordo da França à manutenção do paxá do Egito e ao reconhecimento da hereditariedade do seu cargo. A Convenção dos Estreitos, de 13 de julho de 1841, regista esta exigência, ao mesmo tempo que anula os efeitos do Tratado russo-turco de Unkiar-Skelessi. Os estreitos do Bósforo são neutralizados: estarão encerrados enquanto a Porta estiver em paz. Esta solução satisfaz plenamente os interesses ingleses, mas poupa os restantes parceiros. A partir de agora, a Rússia está livre no Mar Negro, ainda que o seu acesso ao Mediterrâneo esteja momentaneamente bloqueado. A França não perdeu tudo: o Egito continua sob a sua influência.

A crise de 1840 foi violenta em França. Trouxe à luz do dia as diferentes opções dos responsáveis políticos e, sem dúvida, enfraqueceu a posição do rei, que, longe de se prestar a lanços nacionalistas, tomou o partido da paz, à custa da humilhação do orgulho nacional. Este confronto franco-inglês mostrou a rapidez com que Londres reconstituiu a frente dos vencedores de 1815 contra Paris. Ferida enorme, que contou muito na mobilização patriótica francesa, mas realismo cru da diplomacia de Palmerston, que soube quebrar redondamente o crescimento da influência francesa na Europa. A política de equilíbrio europeu, em Londres, é entendida em função dos interesses mundiais do poderio britânico.

3. Os novos equilíbrios europeus

3.1. A capacidade de influência do Reino Unido

Mais do que as jogadas europeias, o que opõe entre si as grandes potências são algumas questões periféricas ([10]). Mas é em função das capacidades de aliança entre Estados europeus que é necessário estabelecer contrapesos. Neste jogo de equilíbrio, Londres é o centro das combinações. Palmerston até 1841 e depois de 1846, Aberdeen entre 1841 e 1846 são quem dirige de alguma forma o concerto europeu.

A crise de 1840 levou a Paris uma nova equipa e Guizot, homem forte deste governo, vai empenhar-se em promover uma política de entendimento com Londres. Uma certa afinidade ideológica impele naturalmente a esta atitude o historiador da revolução da Inglaterra. Mas uma análise das relações de forças na Europa subtende esta política. Alguns gestos – as visitas da rainha Vitória e do príncipe Alberto a Eu, ducado de Luís Filipe, em 1843 e em 1845, com uma visita oficial de Luís Filipe a Londres, em 1844 – e alguns acordos – sobre os casamentos espanhóis em 1845 (a futura rainha Isabel II deveria casar com seu primo Francisco, duque de Cádis, e sua irmã deveria casar, após o nascimento de um herdeiro, com o duque de Montpensier, filho do rei francês) – parecem dar alguma consistência a esta restauração de *entente cordiale*. No entanto, numerosos pontos de desacordo não cessam de lhe restringir o alcance.

([10]) Vide capítulo 5.

Enquanto se acentua a evolução inglesa para a livre troca, reforça-se o protecionismo francês (em março de 1841, os direitos da alfândega francesa aumentam 13%, medida que não se aplica aos produtos belgas). Contradição conflituosa entre os dois Estados, cuja concorrência económica e comercial é geral. Os projetos de Thiers, retomados por Guizot, de uma união aduaneira entre a França e a Bélgica suscitam inquietação no *Foreign Office*, onde se entrevê a possibilidade de uma união política futura a contrariar os acordos de janeiro de 1831 sobre a neutralidade belga. Da mesma forma, a luta contra o tráfico de escravos, objeto de concertação internacional desde 1815, provoca um incidente entre os dois países. O acordo geral de 1840 (após um entendimento anglo-francês em 1831 e 1833) prevê o direito de busca aos barcos. O parlamento francês recusa-se a ratificar este texto, vendo no direito de busca um atentado à sua soberania. Impuseram-se os interesses das grandes casas de Nantes. A economia levou a melhor sobre a política, como no caso do protecionismo. A crise do Taiti, provocada pela questão Pritchard (1842), ilustra a competição a que se entregavam a França e a Inglaterra no Pacífico. Em 1844, a expedição militar francesa a Marrocos tem como objetivo perseguir Abd-el-Kader, chefe argelino que se opunha à colonização francesa. Londres protesta contra esta expansão francesa no Magrebe. Guizot tem o cuidado de, após a vitória sobre o chefe revoltado, mandar retirar os exércitos franceses. Enfim, o regresso de Palmerston ao poder (1846) quebra o frágil entendimento franco-inglês. A sua política espanhola – deseja regressar ao acordo de 1845 – acelera as iniciativas francesas. A 10 de outubro de 1846, realiza-se um duplo casamento: entre Isabel II e o duque de Cádis e entre a infanta Luísa e o duque de Montpensier. A candidatura de um Saxe-Coburgo, avançada por Palmerston, falhou e a simultaneidade dos dois casamentos cria um risco: se o régio par não tiver herdeiros, a coroa poderá tocar a Luísa e a um príncipe francês. Para Londres, aposta no futuro, mas inquietação quanto ao presente. Além disso, os acasos da política interna espanhola levaram ao poder o general Narvaez, um pró-francês. A influência de Paris em Espanha suplanta a de Londres.

A Rússia prossegue também ela com uma política de influência no mundo. O seu fracasso nos estreitos após o regresso inglês de 1840 não a impede de conduzir a expansão para a Ásia central onde, novamente, se confrontam Sampetersburgo e Londres. O mesmo acontece no longínquo Afeganistão, entre 1838 e 1842. É verdade que o dinamismo inglês multiplica as zonas sensíveis no mundo. A presença na

Índia força os Ingleses a consolidarem as rotas entre o Mediterrâneo e a Índia. A via marítima passa pelo Suez, depois retoma no Mar Vermelho, após uma rutura de carga. A via terrestre passa pela Síria e pela Pérsia. A partir de 1840, os Ingleses pressionam a China e em 1842, pelo Tratado de Nanquim, ganham a cláusula de nação mais favorecida e a cedência da soberania sobre Hong-Kong. O papel mundial do Reino Unido não pode ser mais claro ([11]).

3.2. O Zollverein

A divisão política da Alemanha arrasta consigo a fragmentação económica. As fronteiras supõem alfândegas e os Estados são senhores das tarifas. Ora, se a França ou a Áustria possuem territórios suficientemente vastos para criarem um mercado onde podem desenvolver a indústria e o comércio, os principados alemães estão numa configuração exatamente contrária. A política de união aduaneira que vai ser seguida entre 1815 e 1840 releva da história diplomática, tanto pelos seus móbeis quanto pelos seus efeitos. Só o poder estatal pode decidir o destino das alfândegas: as negociações que se verificam entre os países são, pois, atos políticos. Naturalmente, a criação de um espaço económico alemão cria uma solidariedade concreta entre as diferentes regiões e vem apoiar o desenvolvimento de sentimentos nacionais e unitários.

A partir de 1822, a Prússia organiza uma união com um enclave, o Schwarzburg-Sonderhausen, à qual se juntam outros principados (Schwarzburg-Rudelstadt, Saxónia-Weimar-Eisenach, Anhalt-Bernburg). Os Estados do sul (Bade, Darmstadt, Baviera e Vurtemberga) tentam diligências semelhantes, que resultam mais demoradas. Em 1828, a Baviera e Vurtemberga realizam a sua união. Uma associação, no centro da Alemanha, tenta lutar contra os dois sistemas que se constituem a norte e a sul. No entanto, o acordo de 1829 entre a Prússia e a união da Baviera com Vurtemberga vem modificar o equilíbrio interno da Alemanha. Em 1834, o *Zollverein* reúne, entre a Prússia e o sul da Alemanha, numa superfície de 450 000 quilómetros quadrados, 26 dos 33 milhões de habitantes, criando assim um mercado de forte potencial. Ficaram de fora, a sudoeste, ao longo da fronteira francesa com a Alsácia, o país de Bade, as cidades da Hansa, entre elas

([11]) Vide capítulo 5.

Hamburgo, o reino de Hanôver. Desta maneira, o *Zollverein* carece de saídas para o Mar do Norte. O desenvolvimento da rede ferroviária (1000 quilómetros em 1834, 6000 em 1848) e do telégrafo completa a unificação económica da Alemanha. Neste conjunto, a Prússia tem uma importância demográfica e económica de primeiro plano.

Entre 1842 e 1844, o Luxemburgo e o Brunsvique entraram na união aduaneira. Em 1844, o *Zollverein* assina acordos com a Bélgica: a redução dos direitos alfandegários é um movimento profundo que, levado pela prosperidade, renova em profundidade a solidariedade entre os países europeus. Neste setor, a política protecionista da França, excetuando as suas convenções com a Bélgica, navega contra a corrente das tendências da década de 1840.

Politicamente, a morte de Frederico Guilherme III abriu o caminho ao filho Frederico Guilherme IV. O novo rei da Prússia hesita na linha política a seguir. A sua subida ao trono não deixa de suscitar esperanças entre os liberais e os patriotas alemães. Tímidas aberturas são interpretadas como progressos liberais. A convocação, em 1847, de uma assembleia deliberativa *(Landtag)* que reuniu os Estados provinciais da Prússia não resultou na elaboração de uma constituição liberal mas, pelo contrário, na exaltação pelo poder real dos laços diretos que o unem ao povo. Não obstante, o espírito nacional alemão desenvolve-se e pensa ter encontrado em Frederico Guilherme IV o seu paladino.

3.3. Consequências diplomáticas das ameaças revolucionárias

Em finais da década de 1840, o clima político europeu torna-se mais pesado. A ameaça revolucionária parece despontar no horizonte. Na tranquila Confederação Helvética, entre 1846 e 1847, uma prova vem pôr em perigo a sua coesão interna. A fratura política que opõe liberais, radicais e conservadores duplica com a divisão religiosa – protestantismo contra catolicismo – e geográfica. Em 1843, forma-se uma aliança de sete cantões da Suíça central. É o *Sonderbund,* católico. A agitação cresce com o problema da instalação dos jesuítas em Lucerna, sob a influência de Metternich. A progressão dos liberais permite-lhes, pouco a pouco, ganhar a maioria na Dieta. Em outubro de 1846, uma revolução em Genebra dá o poder aos anticlericais. Em março de 1847, Saint Gall oscila por sua vez. Sem intervir diretamente no jogo suíço, as grandes potências continentais marcam a sua preferência pelo *Sonderbund*. Em julho de 1847, a Dieta federal, dominada pelos liberais, decreta a inconstitucionalidade do *Sonderbund*. Abandonados pela Áustria e pela França, os católicos são ameaçados militarmente por um exército recrutado pela Dieta. Em novembro, as tropas federais retomam o controlo dos cantões católicos.

Neste conflito, o jogo europeu foi bloqueado pela política de Palmerston. Aos pedidos de Metternich e de Guizot para a realização de negociações internacionais, opõe uma atitude de contemporização, favorável aos liberais. Quando o acordo diplomático está em vias de concretização, levaram a decisão para o terreno. Para a Suíça, este conflito regula definitivamente as querelas políticas do século. Assinala também a autonomia deste território estratégico, em relação às grandes potências. Enfim, acentua a neutralidade da Confederação Helvética.

A questão suíça resultou na convergência das análises de Guizot e de Metternich, situação paradoxal para um liberal protestante e um católico contrarrevolucionário. As políticas estrangeiras da França e da Áustria aproximam-se no momento em que, sob o impulso de Palmerston, Londres apoia todos os movimentos liberais. Assim, um dos seus ministros, Lorde Minto, é enviado em missão à Itália, onde multiplica os contactos com os patriotas antiaustríacos. A conjuntura europeia não é favorável. A crise económica de 1846-1847 faz avolumar os motivos de descontentamento, tanto mais que atinge todos os setores sociais, da agricultura à banca, passando pela indústria. O equilíbrio europeu torna-se precário devido às tensões políticas que se desenvolvem no seio de cada Estado. Em novembro de 1846, a Áustria anexa a cidade livre de Cracóvia, último reduto de uma Polónia independente. Esta medida, à qual a Rússia e a Prússia deram o seu aval, ilustra a vontade de Metternich em lutar contra toda a contestação passível de pôr em perigo a unidade do Império austríaco. Vamos encontrá-la de novo, no tratamento da questão italiana, ao longo de todo o ano de 1847.

A península italiana constitui um bom revelador desta situação. Tudo começa com a eleição do cardeal Mastai para o trono de S. Pedro. Pio IX encarna as esperanças dos liberais e muito rapidamente, as suas primeiras medidas de modernização do Estado pontifício (amnistia política, criação de um Conselho de Estado, de uma municipalidade para a cidade de Roma) valem-lhe a reputação de liberal. A sua política sobressai tanto mais quanto vem suceder a uma política francamente contrarrevolucionária de Gregório XVI. No entanto, para refrear o reformismo do Papa, a Áustria ocupa a cidade de Ferrara

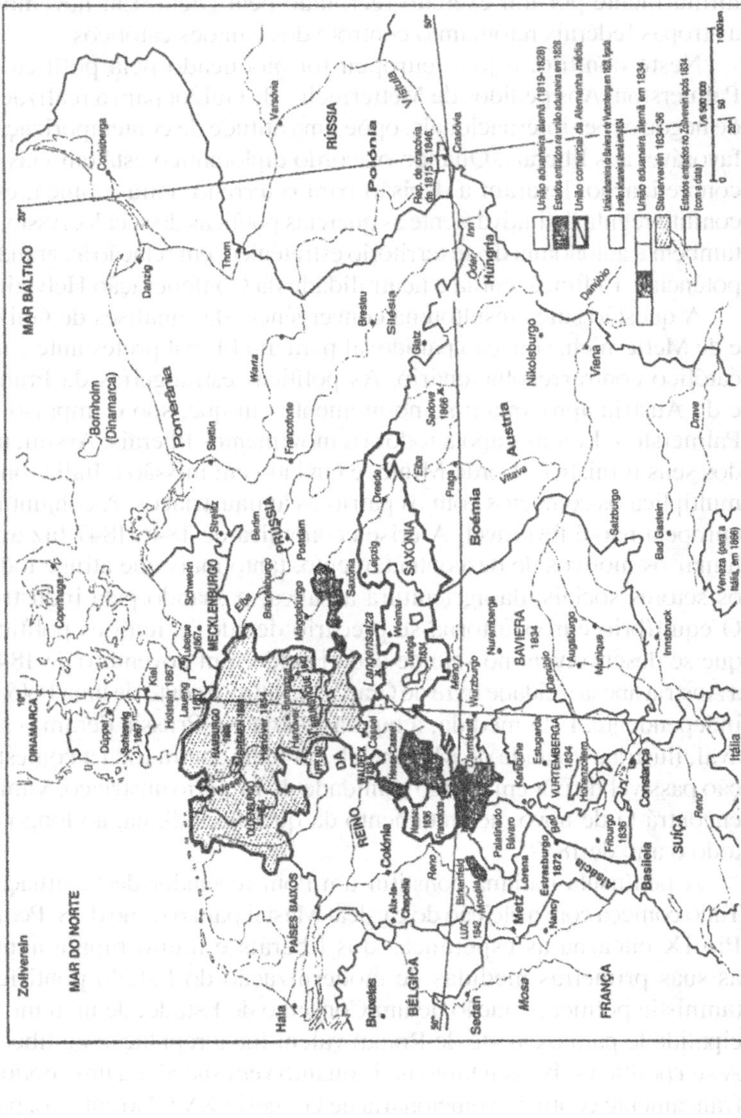
A formação da unidade aduaneira alemã
União aduaneira alemã (1819-1828)
Estados entrados na união aduaneira em 1828
União comercial da Alemanha média
União aduaneira alemã em 1834
Steuerverein 1834-36
Estados entrados no Zollverein após 1834 (com a data)
Zollverein
MAR DO NORTE
MAR BÁLTICO
DINAMARCA
Bornholm (Dinamarca)
Copenhaga
PAÍSES BAIXOS
BÉLGICA
FRANÇA
SUÍÇA
Itália
Áustria
Hungria
Boémia
Polónia
RÚSSIA
PRÚSSIA
SAXÓNIA
BAVIERA
VURTEMBERGA
MECKLENBURGO
Pomerânia
Silésia
REINO DA PRÚSSIA
Berlim
Viena
Praga
Varsóvia
Conisberga
Danzig
Colónia
Alsácia
Veneza (para a Itália, em 1866)

(julho-dezembro de 1847). Tratados secretos com os ducados de Parma e de Módena (outubro) concedem à Áustria o direito de os ocupar em caso de invasão estrangeira da Lombardia véneta. Metternich tenta assegurar o seu controlo sobre a Itália. Em setembro de 1847, uma série de motins agitam o reino das Duas Sicílias. Culminam, em fevereiro de 1848, na outorga de uma constituição pelo rei Fernando II. Estas revoluções liberais conjugam uma reivindicação nacional, que assume uma tonalidade nitidamente antiaustríaca. O domínio de Metternich sobre a península é ameaçado ao ritmo da progressão liberal.

A revolução de fevereiro de 1848, em Paris, vai agir como um catalisador em toda a Europa. O foco revolucionário despertou. Levou com ele o homem que foi o símbolo da inflexibilidade progressiva da revolução de julho, Guizot, e cuja política estrangeira se tinha aproximado de um outro símbolo, Metternich. Encerra-se assim uma página da história do equilíbrio europeu, levando com ela a continuação ordenada da Europa de Viena. É verdade que a conjuntura dos anos 1830-1847 não se assemelha à dos anos de 1815-1830, mas vemos ali em ação, com maior intensidade, as mesmas forças políticas. O jogo diplomático repousa, em primeiro lugar e acima de tudo, nos interesses nacionais. Mas estes enriquecem-se com uma dimensão ideológica de que dão conta os termos liberalismo e nacionalismo, fermentos de uma nova Europa.

4

A Afirmação das Nacionalidades (1848-1870)

A crise revolucionária que, em 1848, assola a Europa desestabiliza o equilíbrio instável do continente. As quedas de Luís Filipe e de Guizot (24 de fevereiro) e de Metternich (13 de março) abrem a porta à incerteza. O ideal republicano de que a Revolução Francesa de fevereiro se faz portadora reata com o da propagação da liberdade em toda a Europa. A 4 de março, Lamartine, ministro dos Negócios Estrangeiros do governo provisório, escreve numa circular endereçada aos diplomatas franceses: «Os tratados de 1815 deixaram de existir de direito aos olhos da República Francesa». Se, prudentemente, acrescenta que «as circunstâncias territoriais destes tratados são um facto que ela admite como base e como ponto de partida nas suas relações com as outras nações», esclarece, no entanto, que intervenções estrangeiras contra a Suíça ou contra os Estados italianos acarretariam a intervenção do exército francês. Rutura clara com o imobilismo de Luís Filipe e de Guizot, preocupação em fazer da França o líder moral da recomposição europeia, a República abarca a dupla causa liberal e nacional. Esta encontra no abandono de Metternich a sua primeira e mais importante vitória: pois a Áustria é, de facto, o epicentro do turbilhão político que se desenvolve. As repercussões diplomáticas da crise austríaca são numerosas e dizem respeito a vários palcos: a Itália, a Alemanha e também as províncias centrais e orientais do Império austríaco. Os movimentos nacionalistas põem em causa todas as fronteiras na Europa central.

Perante tais perturbações, qual vai ser a política da Rússia? Único obstáculo à maré revolucionária, o czar abraçará a causa da ordem? Intentará acentuar a sua progressão na Europa? Em Londres, Lorde Palmerston assiste como espectador a acontecimentos que escapam ao seu controlo e à sua capacidade de ação. No reequilíbrio das forças, tem de avaliar os altos e baixos do poder, para escolher o parceiro necessário com o qual a Inglaterra possa contrabalançar a influência dominante.

Seguindo os acontecimentos à medida que se desenrolam, os diplomatas não tiveram necessariamente uma consciência clara das evoluções futuras. No entanto, a revolução de 1848, apesar da repressão precoce de 1849, abalou os fundamentos da Europa. As suas consequências, contudo, vão medir-se ao longo de vários anos, encadeando-se umas nas outras. Os dois grandes movimentos de unidade nacional, o italiano e o alemão, aparentemente sufocados em 1849, modificam radicalmente o mapa europeu. A emergência de duas novas potências no centro da Europa, no ponto de articulação entre o leste e o oeste, entre o norte e o sul e nas margens de duas das bacias marítimas mais importantes – o Mediterrâneo e o Báltico – constitui o facto mais importante da história do equilíbrio europeu a partir de 1860.

1. A Primavera dos povos

1.1. 1848 antes de 1848: a emergência das nacionalidades

A história das nacionalidades não faz parte dos nossos objetivos, mas não poderíamos passar sem falar dela: no fim de contas, ela é a base dos movimentos políticos que, mediante os seus êxitos ou os seus fracassos, condicionam o recorte das fronteiras. As nacionalidades são, assim, uma das forças profundas que movimentam a história das relações internacionais, como demonstrou na perfeição, há mais de 50 anos, Pierre Renouvin. Na altura em que analisamos o período que vai de 1848 a 1871, convém descrever brevemente as características gerais e comuns que marcam a emergência e a consolidação das nacionalidades.

A concordância cronológica que traz à luz do dia a análise do despertar dos sentimentos nacionais subjacentes ou da construção de sentimentos novos culmina no momento em que se completa a primeira metade do século XIX, a idade de ouro destes movimentos. Ao trabalho sobre os passados nacionais – redação de histórias nacionais, exumação de recordações, de tradições, de costumes, de línguas – vem juntar-se a transformação do quadro da ação política traçado pela Revolução Francesa e a reivindicação da soberania nacional.

A teoria política torna possível a rejeição dos antigos modelos, baseados na justaposição dos territórios e de modelos ligados entre si por uma fidelidade comum a um soberano, para o substituir pelo princípio da nacionalidade. Não devemos, pois, ficar espantados por ser no Império austríaco, a construção mais multinacional da Europa no século XIX, que vamos encontrar as mais claras manifestações destas emergências nacionais. Em 1784, José II tentara impor a língua alemã em todo o império, mas tinha chocado com fortes oposições, particularmente na Hungria, onde o uso do latim foi proibido. Na primeira metade do século XIX, desenvolve-se o magiar: em 1833, é esta língua que substitui o latim nos debates da Dieta húngara e em 1836 impõe-se na redação das leis. Em 1840, torna-se obrigatório na administração pública, e o ensino é submetido a uma forte campanha de «magiarização». Não há a menor dúvida de que esta política linguística, desejada pelas elites e pelos intelectuais húngaros, acentua a tomada de consciência de uma identidade húngara, atestada por uma tradição histórica. Poderíamos multiplicar os exemplos. Na Boemo-Morávia, um triplo renascimento – linguístico, arqueológico e histórico – permite, através da utilização da língua checa, criar um sentimento de identidade nacional. Nas províncias eslavas, o mesmo trabalho de arqueologia linguística exuma ou fixa as línguas por escrito. Há vários nomes ligados a este trabalho: Ljudovit Stur para o dialeto popular eslovaco, Vuk Karadzic para o sérvio. O trabalho deste último, baseado na fixação gramatical do estocaviano, permite um pouco mais tarde a Ljudevit Graj retomar esta tentativa para alargar o uso desta língua aos Sérvios e aos Croatas, com o objetivo confessado de mais tarde os unificar, numa Ilíria ressuscitada.

Vamos encontrar a mesma preocupação com a defesa e a ilustração da nação nas universidades alemãs, nos círculos eruditos e nos meios literários. Quando a língua já se encontra fixada, torna-se, aos olhos de Herder, por exemplo, o princípio em torno do qual se deverá fazer o reagrupamento nacional alemão. O grande empreendimento erudito dos *Monumenta Germaniae Historica*, recolha de textos da história medieval alemã, inscreve-se neste duplo movimento de escrita de uma história nacional e de uma atualização das memórias que a tornam possível. Não se julgue que esta iniciativa só diz respeito a «nações em devir», ou que ela precede a eclosão política dos países: na França, Guizot, ministro da Instrução Pública, tinha criado a *Collection des Documents inédits de l'Histoire de France*. No entanto, neste caso, a consciência nacional francesa já estava fixada nas suas grandes linhas.

Nas regiões da Europa central, este recurso à história modifica, senão a psicologia, pelo menos a consciência dos povos, apresentando-lhes justificações antigas da sua existência como grupo. Esta orientação da vida intelectual marca a Europa. Facilmente se identifica com o Romantismo; é ela que explica o sentido da fórmula lançada por Mazzini em 1834: «A pátria é, antes de tudo, a consciência da pátria.»

Estes movimentos da vida intelectual não atingem igualmente todas as populações. As massas camponesas, largamente analfabetas, não participam da mesma dinâmica. São alguns círculos, numericamente restritos mas poderosos pela sua irradiação, pelas relações com os seus iguais na Europa, pelo seu magistério no ensino que lhes permite influenciar a juventude, que mantêm a atualidade das nacionalidades.

Não se deve, contudo, subestimar a sua capacidade de arrastar as multidões. Assim, o nacionalismo, produto de elites, torna-se facilmente um produto popular.

A nível político, as conquistas do liberalismo doutrinário, encarnado pela Monarquia de julho, são outras tantas razões para a reivindicação de uma ultrapassagem desta situação. O aumento da oposição política a Guizot não passa de conjuntural. Novos temas ocupam a frente da vida política, inspirando novas militâncias. Pressão democrática, exigência do sufrágio universal, crítica social: os temas de 1848 remetem com mais facilidade para 1793 do que para 1789. Neste sentido, a revolução parisiense acelera a marcha da história, convidando ao cumprimento cabal das promessas da Revolução Francesa. É ela que inspira outros movimentos por toda a Europa. Na Áustria, porém, é necessário passar diretamente do Antigo Regime à ordem democrática: a importância da rutura explica parte do fracasso das revoluções. Desde 1847 que Metternich se tinha apercebido deste radicalismo da vida política. Desta maneira, os acontecimentos são vividos como um confronto entre dois princípios e 1848 deixa um traço profundo no pensamento político europeu. A questão que vai impor-se é a questão social e operária, fazendo apelo a novos tipos de aproximações: a sua vocação internacional, cuja importância será percebida por Marx no *Manifesto do Partido Comunista* (1847), que entrará em contradição com a afirmação das nacionalidades. Deverá ver-se nisso a divergência entre uma Europa ocidental, de antigas e sólidas estruturas estatais, liderando o processo de industrialização e entrevendo já outros horizontes; e uma Europa oriental e mediterrânica, largamente tributária de estruturas inerentes ao Antigo Regime, mosaico de povos reunidos em Estados, ao sabor de flutuações de fronteiras?

Revolução e diplomacia: a política de França segundo Lamartine, ministro dos Negócios Estrangeiros (4 de março de 1848)

A Revolução Francesa acaba de entrar na sua fase definitiva. A França é uma República: a República francesa não precisa de ser reconhecida para existir. Existe por direito natural, existe por direito nacional. Representa a vontade de um grande povo, que só a si próprio exige esse título. [...] A proclamação da República francesa não é um ato de agressão contra nenhuma forma de governo no mundo. [...] A guerra não é, pois, o princípio da República francesa; ao passo que em 1792 teve fatal e gloriosamente de o ser. Entre 1792 e 1848, decorre meio século. Regressar, após meio século, ao princípio de 1792 ou ao princípio da conquista do Império, não seria avançar, seria regredir no tempo. A revolução de ontem é um passo em frente, não um passo atrás. O mundo e nós queremos marchar rumo à fraternidade e à paz... [...]

Ao nascer, a República pronunciou três palavras que revelaram a sua alma e que atrairão sobre o seu berço as bênçãos de Deus e dos homens: Liberdade, Igualdade, Fraternidade. [...] O sentido destas três palavras aplicadas às nossas relações externas é o seguinte: libertação da França dos grilhões que pesavam sobre o seu princípio e sobre a sua dignidade; recuperação da categoria que devia ocupar ao nível das grandes potências europeias; enfim, declaração de aliança e de amizade com todos os povos. Se a França tiver a consciência da parte que lhe cabe na missão liberal e civilizadora do século, não há nenhuma destas palavras que signifique guerra. Se a Europa for prudente e justa, não há nenhuma destas palavras que signifique outra coisa a não ser a paz.

Fonte: Lamartine, *La politique et l'histoire*, Imprimerie National, col. Acteurs de l'histoire.

1.2. A onda revolucionária

Paris, Presburgo, Viena, Peste, Milão, Praga, Berlim, Palermo: entre fevereiro e março de 1848, desaba a ordem antiga e impõem-se novos modelos políticos. Os soberanos, de boa ou de má vontade, aceitam reformas e constituições. A geografia da revolução faz aparecer com clareza a sua vítima principal: a Áustria. Efetivamente, as exigências políticas formuladas em Peste, em Praga e em Veneza incidem sobre diferentes relações com Viena. A 22 de março, Manin proclamou em Veneza a independência da república, com o apoio do soberano sardo Carlos Alberto, que, desde 23 de março, se constituiu fiador da integridade de Veneza. Kossuth, um advogado saído da pequena nobreza húngara, conduz, pacificamente, uma revolução que dota a Hungria de uma constituição autónoma em relação a Viena (11 de abril). Em Praga, a reivindicação da identidade boémia é conduzida por homens como o historiador Palacky, visando obter de Viena um estatuto diferente.

A situação da Áustria é tanto mais delicada quanto o rei do Piemonte, Carlos Alberto de Saboia, declarou guerra à Áustria. O seu objetivo é libertar a Lombardia véneta da dominação vienense e de a ligar ao seu reino. Este projeto de um Estado forte na Itália do norte conta com a adesão de Londres, enquanto a França, em princípio favorável a uma confederação de Estados italianos, lamenta ter sido cuidadosamente mantida afastada por Carlos Alberto. Este, levado pelo êxito das suas armas (vitórias de Patrengo, a 30 de abril e de Goito, a 30 de maio), entende não arriscar o alargamento europeu do conflito com a Áustria, chamando a França em seu socorro. Uma política desse tipo arriscava-se a provocar uma aliança austro-russa, atraindo a hostilidade da Inglaterra.

A Alemanha vive também dias intensos, em que representantes da Confederação germânica, mas também de outros Estados, reunidos em Frankfurt a partir de 30 de abril, concordam em realizar a unidade política do povo alemão num *Reich* constitucional e democrático. O sentimento nacional alemão encontra motivos de exaltação no diferendo que opõe a Prússia à Dinamarca, a propósito dos ducados de Schleswig e do Holstein (a primeira pretende anexá-los, a pretexto de serem povoados maioritariamente por Alemães, ao passo que a Dinamarca pretende mantê-los na união pessoal que os liga ao seu rei). Mas a guerra prusso-dinamarquesa inquieta tanto a Rússia como a Inglaterra, pois um alargamento da Prússia iria proporcionar-lhe uma situação por demais vantajosa no Báltico.

De fevereiro a junho, a revolução triunfa. Bruscamente, porém, a conjuntura altera-se e a revolução de ofensiva passa a defensiva. A nível político, é considerável o eco das jornadas parisienses de 23 a 25 de junho, no decurso das quais o governo Cavaignac sufoca os motins operários mediante uma repressão brutal. Para os revolucionários, vem entorpecer o clima: no início do mês, a Áustria tinha retomado o controlo de Praga, onde o general Windischgrätz faz reinar a ordem; na Itália, as tropas de Radetzki infligem algumas derrotas aos Piemonteses. No início de agosto, são forçados a assinar um armistício. Uma mediação franco-britânica tenta suavizar as condições que a Áustria se prepara para impor a Carlos Alberto. Londres e Paris desejam que a Lombardia seja para o Piemonte e que a Áustria conserve a Venécia. Exigência paradoxal aos olhos dos Austríacos, que são os vencedores e a quem não impressiona a ameaça francesa de intervenção na Itália, nem o apoio aos movimentos revolucionários. Entre agosto e fins de outubro de 1848, a Contra Revolução marca pontos e o brusco ímpeto revolucionário de Viena, em outubro, é rapidamente sufocado. O general Windischgrätz entrava na capital dos Habsburgos em 31 de outubro, instalando ali uma repressão feroz. Esta política de recusa de compromisso com a revolução tinha contribuído para quebrar qualquer laço entre Viena e o parlamento da Hungria. De junho a agosto, sob a direção de Kossuth, a Hungria cria uma guarda nacional, recruta um exército e prepara-se para defender militarmente a sua independência. Os confrontos de setembro tinham afrouxado o torno em redor da Hungria, mas são os graves acontecimentos de Viena que oferecem aos independentistas uma trégua inesperada.

1.3. O alcance de 1848 e a ordem europeia

Em fins de 1848, um rápido balanço revela o seguinte panorama. Profundamente ameaçada, a Áustria soube reagir e manteve a integridade do seu Império, com exceção da Hungria. Na Itália, conseguiu travar as ambições piemontesas. Em ambos os casos, contou com a apatia internacional. Na Rússia, Nicolau I garantiu-lhe o seu apoio, mas não se embrenhou muito mais longe. A França, embora favorável ao nacionalismo italiano, fica paralisada por uma divisão política que testemunha completa ausência de convergências quanto à definição de uma política externa. A eleição, em dezembro, de Luís Napoleão Bonaparte, antigo militante da Carbonária, naturalmente hostil à ordem de 1815, não contribui para simplificar a situação. Na constituição da II República, as atribuições do presidente e da Câmara sobrepõem-se e não se completam. A política externa francesa vai ficar marcada por esta anomalia. Na Inglaterra, o governo assistiu às evoluções mais como testemunha do que como ator. No entanto, revelou com clareza a sua preferência pela sobrevivência da Áustria, fechando a porta aos representantes húngaros. Apesar dos seus

A geopolítica de Tocqueville

Uma questão mais séria que coloquei a mim mesmo – recordo-a porque ela deve colocar-se incessantemente – foi a seguinte: será do interesse da França que os laços da Confederação germânica se apertem ou se afrouxem? Por outras palavras, devemos desejar que a Alemanha se torne, em certos aspetos, uma única nação, ou continue a ser um agregado mal unido de povos e de príncipes desunidos? É uma antiga tradição da nossa diplomacia fazer os possíveis para que a Alemanha continue dividida entre um grande número de potências independentes; isso era evidente, com efeito, quando atrás da Alemanha se encontravam apenas a Polónia e uma Rússia semibárbara; mas será o mesmo nos nossos dias? A resposta que deve dar-se a esta pergunta depende da resposta que se der a esta outra: qual é, na verdade, o perigo que a Rússia significa para a independência da Europa? Quanto a mim, penso que o nosso Ocidente está ameaçado de ficar, mais tarde ou mais cedo, sob o jugo dos czares, ou pelo menos, sob a sua influência direta e irresistível; assim, acho que o nosso primeiro interesse é favorecer a união de todas as raças germânicas, a fim de a opor àquele. O estado do mundo é novo; há que alterar as nossas velhas máximas e não recear fortificar os nossos vizinhos, de forma a que possam um dia rechaçar connosco o inimigo comum.

Fonte: Alexis de Tocqueville, *Souvenirs*, redigidos em 1851, publicados pela primeira vez em 1893.

argumentos (tratado de livre troca entre a Hungria independente e a Inglaterra), a necessidade de conservar a Áustria como uma potência é imposta pelos riscos de expansão da Rússia e pelas pretensões francesas sobre a Itália.

Quanto à questão alemã, torna-se objeto de leituras contraditórias. Embora as iniciativas do Parlamento de Frankfurt suscitem, quer na França quer na Inglaterra, uma certa simpatia, os contornos mal definidos do que seria uma Alemanha unida provocam a inquietação geral. Tanto mais que um conflito significativo opunha a Prússia, porta-voz do nacionalismo alemão, à Dinamarca, a propósito dos ducados de Schleswig e do Holstein. Para além da parada estratégica já assinalada, o que inquieta é o alcance do nacionalismo alemão. A reivindicação de união das populações alemãs numa única estrutura fundamentava-se apenas no direito das nacionalidades. No caso preciso do Schleswig, cuja população não era alemã e que continha uma forte proporção de Dinamarqueses, o sentimento nacional alemão desdenhava do direito das minorias. A mesma situação se repetia com a Posnânia polaca, que a Prússia acabava de desmembrar. O ducado de Posnen era anexado pelo Estado prussiano em junho de 1848. Estes gestos demonstravam que o nacionalismo estava associado a um certo expansionismo. Do lado francês, o idealismo pacifista da maioria dos republicanos era duramente contrariado. Na Inglaterra, o reforço da Prússia só poderia ser encarado se arrastasse consigo a derrocada da Áustria. Tais eram as hipóteses que inspiravam os políticos a respeito da Alemanha, hipóteses reforçadas pela ausência de uma verdadeira coerência da política do Parlamento de Frankfurt. A Alemanha não falava com uma voz única.

1.4. A reorganização austríaca e as suas implicações diplomáticas

No decurso de todo o ano de 1849, podemos observar uma reorganização das posições austríacas, na quase totalidade dos territórios por ela abrangidos ou dominados.

Na Itália, para começar, o fracasso de Carlos Alberto é completo. O novo impulso revolucionário – cujo resultado mais espetacular é a fuga de Roma do Papa Pio IX (novembro de 1848) e a proclamação da República romana (fevereiro de 1849) – bem como as dificuldades austríacas na Hungria, onde a política de resistência de Kossuth leva a melhor sobre a política de reconquista de Schwarzenberg e de Windischgrätz, fazem crer ao rei sardo que pode anular os fracassos de 1848 e lavar a humilhação da derrota de Custoza (25 de julho de 1848). A 12 de março de 1849, declara guerra à Áustria e a 23 as suas tropas são esmagadas em Novara. Em Roma, o restabelecimento do poder temporal do Papa provoca concorrência entre a Áustria e a França. Embora a França envie um corpo expedicionário em abril, comandado pelo general Oudinot, os objetivos desta intervenção são modificados, devido à alteração da maioria política revelada pelos resultados das eleições de março de 1849. Pensada como uma força de interposição entre republicanos e pontifícios, a tropa de Oudinot devia negociar o restabelecimento de Pio IX no quadro de uma constituição liberal. A nova maioria conservadora e católica francesa, quanto a ela, comprometia-se a restaurar a completa autoridade de Pio IX. A 30 de junho, a capitulação da República romana face às tropas francesas fazia da França a restauradora do poder pontifício. Esta completa reviravolta tem efeitos desastrosos sobre a imagem da França entre os liberais italianos. Vem complicar a política externa de Paris, provocando uma grave divisão na opinião pública: a oposição entre católicos e republicanos vai pesar durante muito tempo na política italiana da França. A Áustria tem de se contentar com uma resolução da crise romana que, por um lado, enreda a França nas suas contradições e, por outro, responde aos seus anseios de restabelecimento da antiga ordem. Para mais, retomou o controlo dos ducados de Modena e de Parma. O tratado austro-sardo (Paz de Milão), de 6 de agosto de 1849, implica o regresso à situação anterior à vaga revolucionária. A Lombardia véneta continua a ser austríaca. Quanto ao Piemonte, o rei Carlos Alberto tinha abdicado depois de Novara e morre algum tempo mais tarde.

Na Hungria, a vitória austríaca é completa. Kossuth adotou o radicalismo político; a 14 de abril de 1849, o parlamento húngaro votou uma declaração de independência e de descrédito da dinastia dos Habsburgos. O chanceler austríaco Schwarzenberg empenha-se em obter o auxílio do czar Nicolau I (1.° de Maio). A Rússia presta o seu contributo militar à reconquista austríaca da Hungria. Para mais, o exército austríaco de 170 000 homens conta com representantes de todas as nacionalidades do Império. Viena votou aos Húngaros a hostilidade que se tinha manifestado entre os Checos, os Croatas e os Sérvios. Assim, a vitória sobre os independentistas húngaros tem um triplo significado: culmina no esmagamento da Hungria e numa política de repressão; assinala a salvação do Império Austríaco, que não foi arrastado na tempestade nacionalista e abre o caminho ao restabelecimento do centralismo; enfim, fez do czar o árbitro da Europa central. Nicolau I é o grande vencedor das perturbações dos anos 1848-1849. A paralisia austríaca permitiu o avanço dos seus peões nos Balcãs, principalmente nos principados do Danúbio. A sua intervenção decisiva na Hungria faz dele o campeão da ordem europeia. Quanto à derrota húngara, traz à luz o realismo político da Inglaterra e da França. Os pedidos de socorro dos amigos de Kossuth foram ignorados: a manutenção do poderio austríaco, forte e sólido, representava para as duas capitais uma prioridade mais importante do que o estabelecimento de um novo Estado, fundado sobre o princípio das nacionalidades. O equilíbrio europeu continua a ser pensado em termos de massas e, a este propósito, a preponderância austríaca na Europa central continua a ser uma necessidade, face à real ameaça de uma expansão russa.

1.5. A questão alemã e a rivalidade austro-prussiana

O Parlamento de Frankfurt, embrenhado no seu trabalho de redigir uma Constituição alemã, tem também de escolher os contornos do futuro conjunto alemão. Duas opções se lhe apresentam: a «Grande» e a «Pequena» Alemanha. No primeiro caso, a aliança entre Estados do norte e Estados do sul, sob a liderança da Prússia, eliminaria definitivamente a influência austríaca. No segundo, a unidade alemã ficaria centrada em redor da Prússia. Os êxitos de Schwarzenberg depressa tornam ilusória a primeira solução. Quando o Parlamento de Frankfurt elege como Imperador do *Reich* o rei da Prússia, Frederico Guilherme IV (28 de março de 1849), está feita a escolha de uma unidade restrita. Mas a recusa do rei da Prússia, que não quer ficar a dever a coroa a uma assembleia revolucionária, marca o fracasso definitivo do Parlamento de Frankfurt. A partir de então, a questão alemã torna-se uma jogada austro-prussiana, observada com toda a atenção pelas chancelarias europeias, principalmente a russa.

A Áustria desejava o restabelecimento da Confederação germânica, estrutura capaz de lhe garantir não só a sua presença nos assuntos alemães, mas também a sua influência, graças aos intermediários bávaros e vurtembergueses. A Prússia encara uma «União restrita», assinada no dia 28 de maio de 1849, entre os reis da Prússia, da Saxónia e de Hanôver. Em finais de agosto, 28 Estados alemães juntaram-se ao plano Radowitz. A França deu o seu apoio à política prussiana, esperando, em troca, obter algumas compensações no Palatinado e na margem esquerda do Reno. Completo erro de cálculo, no momento exato em que os motivos dos políticos alemães repousam sobre a unidade nacional. O czar, por seu turno, manifesta a sua hostilidade a este projeto de união restrita. Manda informar Frederico Guilherme IV que está disposto a fazer intervir militarmente a Rússia, em caso de guerra austro-prussiana. Em outubro de 1849, ordena manobras na fronteira prussiana, para mostrar a sua determinação. A Saxónia e o Hanôver retiram-se do projeto prussiano, enquanto Viena apresenta um projeto de reforma da Confederação germânica, cujo ponto mais importante consistia na entrega de todas as competências a nível diplomático, militar e comercial a um diretório de sete membros (Convenção de Munique, 27 de fevereiro de 1850). Era uma tentativa para introduzir a Áustria no *Zollverein*.

As desordens no eleitorado de Hesse iriam resolver em proveito da Áustria a aguda questão do estatuto da Confederação germânica, que desde 1848 se encontrava no centro de todos os debates. O eleitor de Hesse, um Estado do norte da Alemanha, limítrofe da Prússia tanto a ocidente como a oriente (separa a Prússia da Prússia renana), embora membro da União restrita, apela para a intervenção da Confederação germânica, a fim de o restabelecerem nos seus poderes. A Baviera, delegada pela Confederação, enviou tropas. A Prússia opõe-se a esta disposição, que colocaria forças aliadas da Áustria em território sobre o qual ela possui um direito de passagem militar. O apoio russo à Áustria, mantido apesar dos esforços prussianos para atrair as boas graças de Sampetersburgo (em 2 de julho de 1850, um armistício entre a Prússia e a Dinamarca acabava com a questão dos ducados, em proveito da Dinamarca), permite a Schwarzenberg obter um notável êxito diplomático. A 29 de novembro de 1850, em Olmütz, o chanceler austríaco obtém da Prússia a anulação da União restrita, o fim da mobilização geral da Prússia e um acordo sobre a intervenção bávara no eleitorado de Hesse. Anteriormente, Frederico Guilherme I teve de se separar do seu ministro Radowitz, o mais claro defensor da política de união em torno da Prússia. A consequência do «recuo de Olmütz» foi o restabelecimento da Confederação germânica no seu estatuto de 1815. Contrariamente às suas esperanças, Schwarzenberg, devido à oposição clara da Rússia, da Inglaterra e da França, não tinha conseguido a entrada de toda a Áustria na Confederação. O sonho de um Império com 70 milhões de habitantes na Europa central chocava tanto os interesses alemães como os das restantes potências. A Rússia tinha informado em Viena que não interviria num conflito entre Viena e Paris. Em Paris, o príncipe presidente Luís Napoleão Bonaparte manifestou a sua clara oposição ao plano austríaco.

Teriam os acordos da conferência de Dresda consagrado uma vitória da Áustria?

Tanto na Itália como na Alemanha, a reorganização da Áustria, cujo desaparecimento, convém não esquecer, esteve prestes a ocorrer em 1848, é completa. Viena encontrou o apoio do czar da Rússia, para se opor à secessão da Hungria, mas também para refrear as ambições da Prússia. Resta o facto de que, apesar desta vitória política, o jogo das forças nacionais e económicas tende a ser desfavorável à Áustria. Apesar do seu fracasso, o Parlamento de Frankfurt corporizou a ideia de uma unidade alemã, fundada no liberalismo e na democracia. Herdeiros de uma efervescência nacional que a invasão napoleónica veio inflamar, os homens de 1848 imaginaram perfeitamente um futuro alemão sem a Áustria. Os receios de Frederico Guilherme IV impediram-no de fazer da Prússia a ponta de lança do movimento nacional. Mas a importância do reino alemão, a sua predominância demográfica e económica fazem dele o núcleo da Alemanha. Da mesma forma, Berlim opõe-se às pretensões austríacas para entrar na união aduaneira alemã; a assinatura de um tratado comercial austro-prussiano, em fevereiro de 1853, mesmo prevendo a redução dos direitos entre os países do *Zollverein* e da Áustria, mantém o poderio austríaco afastado do conjunto económico alemão.

2. Novos princípios de política estrangeira

2.1. A política de Napoleão III

O golpe de Estado de 2 de dezembro de 1851 vem aclarar o horizonte da vida política francesa. Soluciona o conflito que opunha o presidente da República à Assembleia nacional e abre uma etapa autoritária em que o essencial do poder se concentra nas mãos do chefe do Estado, o príncipe presidente Luís Napoleão Bonaparte. A sua proclamação do Império, exatamente um ano mais tarde, pretende reatar com a tradição napoleónica, de que é representante. A escolha das datas (aniversário de Austerlitz e da sagração de Napoleão I) é por demais evidente quanto ao espírito desta restauração singular. A personalidade do homem é o que conta. A sua vida aventureira, que o levou à prisão, pô-lo em contacto com os ideais nacionalistas e com os ideais socialistas. As suas duas obras, *L'Extinction du paupérisme* e *Idées napoléoniennes* são a prova. Não concebe a sua ação política sem esta proteção exterior, da qual gosta de se ocupar pessoalmente. Muitas vezes, os ministros são confrontados com o facto consumado, divulgando-se a fama de ser um homem imprevisível. Dele escreverá Bismarck que «não é inquietante, é incerto». Com Napoleão III, a política externa francesa volta a ser um foco de iniciativas para a Europa. Nesse aspeto, é menos o herdeiro do seu tio antepassado do que da crítica de «esquerda» à prudência diplomática, de que a França deu provas de 1815 a 1848. Quantas vezes o apelo a uma ação ousada pela libertação da Europa não foi retomado pelos adversários de Luís XVIII, de Carlos X, de Luís Filipe? Mas ele é também um «pacifista». Prefere de longe a negociação à guerra e multiplica os convites para congressos internacionais. Não mandou tomar as disposições necessárias à modernização do exército francês, contrariamente ao apoio dado à marinha. A sua veia saint-simoniana tê-lo-á induzido em erro, levando-o a privilegiar as estatísticas da produção à dos regimentos do exército?

Nas convicções políticas de Napoleão III encontra-se o essencial das motivações da sua diplomacia. Isso não significa que ela não possa explicar-se apenas pela personalidade do imperador. Ele soube, com efeito, transmitir as aspirações da França de então. Por vezes, no entanto, soube adiantar-se-lhes e mesmo forçar a sua realização.

Entre os factos importantes que orientam a vida internacional, o desenvolvimento da livre troca ocupa um lugar essencial. Abandonando progressivamente o protecionismo, a França estabelece primeiro com a Inglaterra (tratado de janeiro de 1860), depois com a Bélgica (1861), a Turquia (1861), os Estados alemães (1862), a Itália (1863) a Suécia e os Países Baixos (1865), a Áustria (1866), um comércio externo cada vez mais dinâmico, fundamentado na livre troca. O papel pioneiro da França impele as outras nações a fazerem o mesmo. Esta política de desmantelamento dos direitos alfandegários opera-se num período de crescimento industrial, que torna a sua execução tão necessária como indispensável. O período situado entre 1850 e 1870 é a idade de ouro do caminho de ferro na Europa. De pouco menos de 2 000 quilómetros de via férrea em 1848, passa-se em França para mais de 15 000 em 1870. Na Europa, passou-se de uma rede de 23 000 quilómetros em 1850 para mais de 100 000, vinte anos depois. Este desenvolvimento arrasta investimentos consideráveis. Créditos internacionais tecem a trama de uma solidariedade económica entre os Estados, através dos lucros dos grupos privados. O dinamismo das empresas francesas leva-as a investirem em Espanha e na Alemanha. Desenvolve-se a importância de Paris como praça financeira. A par da modernização económica, o empenho decisivo de Napoleão revelou-se fundamental para esse resultado. Mais do que ceder às reivindicações dos industriais e dos comerciantes (contraditórias entre si), o imperador levou o Estado a realizar uma política económica vigorosa, que arrastava os agentes económicos na sua peugada. Em nenhuma outra parte se pode compreender melhor a articulação entre política externa e política interna do que na escolha da livre troca.

Por vezes, a inspiração foi menos feliz, e a ação foi conduzida sobre bases frágeis, por exemplo, as do prestígio externo. Assim aconteceu no Líbano, em 1860, mas também no México, entre 1861 e 1867. A operação militar do general Foray culminou, é certo, na tomada do México e na entronização do imperador Maximiliano. Mas o fracasso final de 1867, acentuado pela execução de Maximiliano, desferiu um golpe muito rude nesta política de prestígio. O mesmo aconteceu a propósito da insurreição polaca de 1863. Na sua benevolência para com as nacionalidades, Napoleão III concedeu o seu apoio às reivindicações polacas. Ao proceder desta forma, indispôs o czar Alexandre II, cujos interesses, no entanto, tivera o cuidado de proteger durante e após o Congresso de Paris, em 1856. O imperador acha mesmo chegado o momento de proceder a uma reorganização considerável do mapa da Europa. Não hesita em afirmar publicamente que os tratados de 1815 estão ultrapassados (6 de maio de 1863). Este revisionismo, que se propaga em todas as direções, leva-o a formular uma proposta de congresso diplomático europeu, que deveria analisar todas as questões pendentes, a saber, a Itália, a Polónia, a Alemanha, os Balcãs, o futuro da Áustria, as fronteiras da França. Iniciativa receada por todas as capitais europeias, que veem nela a ameaça da preponderância francesa no continente. Por isso, a proposta estava destinada ao fracasso. O restabelecimento da ordem russa na Polónia acaba por desacreditar esta quimera, que, no entanto, correspondia ao desejo íntimo de Napoleão III. Ao observarmos os domínios das intervenções francesas durante o Segundo Império – Europa, Império otomano, China, México – não podemos deixar de ficar impressionados perante a extensão mundial visada pelo imperador. Mais do que o efeito de uma personalidade simultaneamente genial e original, mas eivada de veleidades e de incertezas, não deveríamos ler aí, pensando na política externa da III República, um movimento de fundo a exprimir o dinamismo francês da segunda metade do século?

2.2. O Império otomano e o equilíbrio europeu

O futuro do Império otomano perturbava as capitais europeias, principalmente Sampetersburgo. O czar Nicolau I, convencido da absoluta fraqueza desta estrutura contestada, entendia prosseguir a política que tinha transformado a Rússia em potência dominadora na região dos Estreitos. No entanto, qualquer intervenção respeitante à Turquia arrastava a das restantes potências europeias. A independência da Grécia e as veleidades separatistas de Mehemet Ali tinham envolvido em conflito o Império otomano, a Inglaterra, a França e a Rússia. A Áustria desempenhava um papel secundário mas que não deixava de ser importante: cada um dos atores tentava conciliar a sua aliança, argumentando com o seu papel de garante dos tratados de 1815.

No início da década de 1850, o czar, face a um sultão desacreditado, considera-se suficientemente forte para trazer de novo à ordem do dia a «questão do Oriente». Os pretextos religiosos invocados pela Rússia só servem para justificar a ingerência nos assuntos do Império otomano. De forma muito hábil, a querela dos Lugares Santos introduz na negociação o fator religioso: face aos muçulmanos, os cristãos estão divididos em católicos e ortodoxos. As exigências francesas de respeito pelos seus privilégios – tradicionalmente, a França é a guardiã dos Lugares Santos – opõem Paris a Sampetersburgo. O dinamismo ortodoxo levou à multiplicação das instalações religiosas na Palestina, comprometendo o tradicional predomínio católico. Apesar de uma primeira arbitragem do Sultão ter sido favorável aos Franceses (dezembro de 1852), a insistência dos Russos desloca-se deste problema, no fim de contas secundário, para o da proteção às populações ortodoxas residentes no Império otomano. O embaixador russo em Constantinopla, Menchikov, apresenta ao Sultão, em maio de 1853, uma nota em tom cominatório em que a Rússia exige o direito de zelar pelos súbditos ortodoxos do Império otomano. Para além deste «protetorado espiritual», Sampetersburgo pretende nem mais nem menos poder intervir nos assuntos internos turcos. Esta política russa que, após a recusa do Sultão, culmina na rutura das relações diplomáticas (21 de maio de 1853), despertou o sentimento religioso muçulmano. O desejo de resistência dos Turcos é reforçado pelo apoio da França e da Inglaterra. Desde junho, ambos os países mantêm uma esquadra ao largo de Constantinopla.

Nicolau I, a despeito do seu apelo à mediação de Napoleão III ou da Áustria, elaborada de comum acordo com as partes interessadas, parece não estar disposto a ceder. As negociações do verão de 1853, só servem para adiar o termo inevitável. Quando o Império otomano declara a guerra à Rússia, no dia 4 de outubro, a internacionalização do conflito não deixa margem para dúvidas. Nem a Inglaterra nem a França podem dar carta branca ao czar para organizar a sua hegemonia no Mar Negro, hegemonia que a destruição da armada turca em 30 de novembro torna possível.

A guerra contra a Rússia exige um esforço considerável por parte da Inglaterra e da França. Esta opção vai unir a diplomacia dos dois países – é esse exatamente o objetivo de Napoleão III que, neste campo, está de acordo com o Governo inglês, cuja opinião bélica é encarnada pelo intransigente Palmerston. O terreno do confronto militar levanta problemas às duas potências: o Mar Negro fica longe das suas bases, tal como o Báltico, encarado por instantes. O trunfo diplomático pode suprir esta fraqueza. Mas quando a Suécia recusa o seu concurso aos dois aliados, a ideia de um ataque pelo norte perde toda a credibilidade. Desta maneira, torna-se necessário concentrar-se no Mar Negro: o ataque e o cerco a Sebastopol vão tornar-se o centro das operações militares da guerra da Crimeia.

Ao mesmo tempo que as operações militares se arrastam e que aparecem as primeiras trincheiras ([12]), parte da sorte da guerra continua a jogar-se ao nível das relações diplomáticas. Londres e Paris trabalham para obter de Viena uma intervenção armada. O governo dirigido por Bach, com Buol nos Negócios Estrangeiros, tem de conciliar por um lado as reticências manifestas do exército austríaco em avançar contra os Russos, numa altura em que ainda está bem viva a recordação do auxílio que estes lhes deram em 1849; e, por outro, a convicção de que é necessário desferir um golpe que pare a expansão russa nos Balcãs. Os subterfúgios austríacos são complicados pela ação diplomática da Prússia e de Bismarck, representante prussiano na Dieta da Confederação germânica. Este considera que seguir a Áustria em política externa é um sinal de fraqueza para os Alemães e consegue que a Dieta se pronuncie contra uma intervenção militar (fevereiro de 1855). Desta maneira, a Áustria deixa de estar em condições de poder respeitar o acordo assinado em 2 de dezembro de 1854, pelo qual se comprometia a entrar em guerra com o apoio das tropas federais da Confederação germânica. Toda a política austríaca se desmorona. Em agosto de 1854, o Governo austríaco concordou associar-se a Paris e a Londres para esclarecer os quatro pontos que a Rússia deveria aceitar para pôr termo ao conflito. Estes quatro pontos – renúncia dos Russos à sua influência na Moldávia e na Valáquia, garantia internacional coletiva para as populações ortodoxas do Império otomano, liberdade de navegação nas embocaduras do Danúbio e revisão das condições de circulação nos estreitos do Bósforo e dos Dardanelos – retomavam claramente as preocupações vienenses e impediam a desintegração do Império turco em proveito de um único Estado europeu. As dificuldades encontradas com Viena consolidaram a determinação da Inglaterra e da França em forçarem a Áustria a entrar em guerra.

([12]) A desumanidade da guerra impele Henri Dunant à criação, em 1863, da Cruz Vermelha, destinada a prestar socorro aos feridos.

Nos inícios de 1855, os dois aliados assinam um tratado com o Piemonte, que se compromete a contribuir com tropas para as operações. Em contrapartida, Paris e Londres aceitam apoiar as exigências sardas sobre o estatuto territorial do norte da Itália. Iniciativa ainda discreta, que é imediatamente emendada por uma mensagem secreta em Viena, para fazer saber à Áustria que ainda é tempo de intervir.

Este rápido exame das pressões anglo-francesas sobre a Áustria mostra bem como, de uma questão aparentemente regional, se passou para uma jogada decisiva, que é nem mais nem menos a do equilíbrio europeu. A queda de Sebastopol, em setembro de 1855, abre perspetivas para uma solução que se avizinha. Entre os objetivos da guerra, a neutralização do Mar Negro continuava a ser inaceitável para a Rússia. Mas, face ao esgotamento das suas tropas e à necessidade de reformas internas, o novo czar, Alexandre II, cede. Em fevereiro de 1856, os preliminares da paz, baseados nos quatro pontos de Viena de agosto de 1815, põem um termo a combates particularmente sangrentos. A 25 de fevereiro de 1856, abre em Paris um congresso internacional. Napoleão III desempenha nele o papel principal, demonstrando uma excecional sagacidade diplomática.

As cláusulas diplomáticas consagram o enfraquecimento russo nos Balcãs, onde os principados do Danúbio escapam à influência direta da Rússia. Os súbditos cristãos do Sultão são objeto de uma garantia internacional: o papel de defensor da fé, que estivera atribuído ao czar, é eliminado. A navegação no Danúbio é livre e o Mar Negro é declarado neutro. Fica proibido de ostentar nele qualquer armada e qualquer arsenal. A Inglaterra obteve uma decisão favorável. A intransigência de Palmerston conseguiu eliminar as condições favoráveis aos Russos, obtidas pelos tratados de Andrinopla (1829) e de Unkiar-Skelessi (1833), sem que os acordos de 1841 sobre os Estreitos voltem a pô-los novamente em causa. No termo da Guerra da Crimeia, a Rússia está, se não eliminada, pelo menos singularmente afastada do novo equilíbrio europeu que se desenha em Paris. Enfim, esta conferência internacional faz-se eco das reivindicações piemontesas. A convite de Napoleão III, Cavour faz circular as suas teses sobre o equilíbrio da península, a necessidade de reformas e o arranjo do mapa político. Embora não tenha obtido qualquer resultado concreto, pelo menos chamou a atenção da Europa para este problema, no momento em que a Áustria faz a experiência amarga do isolamento diplomático. Com efeito, outra lição da guerra da Crimeia tem a ver com a posição singular desta potência central. A frente austro-russa, mantida mais ou menos de 1812 a 1854, desapareceu, apesar de se ter manifestado espetacularmente na tempestade revolucionária. A aliança entre as potências conservadoras desagregou-se sob os golpes agressivos da Inglaterra e da França. Esta posição fragiliza a Áustria, ao mesmo tempo que a Prússia, na Alemanha, lhe contesta o seu papel dirigente e na Itália os nacionalistas veem em Cavour o seu paladino.

Quanto à «questão do Oriente», encontra uma resposta em Paris, uma vez mais. Longe de encerrar, ressalta rapidamente. Em 1857, a Moldávia e a Valáquia pronunciam-se sobre a sua união através de assembleias consultivas, de que guardavam a recordação de uma primeira tentativa em 1848. Esta tentativa infeliz, reprimida conjuntamente pelos Russos e pelos Turcos, não dispôs do vigor do sentimento unitário. A conferência das sete potências, em maio-agosto de 1858, reconhece o princípio da união da Moldávia e da Valáquia, sob soberania otomana. Em 1859, o coronel Alexandre Couza é escolhido para ficar à testa dos dois principados. Ativamente apoiado por Napoleão III, está à altura para se impor aos Otomanos. Face a esta situação, o governo otomano, que, desde o Congresso de Paris, recuperou toda a sua influência nestas regiões em detrimento da Rússia, acaba por reconhecer a união das duas províncias. Em 1861, um governo autónomo único tem a sua sede em Bucareste. A Roménia está próxima da pia batismal. Em maio de 1866, uma mudança de rei e a eleição de Carlos de Hohenzollern-Sigmaringen completa o processo de independência da Roménia. O apoio da França e pessoalmente o de Napoleão III tanto a Couza como a Carlos de Hohenzollern foram decisivos para o nascimento da Roménia. Da mesma forma, a Sérvia vê a sua autonomia reforçada no decurso da década de 60. Sob o impulso de Miguel Obrenovitch, a província tende para uma independência de facto, que a partida das tropas otomanas de Belgrado e da região, em 1867, assinala mais do que simbolicamente. O Montenegro, apesar de não ter conseguido a sua independência na altura das negociações de Paris, goza desde 1858 de um estatuto autónomo, sob o controlo das potências europeias. Finalmente, em Creta, a agitação endémica, fortemente relançada em 1856, preocupa tanto o Sultão como as capitais europeias. Uma ligação à Grécia ainda não é aceite por todos. O futuro da ilha mantém-se incerto durante toda a década. Em 1860, uma expedição francesa ao Líbano arranca também ali um estatuto de autonomia. Com toda a evidência, o prognóstico do antigo czar Nicolau I – «o Império otomano é o paciente europeu» – revela-se verdadeiro. Em 1870, um balanço deixa, pois, entrever a lenta decomposição da dominação europeia sobre o Império otomano. Mas só em 1878 uma nova redistribuição irá fixar novas fronteiras neste espaço móvel ([13]).

3. As unidades italiana e alemã e as suas consequências sobre a Europa

3.1. O **Risorgimento** *e a conjuntura internacional*

Chefe do governo do Piemonte desde 1852, Camilo Cavour está convicto dos benefícios do liberalismo político e económico, assim como da necessidade de união da península itálica. Fundador do jornal *Il Risorgimento,* em 1847, defendeu ainda anteriormente a esta data a causa da modernização política e económica da Itália. Os patriotas italianos foram levados a tirar lições dos acontecimentos de 1848-1849. A Áustria manteve a sua presença na Itália. A sua presença na Lombardia véneta, assim como o controlo que exerce de facto sobre os ducados centrais, continuam fortes. O Papa Pio IX, dececionando os que viam nele o campeão de uma Itália liberal e unificada, tinha adotado uma política tanto mais reacionária quanto a recordação da sua fuga e da República de Roma alimenta nele e nos seus conselheiros o receio da revolução. O reino das Duas Sicílias é politicamente instável. Apenas o Estado sardo, apesar do fracasso frente aos Austríacos em 1849, encarna uma verdadeira opção razoável para conduzir uma política italiana. Cavour está convencido desta realidade e a criação da Sociedade Nacional (no dia l de agosto de 1857), cujo lema «a Itália e Vítor Emanuel», dá testemunho de um desejo de propaganda extensivo a toda a península. Esta sociedade agrupa republicanos como Daniele Manin, o antigo líder revolucionário de Veneza, em 1848. Revela também a aliança que se estreitou entre os partidários de uma solução piemontesa, dirigida pela casa de Saboia, e os militantes nacionalistas.

A situação interna encontra uma conjuntura favorável no ambiente internacional. São conhecidas as posições de Napoleão III favoráveis à Itália, posições afirmadas a Cavour na entrevista de Plombières, em 20 e 21 de julho de 1858. O primeiro-ministro piemontês sabe que, em caso de conflito com a Áustria, pode contar com o apoio da França.

([13]) Vide Pieira Milza, *As Relações Internacionais de 1871 a 1914,* Ed. 70 (Lisboa, 1999).

Esta política italiana, que a diplomacia francesa tinha utilizado como forma de pressão contra Viena, durante a Guerra da Crimeia, deixou de ser uma ameaça para passar a ser uma promessa feita a Cavour. Em janeiro de 1859, um tratado franco-piemontês estipula a aliança e prevê a formação de um reino na alta Itália. Entre as intenções unificadoras de Cavour e as opiniões italianas de Napoleão III existe uma evidente divergência. Enquanto Turim encara o conjunto da península, Paris parecia contentar-se com um reino italiano a norte ou com uma confederação italiana, decalcada sobre o modelo da Confederação germânica. Esta solução teria a vantagem de poupar os Estados Pontifícios, cuja proteção é garantida pela França desde 1849. Situação extremamente delicada, é uma herança da concorrência franco-austríaca de 1848-1849. Segundo a opinião dos católicos, trata-se de uma autêntica armadilha, montada ao imperador. Napoleão III é incomodado na sua política italiana por fatores de política interna.

A história da unidade italiana escreve-se em dois níveis: o da ação dos nacionais italianos que, mediante revoluções em 1859 e 1860, tomam o poder na maioria dos Estados italianos e o da evolução do contexto diplomático. A evolução da situação na península influi naturalmente na atitude das grandes potências. A determinação italiana acaba por se impor além da prudência diplomática, motivada pelo equilíbrio europeu.

No início de 1859, a aliança franco-piemontesa resulta em cheio e a Áustria, repelida para os seus redutos, declara a guerra a 27 de abril. As vitórias franco-piemontesas (Montebello, 20 de maio; Magenta, 4 de junho e Solferino, 24 de junho) são imediatas. A vantagem sobre a Áustria é flagrante, quando, bruscamente, Napoleão III pede a paz à Áustria. Volte-face? Traição? A decisão, explicável por considerações que escapam à situação italiana, provoca enorme deceção nos Piemonteses e nos seus aliados italianos. A Prússia manifestou a sua aliança à Áustria e, em meados de junho, chegou mesmo a mobilizar vários regimentos. A França ficou amedrontada com a ameaça de uma intervenção prussiana, suscetível de modificar radicalmente os dados militares, criando uma segunda frente no Reno. O armistício de Villafranca, confirmado pelo Tratado de Zurique (10 de novembro de 1859), culmina na criação de uma Confederação italiana, presidida pelo Papa. A Lombardia é cedida pela Áustria à França, que recebe a missão de a transmitir ao reino da Sardenha. Cavour demite-se, recusando avalizar uma derrota diplomática no seguimento de uma vitória militar. Mas a paz de Zurique fica letra morta, a tal ponto se aceleram os acontecimentos na Itália. A reviravolta francesa impele Londres a prometer o seu apoio ao Piemonte: uma vez que a França perdeu o seu prestígio, a unidade italiana deixou de incomodar a Inglaterra, inquieta com o avanço da influência francesa em Itália, a exemplo do que fizera Bonaparte, 50 anos antes. Na Toscana e na Emília Romagna, a população exprime-se mediante um plebiscito e pede a sua integração no Piemonte. As potências estrangeiras tomam em consideração a vontade popular. A França, preocupada em não se deixar ultrapassar pela Inglaterra, reafirmou o seu apoio à casa de Saboia. Em contrapartida, recebe as compensações territoriais previstas na altura de Plombières, Nice e a Saboia. É o primeiro alargamento francês desde 1815.

Garibaldi, espécie de chefe de guerra e gerador livre do panorama italiano, republicano mais próximo dos mazzinianos do que da Casa de Saboia, abre, com a expedição dos Mil, um novo capítulo da unificação italiana. Partindo de Génova em maio de 1860, «liberta» o reino das Duas Sicílias e prepara-se para passar aos Estados Pontifícios. Para não provocar uma reação internacional, ao permitir que os republicanos tomassem Roma, o Piemonte invade a Úmbria e as Marcas. A 7 de novembro, Vítor Emanuel entra em Nápoles, depois de se ter encontrado com Garibaldi, no dia 26 de outubro. É o mútuo reconhecimento, cujo resultado mais tangível é a unificação da Itália, em proveito da Casa de Saboia. A 14 de março de 1861, Vítor Emanuel II é oficialmente proclamado rei da Itália. A Venécia e os Estados Pontifícios ficam fora desta nova estrutura nacional.

Devido a esta falta de situação, a crise italiana mantém-se em aberto. A morte de Cavour encerra uma etapa em que se impôs a predominância do Piemonte. Resultado que pode ser posto em causa pelas peripécias que, de 1861 a 1870, vão opor os voluntários de Garibaldi à estratégia da Casa de Saboia. Assim, em 1862, Garibaldi e os seus empreendem a conquista de Roma. As tropas piemontesas infligem-lhes um revés em Aspromonte, no dia 29 de agosto. Situação surpreendente, em que Vítor Emanuel se constitui garante das possessões pontifícias, correndo o risco de quebrar a frágil unidade dos patriotas que o rodeavam. O Piemonte não deseja arriscar o confronto com as potências europeias a propósito da Venécia e, sobretudo, de Roma. Assim, a sua política garante, em primeiro lugar, os apoios diplomáticos de que necessita, antes de avançar para o assalto a estes dois territórios. A aliança com a Prússia, encorajada por Napoleão III, agora coerente com a defesa do princípio das nacionalidades, vai permitir à Itália de Vítor Emanuel aproveitar-se das provocações de Bismarck a propósito da Áustria para conquistar a Venécia. O recomeço da guerra com a Áustria, em junho de 1866, está relacionado com o confronto austro-prussiano. A derrota militar italiana não surte os efeitos lógicos: a Áustria tem de ceder a Venécia à França (3 de outubro de 1866). Vencida pela Prússia, a Áustria paga na Itália a sua derrota. A França voltará a ceder a Venécia à Itália. Além disso, Viena reconhece o reino da Itália. Quanto à questão romana, opõe não só os Italianos entre si mas também Paris e Turim. Em setembro de 1864, uma convenção acaba com este diferendo: os Franceses comprometem-se a abandonar Roma antes de 1867 e a Itália reconhece a integridade territorial de Roma e do Lácio. Florença será a nova capital da Itália. Os motins de 1867 e as iniciativas de Garibaldi em outubro obrigam a França a interpor-se. Na lógica das escolhas feitas em 1849, por altura da primeira intervenção romana, a França acha-se obrigada a assumir a defesa dos Estados Pontifícios, tanto mais que a pressão da opinião católica sobre o governo de Napoleão III é muito forte. Esta nova ação arruina o prestígio francês e favorece uma francofobia vigorosa. É graças à guerra entre a França e a Prússia, em 1870, que os Italianos tomam a cidade do Papa. Forçado a repatriar o corpo expedicionário francês, Napoleão III, paralisado pelo exército prussiano, deixou de ser um ator da política italiana. A 20 de setembro, as tropas de Vítor Emanuel entram em Roma, proclamada capital da Itália a 23 de novembro. A 2 de julho de 1871, o rei da Itália faz a sua entrada solene na cidade eterna. O Papa encerra-se na cidade do Vaticano.

O nascimento da Itália resulta de um movimento nacional que se ilustrou ao longo de todo o século. Procurou encontrar um suporte no apoio da França. Mas a dominação napoleónica durante o Primeiro Império tinha desnaturado a vocação emancipadora reivindicada pela Revolução Francesa. Em seguida, liberalismo e nacionalismo tinham-se aliado, tanto por proximidade ideológica como por necessidade, mas as duas forças tinham fracassado em 1820, em 1831 e, novamente, em 1848-1849. Nestas datas, não estavam reunidas as condições internacionais que permitissem uma revisão tão profunda do equilíbrio europeu. A política de Cavour só pôde dar frutos porque o ambiente político se tinha modificado. O sentimento italófilo de Napoleão III; o enfraquecimento da Áustria ameaçada na Alemanha e nos Balcãs, sem parceiro credível após a sua rutura com o czar; o descrédito do Papa, consequência da sua política antiliberal a partir de 1849 e, por fim, a aliança com a Prússia de Bismarck representam outros tantos trunfos para a Casa de Saboia. Quanto ao equilíbrio europeu, o nascimento da Itália significa uma vitória para a França do Segundo Império e também uma rutura no Mediterrâneo ocidental. Finalmente, trata-se de um Estado novo, que deverá encontrar o seu lugar no concerto europeu.

3.2. A unidade alemã e a diplomacia de Bismarck

Na Alemanha, os ecos dos acontecimentos italianos despertam um sentimento nacional sempre latente. O enfraquecimento evidente da Áustria abre perspetivas que uma política audaciosa poderia transformar. Em fins de 1860, a questão, de alguma forma, consiste em saber se a Prússia, dominando largamente a Alemanha em população e em território, está à altura de chefiar um movimento unitário, semelhante ao do Piemonte para a Itália. O novo rei da Prússia, Guilherme I (1797-1891), inaugura o seu reinado, em 1861, por um confronto maníaco com a Assembleia legislativa, a propósito de uma reforma do exército. Reconstruir um aparelho militar digno deste nome é uma tarefa prioritária, confiada ao general von Moltke. O impasse político leva o rei a chamar, em setembro de 1862, um novo chefe do governo. Escolhe Otto von Bismarck, embaixador em Paris e antigo embaixador em Sampetersburgo. É este homem que vai encarnar a política de unificação da Alemanha. Hostil à entrada da Áustria no *Zollverein*, aceita o desafio de Guilherme I, a favor da modernização militar.

A cruciante questão dos «ducados dinamarqueses», ricocheteando em 1863 por causa da morte do rei Frederico VII da Dinamarca, oferece o pretexto para uma crise, em que o sentimento nacional alemão pode ser assumido e defendido pela Prússia. Já em 1848, o litígio a propósito do Schleswig, do Holstein e do Lauenburgo tinha exacerbado o nacionalismo do Parlamento de Frankfurt. Em 1863, a oposição entre a Dinamarca e a Confederação germânica põe-se nos mesmos termos: estes ducados, cuja população é maioritariamente alemã, poderão permanecer sob dominação dinamarquesa? Parceira da Prússia na Confederação, a Áustria partilha dos interesses alemães, para não deixar unicamente a Guilherme e a Bismarck o monopólio do nacionalismo. A guerra contra a Dinamarca gira em vantagem da Confederação e o Tratado de Praga confia à Prússia e à Áustria o destino destes territórios. É a altura de um novo pomo de discórdia entre Viena e Berlim, no momento em que Bismarck, agitando a ameaça

A unidade italiana

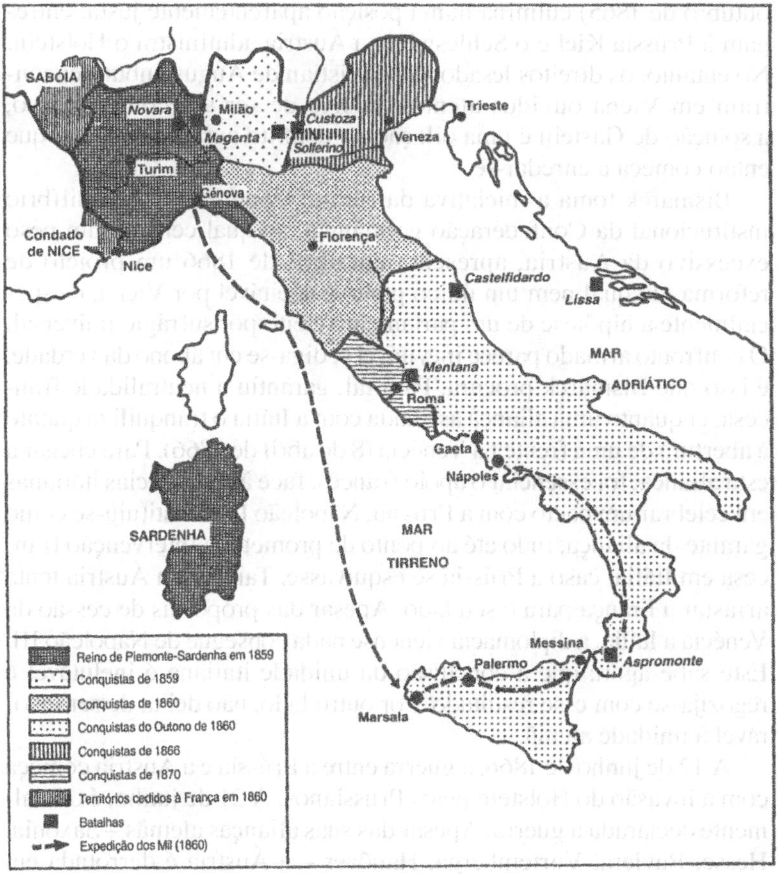

AS ETAPAS DA UNIDADE

da rutura da união aduaneira, conseguiu que a Áustria não pudesse entrar no *Zollverein*. Os interesses prussianos, depois de terem apoiado uma solução dinástica para os ducados (candidatura de Christian de Augustenburg), alteraram-se. Bismarck procura instalar a Prússia em Kiel, o que lhe garantiria uma magnífica posição estratégica no Mar Báltico. As negociações entre Viena e Berlim estão por diversas vezes prestes a romper-se. Em último lugar, a Convenção de Gastein (14 de outubro de 1865) culmina numa posição aparentemente justa: entregam à Prússia Kiel e o Schleswig e a Áustria administra o Holstein. No entanto, os direitos lesados de Christian de Augustenburg encontram em Viena ouvidos atentos. Longe de ser um compromisso, a solução de Gastein é uma dilação no conflito austro-prussiano que então começa a enredar-se.

Bismarck toma a iniciativa da rutura. Contestando o equilíbrio institucional da Confederação germânica, ao qual censura um peso excessivo da Áustria, apresenta em abril de 1866 um projeto de reforma, do qual nem um único ponto é aceitável por Viena, e especialmente a hipótese de um parlamento eleito por sufrágio universal. O confronto armado parece inevitável e, diga-se em abono da verdade, é isso que Bismarck procura. Para tal, garantiu a neutralidade francesa, enquanto uma aliança assinada com a Itália o tranquiliza quanto à abertura de uma frente na Venécia (8 de abril de 1866). Para chegar a esta aliança, foi essencial o apoio francês: face às reticências italianas em celebrar um pacto com a Prússia, Napoleão III constituiu-se como garante da aliança, indo até ao ponto de prometer a intervenção francesa em Itália, caso a Prússia se esquivasse. Também a Áustria tenta arrastar a França para o seu lado. Apesar das propostas de cessão da Venécia à Itália, a diplomacia vienense nada consegue de Napoleão III. Este sabe agora que a conclusão da unidade italiana é inelutável e regozija-se com esse resultado. Por outro lado, não deixa de ser favorável à unidade alemã.

A 12 de junho de 1866, a guerra entre a Prússia e a Áustria começa com a invasão do Holstein pelos Prussianos. A 21 de junho, é oficialmente declarada a guerra. Apesar das suas alianças alemãs – Saxónia, Hesse, Baviera, Vurtemberga, Hanôver – a Áustria é derrotada em Sadova, no dia 3 de julho. Contrariamente aos cálculos diplomáticos, que tinham apostado num conflito prolongado e incerto, esta vitória fulgurante demonstra o crescimento da Prússia. Aos que lhe aconselhavam a mobilização do exército para refrear Bismarck, Napoleão III opõe a sua recusa. Deixa, pois, o caminho livre à exploração do êxito militar dos militares prussianos, por parte dos diplomatas. As condições impostas por Bismarck aos seus inimigos alemães e austríacos são duras. A Prússia, pelos tratados de paz assinados em agosto de 1866, anexa os ducados de Schleswig, de Holstein e do Lauenburgo, a cidade livre de Frankfurt, os ducados de Hesse-Nassau, o eleitorado de Hesse e o reino de Hanôver. No total, a Prússia ganha 4,5 milhões de habitantes. É criada uma Confederação da Alemanha do Norte. Coloca sob a dependência da Prússia as cidades livres de Hamburgo, Bremen e Lubeque, tal como a Saxónia. A sul, a Baviera, Vurtemberga, Bade e Hesse são formalmente independentes, mas na realidade pertencem à área de influência prussiana, pelo menos através do *Zollverein*. Em 1867, alguns tratados de assistência militar apertam os laços e, em 1868, a criação e a eleição de uma assembleia do *Zollverein* antecipam uma unificação política.

Frente à França, que tinha tergiversado mais do que definido uma verdadeira política alemã, Bismarck está à altura de se opor às exigências de compensações formuladas por Napoleão: a margem esquerda do Reno, isto é, o Palatinado e/ou o Luxemburgo. Ao mesmo tempo que Napoleão III negoceia diretamente com o rei dos Países Baixos a compra do Luxemburgo, Bismarck vai desvendar as exigências francesas e acicatar as opiniões dos Alemães. Em abril de 1867, opõe-se a qualquer cessão de território alemão à França. Além disso, por várias vezes, o Imperador dos Franceses tinha proposto uma aliança a Bismarck. Esta teria permitido uma reorganização das fronteiras: Paris tenta eventualmente anexar a Bélgica. Estes projetos são utilizados contra a diplomacia de Napoleão III. Revelam os receios ingleses de uma grande França. Desta maneira, Londres, favorável à unidade alemã, mantém-se totalmente afastada das negociações que se desenrolam na Europa, mas encorajando Bismarck. Quanto aos outros Estados, descobrem uma França ávida de compensações, apetite contraditório com o princípio das nacionalidades. Em 1867, o chanceler prussiano infligiu também numerosos reveses políticos a Napoleão III. Pior ainda, envolvida nos assuntos mexicanos e nos Balcãs, a França parece andar em busca de uma hegemonia excessiva.

A derrota austríaca permitiu à Prússia construir em seu redor o embrião de uma unidade alemã. Desqualificou a Confederação germânica. Mas o estatuto relativamente frouxo do sul da Alemanha preocupa Bismarck. Face aos riscos de penetração da influência austríaca (a vitória eleitoral dos pró-austríacos na Baviera, em janeiro de 1870, inquieta o chanceler) ou francesa, o chanceler prussiano calcula que tem de jogar com o sentimento nacional alemão e que, para isso, complicar as relações com a França constitui a melhor das armas. A hipótese de uma guerra franco-prussiana, rejeitada por Paris, é assumida por Bismarck.

O pretexto da candidatura de um príncipe alemão ao trono de Espanha vai desencadear uma crise e, a seguir, a guerra. Após a revolução de 1868, que afastou do poder Isabel II, a Espanha procura um rei. Em 1869, Bismarck encoraja a candidatura de Leopoldo Hohenzollern-Sigmaringen, irmão do rei da Roménia e ilustre representante de uma das mais notáveis famílias alemãs. Esta hipótese é rapidamente abandonada, mas o chanceler percebeu que ela inquietava a França e que constituía uma ameaça para Napoleão III. Quando, em maio de 1870, Bismarck volta a apresentar esta candidatura no palco da atualidade internacional, tem pela frente um Segundo Império, reforçado pelo plebiscito de 8 de maio, decidido a reencontrar um certo prestígio em política externa. A nomeação do duque de Gramont, embaixador francês em Viena, para o cargo de ministro dos Negócios Estrangeiros, parece abonar a hipótese de uma provável aliança franco-austríaca. Os cálculos de Bismarck resultam corretos. Ao anúncio de uma nova candidatura Hohenzollern, Paris endurece e obtém, sem dificuldade, a renúncia de Guilherme I a esta iniciativa. O rei da Prússia atua como chefe dinástico. Mas a intransigência francesa leva o representante de Napoleão III junto do rei, conde Benedetti, a querer assegurar uma garantia suplementar. É a origem do famoso Telegrama de Ems, de Guilherme I para Bismarck, que este manipula antes de o tornar público (12 de julho de 1870). O agravo diplomático está consumado e a França mergulhada no abismo. A 19 de julho, declara a guerra à Prússia. Esta atitude ofensiva provoca a união dos Estados alemães em redor da Prússia.

Os resultados da guerra são conhecidos: a derrota francesa é consumada com a derrota do imperador em Sedan, no dia 2 de setembro de 1870. O governo de defesa nacional de Gambetta nada vem alterar a esta situação. A assinatura do armistício em Versalhes (28 de janeiro de 1871) conduz ao Tratado de Frankfurt (10 de maio). A França perde a Alsácia e a Lorena. Nasceu o *Reich* alemão. A neutralidade da Itália e da Áustria durante a guerra franco-prussiana traz à luz do dia as limitações da diplomacia errática de Napoleão III, a partir de 1866. Auxiliando a unidade italiana e alemã à custa dos Austríacos, não pode esperar deles um auxílio que, no entanto, lhe fazia falta. Para mais, a situação interna do Império austríaco, que culminou no compromisso de 1867 e na constituição da dupla monarquia austro-húngara, não faz de Viena o parceiro ideal. As negociações, conduzidas até bem adiante no ano de 1870, não surtem efeito. Viena não quis saber nem de uma aliança ofensiva nem de uma aliança defensiva. Por fim, a aliança entre a Rússia e a Prússia, confirmada por Sampetersburgo em 20 de julho ao governo austríaco, acaba por convencê-lo a observar uma rigorosa neutralidade no conflito. Em 1863, Napoleão III tinha-se irritado com os Russos. Londres, sempre desconfiada com respeito a Paris, viu as suas suspeitas reforçadas, quando Bismarck tornou públicos os planos franceses sobre a Bélgica. Quanto à Itália, a questão romana anulou os benefícios políticos do auxílio francês ao Piemonte. A guerra apenas facilita uma resolução favorável aos interesses italianos desta situação pendente, sendo a França obviamente obrigada a abandonar Roma. Uma vez mais, os cálculos se revelaram acertados. Em resumo: Napoleão III prova a amarga experiência do isolamento diplomático que a Áustria tinha provado antes de Sadova. Desde então, há que analisar a forma como Bismarck conduziu a sua política e reconhecer aí a capacidade de ação de um homem de Estado em crises internacionais. Os cálculos de Bismarck não saíram certos por casualidade, baseavam-se numa apreciação correta da situação.

Com o nascimento do II *Reich* alemão, surge no concerto europeu uma nova potência, há muito em gestação. Esta Alemanha prussiana abateu primeiro a Áustria, antes de se voltar contra a França. É, pois, a um choque entre potências que assistimos entre 1866 e 1871. O panorama que se nos depara é radicalmente diferente do de 1848: à divisão territorial e política, à efervescência revolucionária dos povos, à reivindicação nacional sucede o tempo dos Estados-nações. O seu impacto constitui a trama da história das relações internacionais após 1871.

A formação da unidade alemã

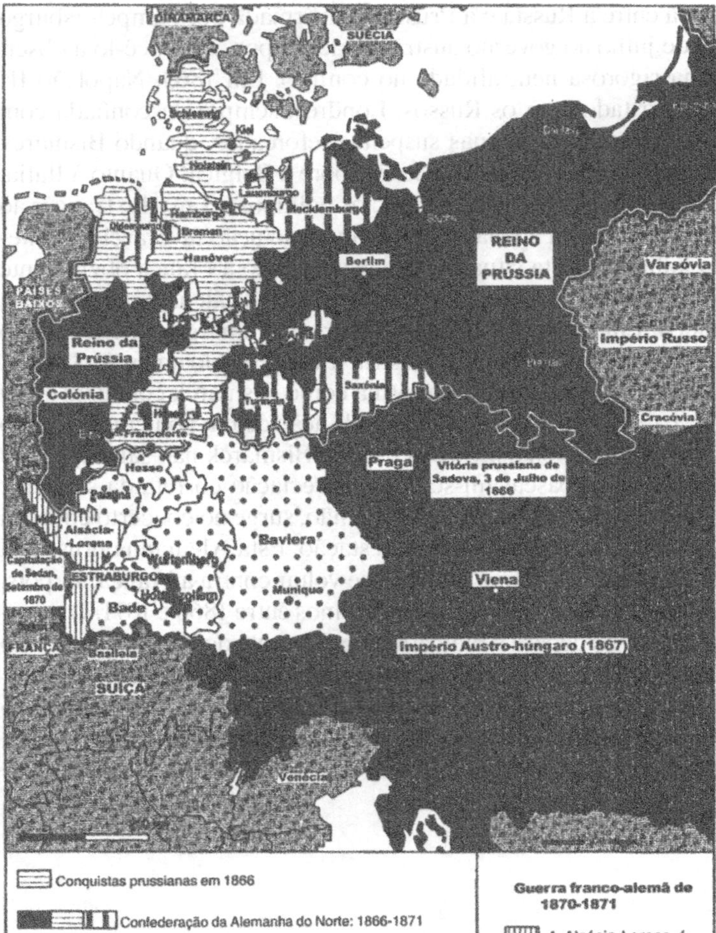

SEGUNDA PARTE

A EUROPA E O MUNDO

5

Rivalidades Hegemónicas

Embora os aspetos essenciais das relações internacionais entre as potências da Europa se concentrassem nas jogadas europeias, as suas rivalidades projetavam-se no mundo, na sequência dos seus próprios investimentos na conquista comercial, económica e diplomática do planeta. O século XIX é extraordinariamente dinâmico: vai assistir-se à expansão da Europa pelo mundo, tanto pela ação política dos seus Estados, pelos fluxos migratórios, pelo escoamento das suas economias, como pela sua influência civilizadora. Esta dimensão mundial dos interesses europeus interfere na história das suas relações diplomáticas. Há, pois, que erguer um quadro com eles. Antes de mais nada, terá de haver a preocupação de descrever os instrumentos da política internacional, pois a sua própria dinâmica, como é o caso sobretudo para as questões marítimas, pode provocar um efeito de recuo sobre a definição de política externa. Descreveremos em seguida o papel mundial do Reino Unido, para melhor captar os elementos do seu poderio. Passaremos então a esboçar uma geopolítica europeia, que repõe os acontecimentos da vida internacional na sua dupla lógica geográfica e política, acabando por estabelecer os fatores de irradiação e de influência do modelo europeu. Mesmo falando da Europa, não devemos equivocar-nos acerca do significado deste termo. Não designa qualquer entidade política unida, mas antes um reservatório de civilização que, aproveitando o crescimento material, estende a sua ação sobre o mundo. Efetivamente, esta Europa é atravessada por rivalidades que visam criar hegemonias concorrentes e não comuns.

1. Os instrumentos da política internacional

1.1. O corpo diplomático

A realidade da vida diplomática são as trocas de notas entre embaixadores e governos, os encontros, por vezes as visitas de chefes de Estado e debates de gabinete. Continua a ser o refúgio de tradições aristocráticas. Em 1815, o diplomata Hardenberg, descendente de uma família do Hanôver, na altura propriedade pessoal do rei de Inglaterra, representava no Congresso de Viena, simultaneamente, o rei da Prússia e o czar da Rússia. A carreira de um Talleyrand, para além das traições e reviravoltas de que era capaz, está aparentada com este modelo aristocrático e cosmopolita. É quase como se se tratasse de um mercenariato diplomático, sendo o talento individual mais valorizado do que a nacionalidade. Este privilégio aristocrático é percetível no Reino Unido, onde todos os secretários do *Foreign Office* saíram da nobreza.

A escolha dos embaixadores é um elemento crucial da diplomacia. Com efeito, a latitude do plenipotenciário é imensa, numa época em que as instruções ministeriais demoram por vezes a chegar. A qualidade das relações que podem ligar os embaixadores aos meios políticos dos países onde se encontram pode ser um fator essencial para a qualidade da relação bilateral. A história dos homens – por vezes, mesmo a pequena história – espionagem, sedução, etc. – tem a sua quota parte na história diplomática. Poderá parecer uma história episódica, o que não passa de um erro de perspetiva. Por que motivo a França pôde encontrar um pretexto para represálias no incidente do leque entre o bei de Argel e o cônsul francês? É que existe um código de honra que confere aos indivíduos a representação plena da dignidade nacional. Para além das pessoas, são os Estados que se encontram.

O papel dos ministros é facilmente explicado. No regime parlamentar que se desenvolve na Grã-Bretanha, trabalham com o rei ou com a rainha, mas a sua liberdade de manobra é considerável. Gozaram de uma longevidade espantosa (10 anos para Castlereagh e 16 anos, em dois mandatos, para Palmerston). Na Rússia, Nesselrode é ministro desde 1816 até 1856. No entanto, o seu papel é atenuado pela parte ativa tomada pelos czares na condução pessoal dos negócios estrangeiros. Em França, as interferências entre os chefes de Estado e os ministros são correntes nos reinados de Luís Filipe e Napoleão III. Daí certos mal-entendidos e iniciativas contraditórias. E mais, a vida

Os secretários do *Foreign Office*, de 1815 a 1870

1812-1822: Castlereagh Henry Robert, visconde, marquês de Londonderry (1769-1822)
(governo Liverpool)
1822-1827: Canning, (George, 1770-1827)
(governo Liverpool e governo Canning em 1827)
1827-1830: Aberdeen (George Hamilton, conde, 1784-1860)
(governo Wellington)
1830-1841: Palmerston (Henry, visconde, 1784-1865)
(governo Grey 1830-1835 e Melbourne 1835-1840)
1841-1846: Aberdeen (governo Peel)
1846-1851: Palmerston (governo Russell)
1851-1853: Granville (George, conde, 1815-1891)
(governo Russell até 1852 e governo Aberdeen)
1853: Russell (John, conde, 1792-1878)
(governo Aberdeen)
1853-1858: Clarendon (George William Villiers, conde, 1800-1870)
(governo Aberdeen até 1855 e governo Palmerston)
1858-1859: Malmesbury (James Howard Harris, conde, 1807-1889)
(governo Derby)
1859-1865: Russell (governo Palmerston)
1865-1866: Clarendon (governo Russell)
1866-1868: Stanley (Edward Smith, conde de Derby, 1799-1869)
(governo Derby e governo Disraeli em 1868)
1868-1870: Clarendon (governo Gladstone)
1870-1874: Granville (governo Gladstone)

diplomática fervilha de boatos e de informações falsas. No tempo do Segundo Império, as declarações da imperatriz Eugenia constituem por vezes o anúncio dos projetos de Napoleão III, ou, pelo contrário, situam-se noutra partitura, o que desorienta os diplomatas.

A carreira diplomática, no entanto, vai evoluir, podendo observar-se um certo profissionalismo. A carreira de Édouard Drouyn de Lhuys (1805-1881) é um bom exemplo. Ligado a Madrid de 1830 a 1833, passa depois para Haia, após a independência da Bélgica e a crise das relações franco-holandesas que se lhe seguiu. Novamente encarregado de negócios em Madrid, de 1837 a 1840, torna-se diretor dos consulados no ministério dos Negócios Estrangeiros. Paralelamente, é eleito deputado, opondo-se ao governo e ao ministro Guizot na questão Pritchard. Nessa altura é dispensado. Presidente da Comissão dos Negócios Estrangeiros na Assembleia eleita em 1848, é chamado ao ministério em dezembro de 1848 por Luís Napoleão Bonaparte. Ocupa o lugar apenas durante seis meses, cedendo-o a Alexis de Tocqueville, aquando da reorganização de junho de 1849. Voltamos a encontrar Drouyn de Lhuys no ministério, que ele aliás instala no Quai-d'Orsay em 1855, em três outras ocasiões – janeiro de 1851, julho de 1852-maio de 1855, e outubro de 1862-setembro de 1866. A sua demissão em 1855 está relacionada com uma brusca mudança de atitude de Napoleão III a propósito da Guerra da Crimeia. Desmente o seu ministro perante o embaixador da Inglaterra, ilustrando bem a dificuldade da política diplomática. Hostil à nova orientação de Napoleão III, que apoia abertamente as nacionalidades, aceita voltar a ser ministro em 1862, na esperança de atenuar a política imperial. Uma vez mais, a sua partida em 1866 tem a ver com divergências políticas. Receoso em relação ao poderio dos Prussianos, após Sadova recomenda o envio de uma expedição militar ao Reno, encontrando a oposição do ministro dos exércitos. Também aí, a posição de Napoleão III leva-o à demissão. Esta carreira exemplifica o acesso de um especialista em diplomacia às mais altas responsabilidades. Progressivamente, vemos multiplicarem-se estes perfis. No Reino Unido, George Clarendon (1800-1870) é o primeiro diplomata de carreira (esteve ligado a Sampetersburgo, 1820-1823, embaixador em Madrid entre 1833 e 1839) a tornar-se secretário do *Foreign Office*, ou seja, ministro dos Negócios Estrangeiros.

A abertura de novos consulados e o reconhecimento de novos Estados criam novos lugares. A carreira diplomática exige competência e disponibilidade. Escapa ao teatro europeu e a intensificação das relações internacionais prepara a idade de ouro dos embaixadores. Após 1870, e até à Segunda Guerra Mundial, desempenhará um papel cada vez mais considerável.

1.2. A opinião pública

A diplomacia releva do requinte da ação política. Conduzida no interior de círculos muito fechados, derivou da tradição aristocrática e pouco numerosas são as personalidades que exercem algum peso nos acontecimentos. O papel dos embaixadores e dos plenipotenciários confere uma dimensão essencial às qualidades do indivíduo.

O segredo e a espionagem (Metternich vigiou de muito perto os negociadores do Congresso de Viena e a sua polícia secreta não hesitou em recolher o conteúdo dos cestos de papéis!) fazem parte integrante da ação diplomática. Numa Europa cujos regimes políticos e formas de existência remetem ainda largamente para o Antigo Regime, vemos, no entanto, aparecer um facto novo: a opinião pública. O desenvolvimento da liberdade de imprensa e da própria imprensa, a extensão do regime parlamentar, publicitando largamente o debate, são favoráveis à informação da opinião pública. Desta maneira, esta é levada a exercer uma pressão não descurável.

Além disso, num período marcado pela afirmação dos nacionalismos e das nacionalidades, o conflito com o exterior constitui um momento privilegiado para a afirmação de uma existência política. O nacionalismo alemão pesou na vida de cada um dos Estados alemães antes da unificação de 1870. Conhecemos igualmente a importância da rejeição napoleónica na constituição e o despertar deste nacionalismo germânico. A celebração da Batalha das Nações (Leipzig, 16-17 de outubro de 1813) ganhou o valor de uma concentração nacionalista. É durante este período que os estereótipos nacionais estabilizam e que a clivagem entre povos europeus se alimenta de imagens recíprocas e de lugares-comuns. Assim, o Francês tornou-se para o Alemão o inimigo hereditário. Recorde-se a febre nacionalista que se apoderou da Alemanha em 1840, quando a opinião pública se convenceu de que a guerra na Europa ia rebentar a propósito da questão do Oriente. Esta manifestação encontra a sua fonte no entusiasmo patriótico suscitado em França por este confronto com a Inglaterra ([14]).

Os governos francês e inglês, devido à natureza liberal e parlamentar do regime político, são mais sensíveis do que as monarquias autoritárias às variações da opinião pública. Napoleão III é também prisioneiro da opinião católica. As opções de 1849 respeitantes à defesa da cidade de Roma – vimos que, pensadas originalmente contra a Áustria, acabaram por se transformar numa marca de hostilidade ao nacionalismo italiano – envenenam a política italiana do imperador. Tem de conciliar ao mesmo tempo o compromisso francês de respeitar a integridade romana e apoiar o Piemonte de Vítor Emanuel e de Cavour. O fator católico tem grande importância na diplomacia de

([14]) Vide capítulo 3 «Liberalismo e Nacionalismo» e muito particularmente o documento «A política externa, uma jogada de política interna: a análise de Guizot».

Napoleão III. A crise com a Rússia, em 1853, tem origem na querela sobre os Lugares Santos de Jerusalém. Em 1860, a agressão a cristãos maronitas leva a França a enviar uma expedição ao Líbano. O apoio católico ao regime imperial era uma necessidade interna. Vai ter as suas consequências na marcha dos assuntos externos do país.

No entanto, seria errado julgar que as monarquias autoritárias escapam totalmente à pressão popular. Bastaria evocar aqui a «Primavera dos povos» para concluir como o papel das massas é decisivo. A história da unidade alemã mostra os subterfúgios do rei da Prússia, Frederico Guilherme IV, entre 1848 e 1849. O génio político de Bismarck consiste em conseguir dissociar a questão nacional da evolução liberal do regime político. Ora, só pôde fazê-lo porque arrastou com ele os sentimentos profundos do nacionalismo alemão. Na Áustria, as divisões políticas internas pesaram no decurso da diplomacia. Os fracassos em Itália e na Alemanha levam os conservadores a orientar os interesses austríacos para os Balcãs. Abre-se uma nova etapa na política externa austríaca. Etapa que culmina, depois de 1870, numa aliança com a Prússia. Na Rússia, houve que contar com as revoluções palacianas e os humores do exército. O assassinato do czar Paulo I às mãos de alguns oficiais (e talvez com a cumplicidade do filho Alexandre – mantém-se a dúvida) explica-se pela hostilidade provocada pela sua política estrangeira, que encara uma possível aliança com Bonaparte, a própria encarnação da Revolução.

Deveremos considerar o atentado político como uma manifestação da opinião pública? Sem dúvida que seria excessivo; mas numerosos crimes contra os soberanos reinantes têm causas ligadas à política estrangeira e acarretam consequências sobre ela. Dois exemplos para ilustrar esta afirmação. A 14 de janeiro de 1858, Orsini, um patriota italiano, combatente liberal ao lado de Garibaldi em 1848, atenta contra a vida de Napoleão III. Condenado à morte, o terrorista entrega uma última mensagem em que explica as suas motivações, solicitando ao imperador que altere a sua política italiana. De facto, verifica-se uma inflexão e, abandonando as suas reservas, Napoleão dá o seu apoio às iniciativas de Cavour. E as repercussões internacionais não ficam por aqui. Em Londres, são tomadas algumas medidas governamentais para vigiar mais apertadamente a atividade dos refugiados políticos. Uma consequência direta do atentado de Orsini. A Câmara dos Comuns rejeita estas decisões. Em França, a indignação é geral e a atitude dos deputados britânicos provoca grande tensão entre Paris e Londres. Em 1867, o czar Alexandre II é vítima de uma tentativa de assassinato por parte de um patriota polaco. Este gesto foi inspirado pelo esmagamento da insurreição de 1863. Não é inocente o facto de ter sido Paris a cidade escolhida para cometer o crime. Através deste ato terrorista, é visada também a atitude de Napoleão III e da França, no momento dos acontecimentos na Polónia.

É evidente que os êxitos e os fracassos na gestão dos assuntos estrangeiros vão repercutir-se na vida política. O regime de julho é afetado pela política de expectativas de Guizot e a esquerda liberal ataca-o com frequência. É esta que, em 1848, leva a melhor. Mais manifesta ainda é a proclamação da república em 4 de setembro de 1870, após a derrota de Sedan. O regime de Napoleão III não sobreviveu a uma derrota militar. Na Prússia, a vitória de Sadova sobre os Austríacos consolida o poder de Bismarck. Da mesma forma, a campanha vitoriosa contra a França em 1870-1871 acaba por consagrar o chanceler prussiano. Em sentido inverso, a derrota de Novara (23 de março de 1849) arrasta a abdicação de Carlos Alberto, rei do Piemonte.

Na Inglaterra observa-se, por um lado, uma participação muito modesta dos deputados nos debates sobre política estrangeira. Nem Castlereagh, nem Palmerston sentiam a necessidade de explicar tudo perante os eleitos da Câmara dos Comuns ou da Câmara dos Lordes. Para mais, existia um consenso sobre os princípios da ação diplomática. Na linha do liberalismo dominante, o governo estava encarregado de zelar pelos interesses britânicos no mundo e de não se deixar arrastar por querelas em que o risco militar e financeiro poderia pôr em perigo a prosperidade do país. Este movimento que atribui à opinião pública uma parte de responsabilidade na determinação da política estrangeira é chamado a aprofundar-se. Mas, apesar de uma democratização mal garantida das sociedades europeias e de um liberalismo político ainda ameaçado e contestado, a pressão das opiniões contou muito na história diplomática dos anos 1800-1870. Naturalmente, trata-se de uma consequência direta da Revolução Francesa. É chamada a enraizar-se e a tornar-se uma característica da Europa e dos Estado Unidos.

1.3. O exército

Clausewitz tinha escrito que a guerra é a continuação da política por outros meios. É evidente que uma diplomacia sem exército é como uma política sem meios. O episódio napoleónico trouxe à luz o laço entre a guerra e a diplomacia. A paz relativa que a Europa conhece entre 1815 e 1855, depois a multiplicação dos conflitos (a Guerra da Crimeia, as guerras austro-sardas e austro-prussianas, a guerra franco-prussiana), conjugaram sempre a diplomacia com o aparelho militar. O modelo napoleónico inspirou durante muito tempo os restantes exércitos europeus, antes que a eficiência da organização prussiana demonstrada em Sadova e em Sedan tivesse proposto um novo modelo. É verdade que o exército prussiano sabe tirar partido das inovações técnicas, tanto a nível do armamento como a nível da logística. A utilização militar do caminho-de-ferro permitiu aos Prussianos, em 1866 e em 1870, ficar em posição de superioridade numérica, face aos seus inimigos austríacos e franceses.

A guerra é o degrau último da ameaça militar posta em prática. Antes dela, existe uma gradação de ações, desde o envio de um corpo de observadores à mobilização parcial ou geral. O tipo de mobilização depende, em parte, dos regimes políticos. A França revolucionária inventou a nação em armas e o recrutamento dos soldados dependia do alistamento. Foi uma originalidade francesa, que só muito progressivamente foi sendo adotada por outros Estados. O alcance revolucionário do alistamento não escapa a ninguém.

No equilíbrio de forças, o exército russo, pelo menos no papel, é de longe o mais numeroso. Afirma-se que conta pelo menos com 800 000 homens. É um número considerável, que, aos olhos dos contemporâneos, demonstra que a população é um dos elementos poderosos de um país, visto que da sua importância depende a do seu exército. O exército russo, reforçado graças ao prestígio adquirido na luta contra Napoleão, é um elemento de ordem na Europa do Congresso de Viena. Em 1849, a sua intervenção contra os insurretos húngaros salva a unidade do Império dos Habsburgos. A Guerra da Crimeia desfere um golpe fatal nesta reputação e força os Europeus a tomarem consciência de que a sua importância numérica é enfraquecida pelos seus atrasos técnicos. Da mesma forma, a imensa extensão do Império russo, confrontado nas suas margens asiáticas com permanentes operações de manutenção da ordem, é um fator negativo para o seu exército, exageradamente disseminado para poder reunir-se num ponto único. A ameaça russa ficou assim esbatida. A França, a grande potência militar até às medidas drásticas tomadas pelos Aliados em 1815, só lentamente reconstitui o seu aparelho militar. A recuperação naval é mais rápida. Mas o aumento dos efetivos mostra a preocupação dos governos em disporem de um instrumento de defesa. Reduzido a

100 000 homens em 1815, passa a 250 000 em 1830 e acaba por alinhar mais de 600 000 soldados em 1870. Contudo, a pobreza demográfica da França acaba por penalizar o exército. Esta é uma realidade que vai pesar na política militar da Terceira República. Da mesma forma, as operações no Ultramar criam uma nova mentalidade no organismo militar. Abre-se aos oficiais um espaço de iniciativas e de liberdade. Estes conhecem o combate, contrariamente aos seus camaradas da metrópole. E ficam também ligados aos lugares que defendem ou que conquistam. Cria-se uma mentalidade colonial, que vai durar durante toda a história da colonização, em que ao exército será concedido um lugar especial.

A Grã-Bretanha descurou totalmente o seu exército de terra. Potência naval, muito cedo descomprometida militarmente do continente, concentra-se na marinha. As suas necessidades dizem respeito às colónias. Ora, a superioridade técnica neste setor inverte a tradicional relação numérica. No entanto, a Revolta dos Sipaios, na Índia (1857-1858), vai demonstrar as fraquezas de um exército multiétnico e decidir o governo britânico a consentir em novos esforços. Vem à luz um exército mais bem enquadrado e «mais britânico». *Mutatis mutandis*, os Habsburgos são confrontados com o mesmo problema, num Império multinacional e com um exército plurinacional. Em 1848-1849, esse facto permitiu a Viena jogar com as rivalidades entre os povos eslavos do Império; mas a curto prazo e com o desenvolvimento das nacionalidades, isso fragiliza o exército. Única instituição plurinacional, não pode ser forte se o Estado que ela defende não for também forte. Em 1866, o Estado e o exército ver-se-ão enfraquecidos conjuntamente pela vitória prussiana. Um ano mais tarde, vem o compromisso sobre a dupla monarquia. A derrota militar abriu o caminho à recomposição do exército.

É no termo dos combates, das vitórias e das derrotas, que se fazem as arbitragens diplomáticas. Verifica-se sem espanto que quanto mais dramática for a explicação militar, mais duradoura é a construção diplomática dos tratados de paz. A Europa de Viena dura cerca de 50 anos. O equilíbrio bismarquiano dura apenas meses. Em contrapartida, na ausência de combates, as negociações diplomáticas são prolongadas. Por vezes, para arrancar um acordo, há que brandir a ameaça da guerra. A propósito do Egito, em 1840, a França só recuou sob a ameaça de uma guerra. Os acordos são rapidamente contestados. De facto, a indissociável solidariedade entre diplomacia e exército procede da expressão concreta da relação de forças.

1.4. A marinha

O mar é um laço necessário entre as diversas partes de um mundo em expansão. A revolução nos transportes veio afetar a marinha, tanto a marinha de guerra como a marinha mercante. Transporta nos seus navios, simultaneamente, a evolução técnica e os números. O crescimento do comércio implica o crescimento da movimentação marítima, ao mesmo tempo que acentua o caráter vital da sua segurança. Para mais, a marinha é um aparelho extremamente maleável. O ministro da Marinha de Napoleão III, Chasseloup-Lauabat, teorizou a utilização da marinha numa estratégia diplomática. «A ação marítima», escreve ele em 1860, «com maior ou menor êxito, só arrasta atrás dela as consequências que o governo deseja fazer sobressair». Nada que possa comparar-se ao de uma mobilização parcial ou geral, com as suas consequências incalculáveis.

Parte do destino do Império francês foi jogado nos mares e a resistência inglesa triunfou dos projetos hegemónicos de Napoleão I. Face às potências continentais, a França é o único país europeu capaz de rivalizar com a Inglaterra; entre 1815 e 1870, observamos uma competição franco-britânica exclusiva. É certo que a Rússia possui a sua marinha. Está bloqueada pela posição excêntrica e periférica dos seus ancoradouros. O Báltico constitui a sua bacia marítima natural, assim como o Mar Negro. Mas a política inglesa de aferrolhar as bacias retém-na nestes estreitos limites. Em finais do século XIX, um almirante britânico afirmava que existiam no mundo cinco ferrolhos – Dover, Gibraltar, Alexandria, Singapura e o Cabo. Dover situa-se na Inglaterra; Gibraltar está sob o controlo britânico desde 1713, o Cabo desde 1815, Singapura desde 1819. Quanto a Alexandria, só vai ficar sob o domínio inglês a partir de 1882; contudo, a ilha de Malta e as ilhas Jónicas permitem à *Royal Navy* dispor de bases no Mediterrâneo durante todo o século e a ocupação de Adem, a partir de 1839, constitui um ponto de vigilância na embocadura do Mar Vermelho. Existem ainda outras posições estratégicas ocupadas pelas forças inglesas: a ilha de Heligolândia, no Mar do Norte, as Bermudas, no Atlântico Norte, Santa Helena e as ilhas Falklands (Malvinas) no Atlântico Sul, Trindade, Santa Lúcia e Barbados nas Antilhas, Calcutá e Ceilão para a Índia, Hong-Kong para a China, as ilhas Maurícia no Oceano Índico; na costa africana a Gâmbia, a Serra Leoa e a Costa do Ouro, Wellington na Nova Zelândia e as ilhas Fiji. Em suma, em todos os quadrantes do globo, o Reino Unido garantiu pontos de apoio às rotas comerciais e militares.

A supremacia naval britânica, incontestável após a vitória frente aos Franco-Espanhóis em Trafalgar (1805), permite ao Governo inglês controlar o Mediterrâneo, aumentar o seu império colonial e dirigir a maior parte das operações de policiamento internacional realizadas até 1870, quer se trate de vigiar a observância da proibição do tráfico de escravos ou da defesa dos bens dos britânicos nas Antilhas ou na China. Quantitativamente, a *Royal Navy* não tem equivalente. Em 1870, conta com 38 couraçados, contra 28 da França e 38 no conjunto das restantes nações europeias. Só a marinha francesa se encontra à altura de rivalizar com ela, ganhando mesmo a corrida tecnológica. Com a blindagem, a propulsão por hélice, o carregamento dos canhões pela culatra, os couraçados são invenções francesas. O arsenal de Cherburgo encontra-se no vértice da indústria naval mundial; a rainha Vitória e o príncipe Alberto visitam as suas instalações na companhia de Napoleão III (1858). Em 1865, é a vez do Primeiro Lorde do Almirantado fazer essa mesma visita. O lançamento, em 1858-1860, do couraçado *La Gloire* irrita o orgulho britânico, a tal ponto que um espião inglês, Eugène Sweny, procura e consegue apoderar-se dos seus planos. Um outro colaborador do almirantado, Lorde Clarence Paget, sobe a bordo do navio e consegue tirar-lhe as medidas servindo-se do próprio guarda-chuva! Mas o avanço francês não perturbou exageradamente os Ingleses, que consideravam poder alcançar os Franceses dentro de três ou quatro anos. Aliás, no momento em que este avanço se manifesta aos olhos dos observadores, a aliança franco-britânica está forte. A Guerra da Crimeia veio ilustrar esta cooperação e este entendimento, ao mesmo tempo que abalava a marinha russa e as pretensões de Sampetersburgo no Mar Negro.

2. O Reino Unido, potência mundial

Pela sua projeção internacional e pelo seu avanço industrial e comercial, o Reino Unido é, no século XIX, a primeira potência mundial. A sua resistência a Napoleão fez dele o árbitro da Europa em 1815. Um dos eixos da sua diplomacia é vigiar o equilíbrio europeu, para que não voltem a repetir-se os anos dramáticos do bloqueio continental. No entanto, as suas intervenções no continente europeu são extremamente reduzidas. Mais do que em expedições militares, baseiam-se em ameaças e em alertas. Na realidade, o horizonte inglês ultrapassa largamente a Europa. Esta vocação mais alargada de

Londres explica-se pela presença de interesses britânicos espalhados por todo o mundo.

2.1. O predomínio económico

O historiador britânico Andrew Porter escreveu, em 1975, que «o Império britânico é, antes de tudo, um mercado mundial». Observando que a Inglaterra se batizou a si própria, não sem orgulho, «a oficina do mundo», insiste no predomínio industrial e comercial do Reino Unido em todo o planeta. Desta situação derivam também as suas posições em matéria de serviços (bancos, seguros...). Por fim, sublinha que a lei do mercado foi o enquadramento desta expansão e que a política dos governos consistiu principalmente em apoiar o movimento sem o acicatar nem o refrear.

Os números falam por si, desenhando o perfil da hegemonia britânica. No setor industrial, a parte do Reino Unido na produção industrial ultrapassa 4,3% em 1800, subindo para 9,5% em 1830 e para 19,9% em 1860. Culmina em 22,9% em 1880. No continente europeu, a França é a sua rival mais direta: em igualdade com ela em 1800, acusa um atraso de mais de quatro pontos em 1830 (5,2%) e de 12 pontos em 1860 (7,9%, um ano recorde para a França). O comércio externo britânico conhece também um crescimento extraordinário. As importações passam de 46,3 milhões de libras esterlinas em 1830 para 303,3 em 1870, ao passo que as exportações rendem 69,7 milhões em 1830 e 244,1 em 1870. É um facto que a balança comercial se degradou fortemente. Compensada pela balança de pagamentos, que garante a Londres um papel financeiro essencial, não deixa por isso de traduzir o vigoroso crescimento industrial, forte consumidor de matérias-primas. O outro ensinamento do comércio externo britânico deve procurar-se na sua estrutura. Em 1855, 85% das exportações dizem respeito a produtos acabados, ou seja, produtos da indústria britânica, enquanto apenas 7,5% das importações são produtos manufaturados. Em contrapartida, 61,2% das importações estão relacionadas com as matérias-primas (particularmente o algodão e a seda, no setor dos têxteis) e 31,5% dos produtos alimentares (chá, café, açúcar, mas também os cereais). Quanto aos destinos, revelam também a vocação universal do Reino Unido. À frente surge a Europa, que absorve cerca de 40% das exportações britânicas, (40% em 1830, 44% em 1845, 35% em 1856, 46% em 1871), depois os domínios coloniais (mais de 33%) e, enfim, o continente americano (cerca de 25%).

Uma panorâmica das colocações financeiras inglesas no mundo entre 1865 e 1869 valoriza a diversificação e a multiplicidade dos interesses. Perto de 140 milhões de libras são colocadas no mundo, dos quais 53 milhões no Império (31 na Índia). A maioria (62%) é, pois, investida em outros países, criando entre estes e a Inglaterra senão dependência, pelo menos solidariedade.

2.2. A evolução do Império

Tal como no plano económico, também na colonização do mundo extraeuropeu a Inglaterra apresenta um avanço evidente. A emancipação das colónias americanas em 1776 tinha obviamente ferido o prestígio britânico, embora os territórios canadianos se tivessem mantido fiéis. Vinte anos antes, os Ingleses tinham-se instalado em Bengala, na Índia. Em 1787, alguns navios chegam à Austrália e dão origem a uma primeira colónia na Nova Gales do Sul. Devido ao conflito com a França revolucionária e napoleónica, a Inglaterra apodera-se dos domínios franceses, holandeses e espanhóis. No Congresso de Viena, a diplomacia de Castlereagh, embora cedendo uma parte das colónias, consegue fazer ratificar algumas conquistas preciosas. Aos Holandeses, a Inglaterra entrega Java, mas toma a colónia do Cabo e Ceilão, duas etapas essenciais na rota da Índia, assim como uma parte da Guiana. Com as ilhas da Jamaica e das Baamas, Londres marca presença nas Antilhas. Na costa africana, alguns portos na Gâmbia, na Serra Leoa e na Costa do Ouro (atual Gana) garantem também aí pontos de apoio para as rotas marítimas. É na Índia que os Ingleses possuem o seu mais importante conjunto colonial. Sem chegar a possuir uma forte coerência, o Império tem a vantagem de cobrir todos os continentes. Para mais, em relação aos domínios coloniais espanhóis, dos quais tudo indica que vão separar-se da metrópole, só os Britânicos podem tirar partido de uma implantação mundial.

No século XIX, assiste-se à continuação do alargamento do Império britânico; pouco a pouco, as estruturas administrativas e governamentais conferem-lhe uma fisionomia que apenas será posta em causa em 1931 com os acordos de Westminster e, depois da Segunda Guerra Mundial, pela descolonização. É a partir das zonas já ocupadas que se estende o avanço dos Britânicos no mundo. A Austrália, por exemplo, cobre-se de implantações, de 1823 a 1836. Depois, a descoberta das minas de ouro, em 1851, acelera o movimento de imigração inglesa para aquela ilha austral e a população aumenta em proporções vertiginosas (50 000 habitantes de 1845, passam a três milhões em 1900). A Nova Zelândia é colonizada a partir de 1840. Pouco a pouco, especializa-se nas produções agrícolas das quais a metrópole carece; o progresso nos transportes reforça o interesse desta possessão.

A Índia, joia do Império, é progressivamente conquistada. Até 1858, está entregue à *East Indian Company*, a Companhia das Índias Orientais. Depois da Revolta dos Sipaios (ou Grande Motim), a Índia torna-se uma colónia da Coroa e o seu governador passa a ser um vice-rei. As fronteiras móveis da Índia levaram as tropas a assumir cada vez mais o controlo do país. Várias guerras contra os Sikhs (1844-1846) culminaram finalmente na anexação do Penjabe. No proconsulado de Lorde Dalhousie (1848-1856), a modernização das estruturas tradicionais e a consolidação ofensiva da presença inglesa produzem finalmente um violento levantamento indígena. O exército britânico que subjuga os insurretos conta apenas com 45 000 europeus, num total de 270 000 soldados. Este número mostra a fraqueza do esforço militar aprovado pela metrópole. Deste alarme, Londres tira algumas ilações, sem se afastar do axioma liberal que caracteriza a formação e a gestão do império colonial. Da mesma forma, fiel à sua política de se apoiar em locais estratégicos, Londres conquista Adem, na embocadura do Mar Vermelho, em 1839. Face aos Chineses, a ilha de Hong-Kong (1842) torna-se a base a partir da qual se fará a expansão comercial na Ásia. Singapura, adquirida em 1819, já constituía um ponto de passagem entre a Malásia e a Indonésia.

A expansão britânica não encontrou oposição por parte da Europa. Passadas as guerras contra a França revolucionária e contra Napoleão, a conquista colonial inglesa, entre 1815 e 1870, não provocou qualquer choque frontal com as outras potências europeias, que se arriscasse a provocar um conflito militar. As fricções foram mais fortes com a França, que, também ela, desenvolvia uma política colonial. De qualquer forma, nunca culminaram em guerra. Ora os alertas tinham sido muito fortes. A crise de 1840, a propósito do Egito, refreia as ambições francesas. No Pacífico, a concorrência franco-britânica atinge o auge na década de 1840. A questão Pritchard opõe Guizot a Aberdeen. Os Ingleses chegaram primeiro a Taiti; Pritchard, um missionário protestante, assume as funções de cônsul. Em 1838, uma esquadra francesa atraca na ilha. As negociações com o poder local resultam vantajosas para os Franceses e a França procede à anexação em 1842.

O diferendo diplomático é tanto mais agudo quanto alguns meses antes os Franceses tinham tentado implantar-se na Nova Zelândia. Finalmente, Guizot aceita indemnizar Pritchard e a França conserva a ilha.

Como explicar o aspeto pacífico desta colonização, em contraste com os conflitos dos anos 1871-1914? O facto de o mundo extraeuropeu, em larga medida, continuar ainda virgem permite às ambições concorrentes encontrar motivos de satisfação. Os conflitos irão explodir quando as possibilidades de colonização forem reduzidas. Certamente há que contar também com a comunidade de valores dos Europeus, que encaram a colonização como uma missão civilizadora. Mas sublinhar apenas o aspeto pacífico entre as potências europeias seria insultar a memória dos povos colonizados que conheceram a conquista militar.

2.3. O polícia do mundo?

Um ponto houve extremamente preciso, no qual a diplomacia britânica desenvolveu esforços permanentes e coerentes. Trata-se da proibição do tráfico de escravos. O Congresso de Viena, a pedido de Castlereagh, proíbe esta prática. Em setembro de 1816, uma conferência que reunia a Inglaterra, a Rússia, a Áustria e a Prússia e ainda a França a título de convidada analisa, em Londres, a forma de levar à prática esta proibição e o estabelecimento do direito de busca por navios militares. Este direito não existe normalmente, a não ser em tempo de guerra. Um navio pode ser intercetado para se verificar a sua carga e, se for caso disso, a confiscar. O bloqueio dos anos napoleónicos tinha funcionado nestes moldes. Alargar esta prática ao tempo de paz supõe o estabelecimento de convenções que o autorizem. É necessário chegar a um acordo sobre os limites deste direito, que se baseia na supranacionalidade. Com efeito, o facto de um navio francês ser inspecionado por um vaso de guerra inglês é algo inconcebível. Aliás, a França opõe-se absolutamente a este direito de busca; a iniciativa inglesa parece-lhe uma manobra para ferir os seus interesses coloniais. O fracasso de uma solução global foi em parte camuflado por acordos bilaterais que o Reino Unido assina com Portugal e a Espanha (1817), a Holanda (1818), a Suécia (1824) e o Brasil (1826). Em 1833, é assinada uma convenção franco-britânica. Esta aproximação da França, em parte devida à chegada ao poder do duque de Broglie e de

Guizot, partidários da abolição do tráfico e da aliança com a Inglaterra, arrasta consigo a assinatura de outras convenções com Nápoles, as cidades da Hansa, o reino da Sardenha, a Dinamarca. O objetivo da diplomacia britânica passa a ser a negociação de um tratado global. A sua assinatura a 20 de dezembro de 1841 vem consagrar o triunfo das teses inglesas: resulta num autêntico direito supranacional de visita em todos os mares do mundo. Em 1842, um acordo anglo-americano completava este dispositivo internacional. A não ratificação do Tratado de dezembro de 1841 pela Câmara francesa trazia à luz as rivalidades com a Inglaterra. Embora o governo se tivesse empenhado nesta ratificação, é o *lobby* do comércio de Nantes e a esquerda, liderada por Thiers, que não esqueceu a humilhação nacional de 1840, que põem em cheque o projeto com base no argumento dirimente do direito de busca como violação de soberania. Uma nova conciliação culmina em 1845 numa convenção franco-britânica que dispõe, ao longo das costas africanas, uma esquadra de 26 navios. Mas Londres ganhou em toda linha. Apesar de todas as roupagens retóricas, é difícil não ver a supremacia inglesa nos mares. As próprias convenções são conseguidas graças às negociações diplomáticas, mas também graças à superioridade marítima dos Ingleses. O papel diretor de Londres na abolição do tráfico de escravos sublinha claramente a vocação para impor as suas opiniões em matéria de direito marítimo.

Árbitro europeu, primeira potência económica, financeira e colonial, poderá dizer-se do Reino Unido que, entre 1800 e 1871, foi o polícia do mundo? A análise da política estrangeira mostra que as intenções nem sempre estiveram adaptadas aos meios. A força militar britânica foi sempre modesta. O esmagador domínio dos mares compensava a fraqueza militar. No entanto, esta situação condenava o Reino Unido a uma «política da canhoneira», como a vimos exemplificada por altura das guerras da China. Palmerston, apesar do seu discurso excessivo e voluntariamente altaneiro (tal como fora o de 1850, no decurso do qual comparou o cidadão britânico de meados do século ao cidadão romano que, em todas as partes do mundo conhecido, gozava de uma segurança absoluta), sabe que precisa de contar com uma ação conjugada com a ação de outros países. Por paradoxal que possa parecer, e apesar de todas as vicissitudes, a aliança com a França impunha-se. O entendimento entre Napoleão III e o governo dirigido por Palmerston explica-se por esta conjunção de interesses, que, para além das divergências naturais, unia as políticas francesa e inglesa.

As rotas marítimas britânicas em 1870

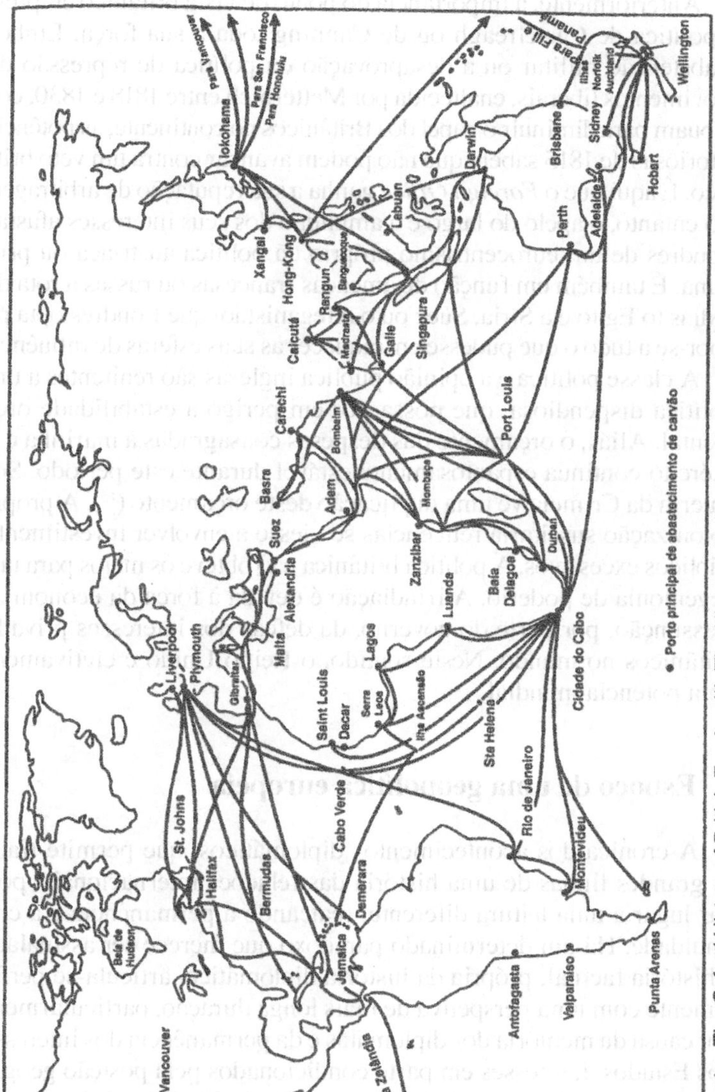

Fonte: *The Oxford History of British Empire, III. The Nineteenth Century, Andrew Porter* (dir.), Oxford, 1999.

Anteriormente, a importância do ponto de vista britânico empresta à política de Castelreagh ou de Canning toda a sua força. Embora a abstenção militar ou a desaprovação da política de repressão dos movimentos liberais, enaltecida por Metternich entre 1818 e 1830, contribuam para diminuir o papel dos Britânicos no continente, as potências vitoriosas de 1815 sabem que não podem avançar contra um veto britânico. É aqui que o *Foreign Office* ganha a sua reputação de arbitragem. No entanto, o apelo do largo e a amplidão dos seus interesses afastam Londres de um eurocentrismo próprio da política austríaca ou prussiana. É também em função de ameaças francesas ou russas à rota das Índias (o Egito e a Síria, Suez ou o Afeganistão) que Londres opta por opor-se a tudo o que pudesse enfraquecer as suas esferas de influência.

A classe política e a opinião pública inglesas são renitentes a uma política dispendiosa, que possa pôr em perigo a estabilidade orçamental. Aliás, o orçamento das despesas consagradas à marinha e ao exército continua espantosamente estável durante este período. Só a Guerra da Crimeia vê uma duplicação deste orçamento ([15]). A própria colonização suscitaria reticências se viesse a envolver investimentos públicos excessivos. A política britânica não obteve os meios para uma hegemonia de poderio. A irradiação é devida à força da economia e à assunção, por parte do governo, da defesa dos interesses privados britânicos no mundo. Neste sentido, o Reino Unido é efetivamente uma potência mundial.

3. Esboço de uma geopolítica europeia

A crónica dos acontecimentos diplomáticos, que permite traçar as grandes linhas de uma história das relações internacionais, pode dar lugar a uma leitura diferente, realçando a permanência e a continuidade. Há um determinado paradoxo que merece ser assinalado: a história factual, própria da história diplomática, articula-se perfeitamente com uma perspetiva de mais longa duração, particularmente por causa da memória dos diplomatas e da permanência dos interesses dos Estados, interesses em parte condicionados pela posição geográfica dos países. Será possível não ver na insularidade britânica a causa

---

([15]) Em 1830, as despesas atingem 15,2 milhões de libras, 13,5 em 1845 e 21,5 em 1870. Em contrapartida, em 1856 a soma eleva-se a 46,7 milhões de libras.

O lugar da França na Europa do Congresso de Viena: o ponto de vista do historiador e político Adolphe Thiers

Importa considerá-lo [o Congresso de Viena] sob o ponto de vista da política. Política, só houve uma: acumular as precauções contra a França [...] A este propósito, bastou deixar agir a Inglaterra e esta nada descurou nesse aspeto. Bem recordada do bloqueio continental, empenhou-se principalmente em opor-nos barreiras ao longo do litoral do Mar do Norte e do Mar Mediterrâneo, desejosa de que nunca mais pudéssemos retomar o caminho de Antuérpia ou de Génova. Foi com este objetivo que a Inglaterra construiu os Países Baixos, e foi também com este objetivo que favoreceu tão intensamente o restabelecimento do reino do Piemonte [...] Ao acumular assim à nossa volta interesses suspeitosos e reinos inimigos, o Congresso de Viena esteve na origem da política da Santa Aliança, que governou a Europa por mais de meio século; política destinada, na intenção dos seus autores, a ser eterna, mas que, como todas as coisas, acabou por ceder à ação lenta e continuada do tempo, pois o reino dos Países Baixos, fundado na união de dois povos incompatíveis, despedaçou-se; a Inglaterra, outrora inimiga tenaz das revoluções, passou a vê-las com outros olhos; a casa de Saboia, após 40 anos de hostilidade cega contra a França, regressou bruscamente à política de se servir dela, e a Áustria, sobrecarregada pelo fardo italiano, acabou por se desfazer de uma parte dele; política enfraquecida, portanto, e quase desvanecida, mas que as invejas da Europa e as imprudências da França podem em qualquer altura fazer renascer, e que seria desejável para ambos ver desaparecer para sempre; efetivamente, para a Europa tem o grave inconveniente de a levar a descurar todos os seus interesses por um único: o de nos conter, de fazer dela, em certa medida, o adversário do espírito humano, a protetora dos abusos do passado, muitas vezes a patrona de maus governos, e, acima de tudo, de oferecer à demagogia a temível aliança da França; política tanto mais funesta para a própria França, na medida em que a isola completamente, condenando-a a estar em permanente contradição com a Europa, a ver rejeitados, pelo facto de serem provenientes dela, os seus mais legítimos desígnios, a não ter aliados nem na guerra nem na paz, a transformar-se numa triste cúmplice da demagogia, a ser o pavor do mundo, quando poderia ser o seu amor; política cujo regresso seria insensato e culpável provocar, alarmando a Europa e reduzindo-a a procurar a sua segurança na união de todas as nações contra nós!

Fonte: *Histoire du consulat et de l'Empire*, Paris, 1860, livro LVI, t. XVIII.

fundamental da sua política marítima? Não será o istmo francês chamado a desempenhar um papel de articulação geral da Europa entre Norte e Sul, entre a Mancha e o Mediterrâneo? Os grandes eixos de circulação fluvial – o Reno, o Véser, o Elba e o Danúbio – não determinarão zonas privilegiadas? O controle dos estreitos e as vias marítimas – Antuérpia, Heligolândia, Kiel, o Bósforo e os Dardanelos – não constituirão objetivos prioritários? Todos estes elementos permanecem para além da conjuntura política. Se os vemos regressar com tanta frequência ao primeiro plano da cena diplomática, é porque eles constituem as jogadas principais. Em diplomacia, não há política sem geografia.

Quais são as linhas de força de uma geopolítica europeia que podem explicar, em parte, os acontecimentos relatados na primeira parte deste livro?

O isolamento diplomático da França em 1815, a tenacidade da política externa francesa para sair do quadro de Viena e os receios reiterados das potências europeias a cada abalo revolucionário (1830, 1848) e à política ofensiva de Napoleão III revelam um dado importante na história das relações internacionais entre 1800 e 1870: o temor do predomínio francês. Temor fundado sobre a apreciação racional do poderio francês, embora tal apreciação acabe por ser afetada por um erro de perspetiva (a unidade alemã, acolhida favoravelmente pela Inglaterra, cria um poder demográfico superior ao francês), temor inspirado na ação da França revolucionária que, de 1792 a 1815, desestabilizou a Europa. A França no século XIX é, indubitavelmente, uma grande potência, mas é uma potência truncada, limitada nas suas ambições pela Inglaterra, pelos vencedores de Napoleão e pelo espectro da sua própria história.

3.1. A Europa ocidental

Após a anexação das províncias belgas e holandesas pela Revolução Francesa, a preocupação dos Ingleses era verem desenvolver-se um poderio excessivo da França na fachada marítima setentrional da Europa ocidental. O controlo de Antuérpia tornava-se uma ameaça para os interesses britânicos, tanto a nível militar como a nível económico. Compreende-se melhor a insistência permanente de Londres no sentido de reduzir esta presença francesa. O Segundo Tratado de Paris, de 1815, ao reduzir a França às suas fronteiras de 1790, acabava com esta ameaça e Londres terá o cuidado de zelar pelo cumprimento desta disposição. No momento da independência da Bélgica, Londres vai mostrar-se também muito empenhada em impedir um regresso maciço da influência francesa, que se teria manifestado, em primeiro lugar, através do laço dinástico com a eleição do duque de Nemours para o trono da Bélgica; em seguida, pelo atalho económico. A declaração de neutralidade da Bélgica é um preliminar necessário à sua independência: é a única garantia internacional, subscrita pela comunidade dos Estados, capaz de garantir a independência belga. Esta disposição é um princípio da política europeia: a sua violação, em 1914, pela Alemanha irá provocar, como se sabe, a entrada do Reino Unido na guerra. Quando, na sequência da intervenção do rei da Holanda, em 1831, as tropas franceses puseram os pés na Bélgica e em Antuérpia, a Inglaterra tem o cuidado de enquadrar esta intervenção numa ação de colaboração com a França, para evitar que esta operação seja um pretexto para a instalação definitiva de tropas francesas. Evidentemente, é necessário evitar que a Bélgica se torne um protetorado francês.

Apesar destas disposições, a influência económica da França sobre a Bélgica é considerável, quer através de interesses privados, quer através da cooperação económica entre os dois Estados, que o tratado de comércio de 1842 ilustra perfeitamente. A necessidade de dinheiro do jovem Estado a seguir à independência permite à banca francesa dos Rothschild tornar-se a financiadora da Bélgica e associar-se estreitamente à Sociedade Geral da Bélgica. A entrada maciça de capital francês na indústria belga compensava largamente a influência britânica, ligada ao *transfert* de tecnologia industrial. A construção da rede ferroviária belga foi a parte favorável aos interesses franceses. A França dispôs de larga influência económica, que associou ao destino da Bélgica. Mas, e é aí que se vê a importância dos acordos diplomáticos, a neutralidade belga foi respeitada e a Bélgica não foi um cliente político da França.

Da mesma forma, a surda rivalidade que opunha a França e o Reino Unido, mesmo no tempo da primeira *entente cordiale*, explica os conflitos desencadeados pela sua política espanhola. Para o Reino Unido, ligado a Portugal desde finais do século XVII, uma forte influência na Península Ibérica tinha um valor estratégico e económico. A aliança franco-espanhola inseria-se no vasto plano de Napoleão, visando conquistar o domínio dos mares. O seu embargo sobre a frota espanhola devia constituir um trunfo importante. A derrota de Trafalgar arruinou o projeto. Em seguida, o auxílio prestado por Wellington aos patriotas espanhóis e o fator decisivo do vespeiro espanhol no fracasso final do imperador francês fez ressaltar o interesse da península. A influência francesa em Itália, seguidamente a instalação da França na Argélia desenhavam os contornos de um domínio exclusivo no Mediterrâneo ocidental. A concorrência entre Paris e Londres em Espanha explica-se por este âmago mediterrânico. Não é, pois, por acaso, que a *entente cordiale*, que voltara a estar na ordem do dia após a crise de 1840, se rompe na questão dos casamentos espanhóis. A possibilidade, mesmo longínqua, da subida ao trono de um príncipe francês, o duque de Montpensier, inquieta a Inglaterra, porque manifestaria ruidosamente o predomínio francês. A coexistência dos capitais franceses e ingleses mostra que se fez naturalmente um acordo, facilitado pela ausência de jogadas políticas, um facto que se explica pela deslocação da atualidade para a Itália e para a Alemanha, a partir da década de 1850.

3.2. *O papel da Áustria dos Habsburgos*

A Áustria é, a duplo título, um elemento chave do equilíbrio europeu, estabelecido em Viena em 1815. A sua posição central entre a Europa ocidental e a Europa oriental, entre o Norte e o Sul, destina-a a desempenhar o papel de árbitro entre as duas grandes massas que ameaçam a estabilidade do continente, a França a oeste e a Rússia a leste. É esta situação que torna tão importante a política de Metternich. Pelas suas conceções e pela recusa da revolução, pelo seu apego aos equilíbrios territoriais, é o melhor guardião da ordem do Congresso de Viena. A sua preocupação em favorecer os encontros internacionais, no decurso dos quais são analisadas coletivamente as crises locais, faz dele não só o principal defensor do Antigo Regime, mas também o mais notável partidário do *status quo*. A estabilidade austríaca e a estabilidade europeia caminham a par.

Os acontecimentos que se encadeiam a partir de 1848, culminando na vitória prussiana de 1866, confirmam esta verdade. Só quando os elementos do poderio austríaco são atingidos é que os alicerces da Europa do Congresso de Viena são abalados. Várias etapas e vários palcos configuram este processo. No próprio seio do Império austríaco, as veleidades separatistas dos Húngaros enfraqueceram a coesão interna deste imenso conjunto multinacional ([16]). O movimento das

([16]) Em 1865, o exército imperial da Áustria conta perto de 500 000 homens: 130 000 Alemães (26%), 96 000 Checos e Eslovacos (19,2%), 52 000 Italianos

reivindicações nacionais foi o germe de um desmembramento previsível, embora algumas medidas e compromissos (o estatuto de 1867, que criou a dupla monarquia austro-húngara) o tenham atrasado. Nos seus confins meridionais, em Itália, a Áustria sofreu, entre 1849 e 1869, uma série de reveses, que fizeram dela uma potência mais setentrional. Uma vez consumada a unidade italiana, a Prússia decidiu, sob a égide de Bismarck, liderar um movimento de unificação alemã. A opção prussiana chocou sem ricochete com os interesses alemães dos Habsburgos. Enquanto o Congresso de Viena fundamentava a autoridade da Áustria sobre a Confederação germânica, Bismarck não para de construir uma Alemanha sem a Áustria. Já excluída do *Zollverein*, é contestada no seu papel diretivo na Dieta alemã, a propósito dos ducados de Schleswig, do Holstein e do Lauenburgo. Derrotada em Sadova, em julho de 1866, deixa de estar em condições de se opor ao nascimento da pequena Alemanha, por oposição a outros planos que incluíam a Áustria. A nova Alemanha constitui-se, pois, como rival da Áustria.

Este resultado, autêntico fim da Europa de Viena, explica-se pelo isolamento diplomático em que a Áustria se encontrava. Será isso imputável aos erros governamentais? Muito se discorreu acerca da traição a respeito da Rússia, suposta pela participação da Áustria na Guerra da Crimeia. Abraçando a causa inglesa e francesa, com reais motivos referentes ao futuro dos Balcãs, Viena cortou definitivamente com Sampetersburgo. Vimos, no entanto, as pressões a que a diplomacia austríaca estava sujeita. Entre 1854 e 1856, a França agitava a ameaça italiana. A opção austríaca não foi totalmente voluntária. Devemos antes vê-la influenciada pelas restantes diplomacias que, após 1850, tinham interesse em refazer o mapa da Europa. A este propósito, a política de Napoleão III acarreta uma responsabilidade especial nesta nova ordem de coisas. Assim, o enfraquecimento do Império dos Habsburgos obedece tanto a causas internas como à evolução geral do contexto europeu. Situada em quatro frentes instáveis – as terras alemãs, a península itálica, os Balcãs, a fronteira ocidental da Rússia – a Áustria tinha herdado uma missão fundamental, que a modificação do equilíbrio europeu acabou por tornar parcialmente obsoleta. No entanto, há ainda que aguardar perto de meio século pela Primeira Guerra Mundial, para que esta missão austro-húngara se desvaneça.

(10,5%), 37 000 Polacos (7,5%), 32 000 Húngaros (6,5%), 27 000 Croatas (5,4%), 19 000 Sérvios (3,8%), etc.

3.3. O Mediterrâneo oriental

A posse da ilha de Malta, a independência grega, a política do paxá do Egito, o destino do Império otomano são outras tantas questões com repercussões decisivas na história do Mediterrâneo oriental. A importância desta região explica-se também pela sua função de passagem e de encruzilhada. As rotas para a Índia, que a Inglaterra já controlava no início do século, mas também as rotas de influência russa que descem do Mar Negro ou que penetram nos Balcãs, encontram-se no Mediterrâneo. A região constitui assim um local privilegiado de confronto direto e indireto entre potências europeias. É que o controlo deste espaço conferiria ao país que o possuísse um acréscimo de poder. As questões mediterrânicas redistribuíram frequentemente as alianças, com a Grã-Bretanha desempenhando sempre um papel preponderante.

No tempo de Napoleão, a França deixou cintilar algumas perspetivas encorajadoras para a Rússia, com a intenção de expulsar a Inglaterra do Mediterrâneo. São conhecidos os avatares da aliança franco-russa: o fracasso estava programado. Na altura da negociação do novo mapa da Europa em Viena, a Inglaterra dedica um cuidado todo especial à proteção dos seus pontos de rota no Mediterrâneo. A crise grega que, para além do destino desta região, revelava a crise do Império otomano beneficia de uma colaboração, não isenta de preconceitos, entre Ingleses, Franceses e Russos. Os avanços russos no Mar Negro e na região dos estreitos inquietaram profundamente os governos ingleses. Palmerston não desiste de regressar ao tratado de Unkiar-Skelessi, que entrega apenas aos Russos o controlo do ferrolho do Bósforo e dos Dardanelos (1833). A violenta crise que, entre 1839 e 1840, vê a França apoiar as iniciativas do paxá do Egito contra a integridade do Império otomano, apoiado por Londres e por Sampetersburgo, oferece à diplomacia inglesa os meios de regressar às vantagens obtidas pelos Russos em 1833. As convenções de 13 de julho de 1841 neutralizam os estreitos e, embora os Russos ganhem a completa disposição do Mar Negro, perdem o controlo do ferrolho otomano. E ainda, a crise egípcia permite aos Ingleses eliminar o perigo da supremacia francesa no Mediterrâneo oriental, via Egito, assim como fazer recuar a Rússia.

Sempre a propósito do Egito, assiste-se a uma forte concorrência entre Franceses e Britânicos. A expedição napoleónica ao país dos faraós implantou a influência francesa, prolongando-a através dos Franceses que ali se instalaram. O crescimento do Egito e a política dinâmica de Mehemet Ali aumentaram o interesse desta zona. Vimos como a crise de 1839-1840 se enredou à volta das manobras do paxá Mehemet Ali, reivindicando simultaneamente a transmissão hereditária do cargo e a autonomia do país. O projeto concebido por Ferdinand de Lesseps, que nos anos de 1830 foi vice-cônsul no Egito, de abrir um canal ligando o Mediterrâneo ao Mar Vermelho e evitando uma rutura de carga obrigatória na rota do Suez, vai novamente opor Franceses e Britânicos. Íntimo de Mehemet Said, filho de Mehemet Ali, Lesseps convence-o a conceder-lhe os terrenos e a autorização para abrir o canal. Em Paris, Napoleão III apoia entusiasticamente o projeto, que conjuga ao mesmo tempo a técnica, o comércio e a irradiação internacional. A oposição britânica ao projeto é de dois tipos. A nível técnico e financeiro, Londres não acredita no êxito da operação. A nível diplomático, o *Foreign Office* opõe-se a este empreendimento, capaz de transformar uma companhia francesa em dona e senhora do istmo de Suez. O primeiro argumento explica por que motivo a posição britânica não dá lugar a um protesto vigoroso. O governo inglês conta com o fracasso da subscrição de ações, lançada em novembro de 1858. Das 400 000 ações emitidas, 54 000 são reservadas para Mehemet Said, 32 000 para os Egípcios e as 314 000 restantes são oferecidas nos mercados financeiros de Paris, Londres, Viena, Sampetersburgo e Nova Iorque (o capitalismo já é de envergadura mundial). Apenas são subscritas 219 000, 207 000 das quais por 21 000 acionistas franceses. A desconfiança inglesa, austríaca e russa é total: nem um único subscritor se manifestou nestes três países. Assim, o empreendimento é essencialmente francês. Apesar das suas limitações financeiras, a Companhia do Canal do Suez vê a luz do dia em dezembro de 1858. Dá-se início à obra. Em Londres, Palmerston agita-se, tenta obter do Sultão ordem para embargar os trabalhos. Mehemet Said, após um tempo de hesitação, em que cede às imposições de Constantinopla, reata a sua política voluntária. Em finais de 1862, Lesseps recebe garantias de poder terminar o canal. Nem as dificuldades técnicas, nem as pressões políticas, conseguiram derrubar o projeto. Verifica-se então uma aproximação inglesa, favorecida aliás por Napoleão III, sempre preocupado em conservar a amizade de Londres. Como resultado de uma renegociação da concessão, em 1862-1866, a Companhia do Suez fica apenas com o controlo financeiro do empreendimento. Tem de devolver os 60 000 hectares de terreno concedidos em 1858. Esta exigência inglesa permite garantir que o Canal não será desviado da sua função de junção, em proveito de uma base de colonização francesa, uma espécie de «Gibraltar egípcio» (Palmerston). Esta feliz solução do aspeto político das jogadas em volta do canal permite à Companhia arrecadar novos capitais. A 15 de agosto de 1869, os trabalhos operam a junção dos dois troços. A inauguração solene, a 17 de novembro de 1869, celebra este triunfo técnico. A presença da imperatriz Eugénia sublinha o caráter francês deste êxito. Mas a internacionalização do Canal já é um facto, particularmente devido à estrutura do capital da Companhia do Suez.

A intervenção francesa no Líbano em 1860, fundamentada no auxílio a prestar aos cristãos maronitas, tem de ser lida numa visão mais ampla, com o Mediterrâneo por palco. Embora Napoleão III, por motivos de política interna, se tenha constituído campeão da defesa dos interesses católicos, e embora esta política lhe tenha valido dissabores na Itália, o envio para o Líbano de um corpo expedicionário francês, no momento em que se exercem em pleno as pressões inglesas sobre o sultão de Constantinopla relativas à construção do Canal de Suez, responde também à necessidade de manifestar capacidade de manobra nesta região. A França pode, se necessário, manejar as brechas do Império otomano e favorecer a independência da Síria e do Líbano, resultados que recolheriam o assentimento do paxá do Egito. A retirada francesa em 1861, depois de adquiridas as garantias para os cristãos do Líbano (o Império otomano compromete-se a respeitar a autonomia da região e a nomear para a sua liderança um governador cristão), é o resultado das ações da diplomacia britânica. Palmerston pediu uma reunião internacional, que confiou à França um mandato permitindo-lhe intervir no Líbano. Era obviamente uma reação demasiado tardia, mas a segunda parte da cláusula bloqueava a França: o mandato possuía uma validade de apenas seis meses. O facto de Napoleão ter retirado as tropas francesas, apesar de nessa data não haver ainda acordo sobre o Suez, diz bem da sua preocupação constante de não quebrar o entendimento franco-inglês.

A rivalidade franco-britânica está atestada: é visível um pouco por todo o mundo, mas essencialmente no Mediterrâneo. Não se deve, no entanto, subestimar os momentos de cooperação que marcaram as relações entre a França e a Grã-Bretanha. Nestes palcos remotos, em que a força marítima era um trunfo essencial, Londres e Paris, mais frequentemente do que se poderia julgar, abordaram em conjunto as grandes crises. Desde os anos de 1820, na altura da questão grega, as esquadras franco-britânicas operam concertadamente. Durante a Guerra da Crimeia, esta cooperação atinge uma qualidade excecional.

As marinhas britânica e francesa empenham-se conjuntamente e a superioridade numérica dos Ingleses é compensada pelo empenhamento superior das tropas francesas em terra.

3.4. O poderio russo

Pela sua extensão e pela sua superioridade demográfica, a Rússia é uma potência mundial cujo raio de ação preocupa sucessivamente as capitais europeias. Napoleão I tinha sonhado com uma aliança entre a França e a Rússia, capaz de estabelecer um domínio continental absoluto. Nas suas visões, a Rússia estenderia a sua influência em direção à Ásia, ao passo que o domínio da Europa pertenceria à França. Sabe-se a sorte que a História acabou por reservar a esta quimera.

Para os diplomatas, a Rússia põe um duplo problema. Como parte da Europa, tem vocação para se estender para Ocidente. É o destino da Europa central e oriental que está então em jogo. Como potência asiática, transborda para a Pérsia. Vai assim comprometer o domínio inglês da Índia. Alexandre I e Nicolau I alternaram os seus centros de interesse. Inversamente, uma paragem na expansão oriental preludiava uma nova ofensiva rumo aos Balcãs ou ao Mediterrâneo. Nesta zona, na sequência da política de Catarina II, a Rússia cedo deitou os olhos à embocadura do Danúbio, ao Mar Negro e dali aos estreitos. Sabe-se que Nicolau I gostava de desenvolver a sua teoria sobre o Império otomano, o «paciente europeu», pretexto para um grande projeto de partilha dos seus despojos.

Ao observar a ação da diplomacia russa ao longo destes setenta primeiros anos do século XIX, podemos deduzir algumas das suas prioridades. Os Balcãs são uma delas. A atenção prestada aos principados do Danúbio, à Valáquia e à Moldávia responde a esta ambição. Fracassa nos resultados da Guerra da Crimeia, vasta ofensiva europeia contra a superpotência russa. A Roménia independente é um Estado-tampão entre a Áustria-Hungria e a Rússia, mais do que satélite desta última. A este propósito, a análise da política de Viena face à aliança russa, inscrita nos princípios do Tratado da Santa Aliança (1815), mostra bem a inquietação suscitada pela Rússia. O eixo Sampetersburgo-Viena desenhava a coluna vertebral da ordem europeia pós-napoleónica. Em 1849, a intervenção das tropas de Nicolau I contra os insurretos húngaros assegurou a salvação do Império austríaco. Seis anos mais tarde, durante a Guerra da Crimeia, a Áustria oscilou para o lado franco-inglês. As ambições russas nos Balcãs explicam as motivações desta política austríaca, em rutura com 40 anos de aliança assinada em Viena. Da mesma forma, a sorte reservada à Prússia é um bom revelador das visões europeias do poderio russo. A diplomacia inglesa mostrou-se favorável à política de Bismarck, porque via com bons olhos a constituição de um Estado alemão, capaz de travar as ambições russas.

A expansão russa para a Ásia é outro eixo da política de Sampetersburgo. Nessa política, mais uma vez, vai encontrar a oposição britânica. A colonização do extremo oriente russo preocupa os czares, desde Alexandre I a Alexandre II, passando por Nicolau I. Os domínios russos no Alasca e na Califórnia esboçaram uma ligação entre a Ásia e a América. Projeto desmesurado para encontrar uma base sólida e que logo foi abandonado, tendo o Alasca sido vendido aos Estados Unidos em 1867. Mas a necessidade de marcar a presença russa até ao Pacífico foi não só constante como foi mesmo reforçada pelos acontecimentos da China. A abertura deste país aos comerciantes ingleses e, depois, ocidentais acabou por convencer a Rússia da necessidade de colonização destas regiões. A criação de uma base naval em Vladivostoque, em 1860, traduz a preocupação russa de desenvolvimento da capacidade de ação no Pacífico. Nos anos precedentes, a Rússia tinha conseguido implantar-se na Pérsia, em detrimento dos Ingleses. O Afeganistão é um ponto de conflito entre Russos e Ingleses, pelo meio dos Persas. Desde então, a penetração da influência russa entrava diretamente em competição com as ambições inglesas sobre a Índia. As vitórias russas de 1812 e de 1813 permitiram a Sampetersburgo aumentar o seu território e entrar no comércio persa sem ser penalizado com direitos excessivos. A derrota inglesa de 1839 encerra por um momento este episódio em proveito da Rússia. A presença russa nos confins da Pérsia é o resultado de um lento avanço ao longo do Mar Cáspio, que tinha atingido o auge no início do século. Assim, a consolidação do Império e a irradiação para o exterior caminham a par, com a primeira realidade a permitir o segundo efeito.

Ninguém duvida, pois, que o poderio russo exerceu ao longo do século um autêntico fascínio e impôs aos diplomatas a avaliação das forças e fraquezas de um Estado que a sua geografia predispunha para um papel mundial.

O poderio russo visto de Espanha

Sampetersburgo começa a existir no momento em que Constantinopla começa a declinar. [...] O ducado da Moscóvia e o Império turco caminham lado a lado, de tal maneira que, quando o Império otomano chegar à beira da sepultura, será quando o ducado da Moscóvia atingirá os limites da sua grandeza, depois de ter sido o maior e o mais poderoso de todos os Impérios. [...] A Rússia ocupa hoje um oitavo do mundo habitável [...] Este império inacessível tornou-se senhor de todas as posições que tinham servido de fronteiras naturais aos outros impérios. Senhor do Báltico, ameaça a Suécia. Senhor da Polónia, aterroriza a Alemanha. Senhor do Mar Negro, as suas águias podem voar num dia de Sebastopol até Constantinopla. Senhor do Cáucaso, ameaça a Pérsia. Depois da Pérsia, tem um papel a jogar nas revoluções internas da Ásia central, fronteira do Império britânico da Índia. E, como se tão vasto espaço lhe parecesse reduzido, este colosso europeu estende agora o braço, por sobre o pólo, para dar a mão a outro colosso, a América.

Fonte: Juan Donoso Cortés (1809-1835), «Éléments pour l'intelligence de la question d'Orient», *El Piloto*, Madrid, agosto de 1839. Donoso Cortés foi, em 1849, embaixador de Espanha em Berlim; depois, de 1850 até à sua morte, embaixador em Paris.

3.5. A Ásia

Na sua diversidade e na sua complexidade, o mundo asiático, durante muito tempo, manteve com a Europa relações essencialmente comerciais. No século XIX, comparado com a Europa conquistadora e dinâmica, faz figura de um mundo fechado. A distância incomensurável que separa os modelos asiático e ocidental acentua esta característica opaca e enigmática de um espaço que, em termos de povoamento, constitui o principal centro do planeta. No entanto, a evolução destas regiões está em íntima correlação com a da Europa. Exatamente porque o dinamismo transbordante da Europa projetou os Europeus para fora do seu espaço, o encontro com a Ásia intensificou-se e viveu ao ritmo dos imperialismos nascentes, o da Inglaterra em primeiro lugar. O final do século XVIII e o início do século XIX são testemunhas do avanço dos Europeus na Ásia. O fluxo comercial que até então tinha prevalecido favorecera a Ásia. Os Europeus eram compradores de especiarias, de seda e de têxteis raros. A industrialização do continente europeu vai inverter esta dinâmica. Os teares de tecelagem mecânica baixam de forma espetacular os custos de produção e, de importadores, os países europeus tornam-se exportadores. Sempre na primeira linha, a Inglaterra penetra profundamente na Índia. Mas o campo de ação da *East Indian Company* transborda largamente sobre toda a Ásia. Na China, contudo, confronta-se com um poder hostil, que limita as trocas comerciais unicamente ao porto de Cantão, onde uma associação de negociantes chineses, a *Co-Hong*, determina as compras e as vendas. O comércio é, assim, estreitamente vigiado. Mas, ao mesmo tempo, aproveita uma conjuntura favorável, que volta a pôr em causa a validade deste enquadramento burocrático. Para a China, não há qualquer interesse em abrir mais amplamente as fronteiras. Tal como a Índia, é prejudicada pelo avanço ganho pela indústria britânica; as suas exportações para a Inglaterra – chá, sedas, cânfora, salitre ([17]) durante as guerras napoleónicas – já não compensam as importações. O Reino Unido procura obter novas vantagens comerciais. Uma primeira expedição diplomática, chefiada por Lorde Amherst, fracassa em 1816. Lorde Napier, em 1834, experimenta idêntica recusa. Perante esta atitude, a política de Palmerston visa obter uma abertura do mercado chinês e procurar um pretexto para desencadear uma forte ofensiva diplomático-comercial.

Entre os produtos importados, o ópio, proveniente da Índia ou da Pérsia, encontra-se em constante progressão. Esta droga é procurada pelas populações chinesas. Mas, consciente da fuga de capitais por ela gerada, o governo chinês opõe-se ao seu tráfico cada vez com maior firmeza. Em 1839, o novo governador de Cantão, Lin Tsö-Siu, inaugura uma política de repressão. Não só ameaça com a pena de morte os negociantes chineses que comprarem ópio, como consegue também recuperar mais de 20 000 caixas deste produto e ordenar a sua destruição. Palmerston vê ali o pretexto de que precisava para desenvolver a sua ação na China. Faz estacionar ao largo de Cantão uma esquadra britânica, com um modesto corpo expedicionário. A ausência absoluta de marinha de guerra chinesa facilita a tarefa dos Ingleses. O bombardeamento de Cantão, seguido pelo desembarque dos soldados, incitaram os Chineses à resistência. Receavam uma invasão de mais vastas dimensões. Desconfiando das pretensões estritamente comerciais divulgadas pelos Britânicos, a Corte imperial procura em vão rechaçar para o mar as tropas inglesas. A 23 de março

([17]) O salitre era utilizado no fabrico da pólvora.

de 1842, um choque brutal entre tropas chinesas e inglesas salda-se por um triunfo absoluto dos últimos. Sem perder um único homem, desbarataram um exército de 8 000 homens. Os termos da paz podem começar a ser negociados.

As negociações culminam na assinatura do Tratado de Nanquim, em 29 de agosto de 1842. A importância histórica deste texto assenta não só nas suas cláusulas, mas também nas repercussões que tais cláusulas vão ter, tanto na imagem internacional da China como na mentalidade chinesa, profundamente ferida por esta humilhação. A partir de agora, vão estar abertos ao comércio com os Ingleses cinco portos (Cantão, Xangai, Amoy, Ning-Po, Fu-Tcheu). As taxas aduaneiras são fixadas em 5%. A ilha de Hong-Kong, em frente de Cantão, é cedida aos Britânicos, que ali instalam uma colónia e uma base militar. Esta fiança tomada sobre os Chineses faz da Inglaterra uma potência tutelar sobre o comércio do Celeste Império. A vitória britânica é total e a curva do comércio sino-britânico prossegue o seu movimento ascendente, em detrimento dos primeiros e com o maior proveito para os Ingleses.

A política francesa na Ásia deve ser relacionada com a da Inglaterra. A partir de 1840, na altura da guerra que opõe a China à Inglaterra, a França decide jogar a sua própria cartada. Para isso, precisa de ter em conta vários elementos: os interesses da marinha, o papel e a implantação das missões cristãs, a ação de negociantes franceses, sem falar das diferenças que possam existir entre a apreciação de Luís Filipe, sensível aos laços tradicionais que uniram os Bourbons ao Império do Sião, e a de Guizot. A distância entre o governo e estas zonas geográficas dá uma maior liberdade de ação aos homens no terreno. Assim, algumas iniciativas pessoais arrastam com elas ajustamentos *a posteriori*. A 24 de outubro de 1844, Lagrenée, plenipotenciário francês, assina o Tratado de Whampoa, que concede à França as mesmas vantagens comerciais concedidas dois anos antes à Inglaterra. A ação do marquês de Lagrenée não fica por ali. Em 1845, obtém a liberdade de consciência para os cristãos chineses, sem ter recebido instruções a este respeito. Esboça-se uma aliança – poderia falar-se de conluio? – entre a marinha e as missões estrangeiras. Mas iniciativas deste tipo continuam isoladas.

Sem apoio regular e coerente, estão votadas se não ao fracasso, pelo menos ao efémero. Lagrenée propõe assim assumir o controlo da ilha de Basilan, no arquipélago de Sulu (Filipinas). A França poderia instalar nela uma base comparável a Hong-Kong, a qual organizaria a presença francesa no Pacífico. Mas isso seria ir contra os interesses espanhóis nas Filipinas e Guizot opõe-se a essa ideia. Porque em Paris, longe das aventuras excecionais dos marinheiros, o que conta é o desenho geopolítico. Guizot deseja estabelecer-se na Ásia, em relação à Inglaterra. Com a Espanha implantada nas Filipinas e os Países Baixos em Java, a França gostaria de estabelecer um acordo que se opusesse à penetração inglesa no Sueste asiático. Mas estes desejos não passam de hipóteses. A França não dispõe ainda de todos os pontos de apoio necessários a uma grande política asiática. A sua expansão só progressivamente vai cobrindo a totalidade dos oceanos.

Também os Americanos obtêm dos Chineses algumas concessões comerciais (Tratado de Wanghia, de 3 de julho de 1844). Em poucos anos, a China abriu-se. As consequências internas desta situação são sensíveis a partir de 1850, após a subida ao trono do novo imperador, Hien-Fong. A penetração estrangeira é o sinal mais incontestável da decadência chinesa e o novo imperador vai acabar com ela. Apesar das conquistas dos Tratados de 1842 e de 1844, as relações entre os estrangeiros e as autoridades chinesas continuam a ser indiretas. O governo imperial tem o cuidado de manter as distâncias tanto protocolares como reais (não há em Pequim legações estrangeiras). Em Londres e em Paris, após o tempo incerto das agitações políticas e europeias, o regresso à calma convida à retoma de uma política chinesa, tanto mais que os anos de 1850 são também os de um regresso espetacular do crescimento económico e comercial. Os acontecimentos internos chineses são favoráveis aos projetos ocidentais. O poder da dinastia manchu é contestado por uma revolta poderosa, a partir de 1851-1852. Os Taipings, liderados por Hong Sieou, contestam as formas da sociedade tradicional chinesa. Essencialmente camponeses, maltratados pelas fomes, lançam-se numa autêntica guerra civil, cujo objetivo é a conquista do poder. Rapidamente controlam o vale do Iangtsé e a cidade de Nanquim, onde instalam a capital provisória. Assim, Britânicos e Franceses têm pela frente um poder enfraquecido. Esperam dele novas concessões para os seus negócios.

Dois incidentes vão fornecer a Londres e a Paris uma oportunidade de intervenção, seguindo o esquema já aperfeiçoado na altura da guerra do ópio e que caracteriza, de certa forma, o imperialismo ocidental. Os Europeus justificam uma ação armada, muitas vezes o envio de uma ou duas canhoneiras, em nome dos seus legítimos interesses, atacados pelos poderes instalados. O primeiro incidente afeta os Ingleses. Um navio inglês é arrestado sem motivo. Ainda em 1856, o assassinato do padre Chapdelaine provoca o descontentamento dos Franceses. Os negociadores, Lorde Elgin pela Inglaterra e o barão Gros pela França, não conseguem desagravo satisfatório, apesar da presença em Cantão de navios de guerra das duas marinhas. A cidade de Cantão é então ocupada pelos Franco-Britânicos (1858). A demonstração armada prossegue. Perante a ameaça, Pequim cede e assina o Tratado de Tientsin. Seis meses mais tarde, o governo imperial recusa-se a ratificá-lo. Uma nova campanha militar culmina na vitória ocidental de Palikao (outubro de 1860) e na tomada de Pequim.

O Tratado, assinado a 25 de outubro de 1860, estabelece novas concessões para os Ocidentais. Antes de mais, vão abrir-se embaixadas na capital do Império. Em seguida, o estatuto dos estrangeiros fica definido com maior clareza. Estabelece-se a liberdade de circulação no interior. Os missionários obtêm o direito de residência. Da mesma forma, os estrangeiros escapam à jurisdição chinesa e são criados tribunais especiais para os julgar, se for caso disso. São abertos ao comércio internacional onze novos portos. Os navios estrangeiros passam a ter o direito de subir o Iangtsé. Sem hesitação, as exigências ocidentais são totalmente aceites. A coação militar, que explica a atitude dos Chineses, vem demonstrar que a relação está longe de ser equitativa e que as disposições do Tratado de Pequim esboçam os contornos de um verdadeiro protetorado sobre o Império. A única contrapartida é o compromisso dos Franco-Britânicos em prestarem auxílio militar para subjugar a revolta dos Taipings. O que acontece em 1864.

A atitude ocidental perante a China traduz bem o desejo de hegemonia, transportado por um excecional progresso económico. O avanço europeu em matéria de armamento explica a facilidade com que, apesar dos milhares de quilómetros que separam os atores das suas bases, é quebrada a resistência chinesa. Os meios mobilizados pelos Britânicos e pelos Franceses continuam, na realidade, a ser fracos. Apesar de tudo, o período aqui considerado lança as bases de uma presença que os anos seguintes irão desenvolver; a colocação da China sob tutela continuará a inspirar as diplomacias europeias até 1909.

4. Influência e irradiação

4.1. Os interesses económicos: do protecionismo à livre troca

As barreiras alfandegárias que enquadram os países foram sendo progressivamente não desmanteladas mas regulamentadas e reduzidas. Este movimento geral, no qual a Inglaterra desempenhou um papel pioneiro, favoreceu o crescimento económico. O que não significa que tenha sido uniforme; e a sua propagação conjuga-se com a geografia da revolução industrial. Esta aceitação da livre troca rompe com uma velha tradição de protecionismo e de tributação, própria das sociedades do Antigo Regime. É também um marcador da modernização das mentalidades económicas e políticas e a expressão de uma evidente confiança no progresso. É evidente o laço que existe entre a política alfandegária e a diplomacia. Os tratados comerciais constituem a base das relações entre os Estados em tempo de paz. Ora, apesar das aparências e salvo o episódio napoleónico, o século XIX é preferentemente um tempo de paz. Após 1815, os conflitos na Europa mantiveram-se sempre localizados e os confrontos dos países ocidentais com outros continentes nunca mobilizavam massas consideráveis de pessoas.

O Reino Unido inaugurou uma política de redução das pautas alfandegárias, de forma a favorecer as suas próprias exportações, assim como para dar resposta às necessidades dos seus industriais, que não desejavam adquirir as matérias-primas pagando-as com sobretaxas. Ao mesmo tempo que as importações crescem 555% entre 1830 e 1870, as receitas provenientes dos direitos aduaneiros sobem apenas 7,7%. E ainda sofreram uma baixa entre 1830 – data em que rendem ao Tesouro britânico 40,2 milhões de libras esterlinas – e 1850, data em que são arrecadados 38,5 milhões. Alguns exemplos podem explicar a amplitude do movimento. O chá, tributado em perto de 100% sobre o seu valor em 1830, em 1836 não aguenta mais do que a taxa de um xelim por cada 0,453 kg (uma libra). O açúcar, tributado em mais de oito libras esterlinas entre 1830 e 1845, suporta em 1864 apenas a taxa de 12 xelins.

A diplomacia britânica empenha-se em obter tratados comerciais favoráveis. Em 1838, alguns acordos anglo-turcos reduzem a 5% os direitos alfandegários recíprocos. A guerra do ópio tinha por objetivo real a abertura do mercado chinês e o Tratado de Nanquim, de 1842, culmina numa tarifa alfandegária muito vantajosa para os produtos britânicos. Em vez de serem tributados entre 20 e 25%, sofrem uma taxa de apenas 5%. Na década de 1850, assiste-se à multiplicação dos acordos bilaterais: em 1855, os direitos alfandegários do Sião baixam para 3%; um ano mais tarde, com Marrocos, os direitos são fixados em 10% e em 1857 o tratado entre a Pérsia e a Grã-Bretanha fixa em 7% os direitos alfandegários. Mas estes acordos mantêm-se desiguais, porque a diferença económica entre os signatários é, na realidade, favorável à máquina industrial inglesa. Os débeis direitos alfandegários à importação reduzem os custos das matérias-primas e, portanto, os custos da produção. Os preços dos produtos exportados são calculados pelos preços reduzidos e os fracos direitos de alfândega que suportam facilitam o seu escoamento.

Quanto ao comércio entre a metrópole e o Império, a Inglaterra pratica também aí uma política original. A partir de 1859, as colónias *self-governing*, como o Canadá, possuem liberdade absoluta em matéria alfandegária. As colónias da Coroa e a Índia sofrem taxas equivalentes, quer se trate de produtos ingleses quer de produtos estrangeiros. Os direitos alfandegários têm aqui uma função essencialmente fiscal. A conversão do Reino Unido à livre troca, ocorrida nos anos 1830-1860, é real. Procede de um liberalismo que inspira a política britânica e contribui para abrir o mundo, multiplicando as trocas comerciais. 25% do produto nacional bruto da Inglaterra é resultado do seu comércio externo. A hegemonia britânica neste setor tem mais a ver com a superioridade da sua economia do que com um desejo de poderio expresso pelos atos de um Estado expansionista.

Em 1860, o tratado franco-britânico tem uma repercussão fundamental. Primeiro, supõe por parte da França o abandono de uma política protecionista. Muitas tentativas tinham anteriormente fracassado. No reinado de Luís Filipe, o duque de Broglie não conseguiu, entre 1833 e 1835, fazer votar pela Câmara a redução das pautas aduaneiras, devido à pressão dos meios económicos franceses. A audácia do governo de Napoleão III está no facto de ter aberto as fronteiras da França a um concorrente económico. Os riscos são, pois, superiores, para a indústria francesa. A opção governamental corresponde a uma lógica dupla. A primeira releva da diplomacia. Ao assinar o Tratado de Amiens, em janeiro de 1860, Napoleão III consolida a aliança franco-britânica. A segunda lógica é de ordem económica. O movimento de liberalização visa acelerar o crescimento. Já os acordos com a Bélgica (1842) tinham contribuído para o aumento dos mercados francês e belga. Como sempre, as motivações económicas e políticas estão intimamente associadas nas questões relativas ao comércio externo.

Entre 1847 e 1865, a parte das exportações francesas no total mundial das exportações subiu de 9% para 15,9%.

Embora a base económica das decisões aduaneiras esteja em primeiro lugar, as suas consequências têm evidentes repercussões políticas e diplomáticas. A criação e o alargamento do *Zollverein* entre os Estados alemães demonstram-no na perfeição. O *Zollverein*, criado em 1834, é tanto um ato económico como um ato político. Neste sentido, assemelha-se às medidas tomadas anteriormente em França ou pouco depois na Suíça, eliminando as taxas internas. Mas aí a unidade política precedia a decisão. No caso alemão, temos o esquema inverso. Aliás, os cuidados tomados pela Prússia para excluir a Áustria ou impedir qualquer outro projeto de união aduaneira referente ao sul da Alemanha (Baviera, Vurtemberga e Bade, atraídos quer pela Áustria quer mesmo pela França – Napoleão III tinha mesmo encarado a criação de um Estado alemão agrupando estes três territórios, destacados da Prússia e abertos à influência francesa) contribuíram enormemente para o enfraquecimento das posições austríacas na Alemanha. A modernização económica dos anos 1850 e 1860 virou o sul da Alemanha para a Prússia, afastando-o de Viena. Foi em vão que o governo austríaco reclamou a sua adesão. As ameaças prussianas de rutura do *Zollverein* eram puramente políticas e entravam na lógica do conflito que opunha a Prússia à Áustria.

O movimento dos capitais acompanha o desenvolvimento do comércio externo. Não é de espantar que a sua fisionomia ponha em relevo o papel importante do Reino Unido. No final deste período, em 1865, o ativo britânico no mundo ascende a 140 milhões de libras esterlinas, dos quais 53 estão investidos no Império. Quanto à França, o Segundo Império corresponde a um grande período de exportação de capitais: entre 1870, são colocados no estrangeiro 15 milhares de milhão de francos-ouro, contra dois milhares de milhão em 1850. As zonas privilegiadas para os capitais franceses são a Espanha, a Itália, a Bélgica, o Egito e o Império otomano. No entanto, maioritariamente, os capitais ingleses são colocados em países estrangeiros como os Estados Unidos, Portugal, a Espanha. Neste último país, podem detetar-se concorrências com os capitais franceses. Os capitais investidos criam laços e solidariedade entre os países. Podem intervir de forma decisiva no desencadeamento de crises diplomáticas. A intervenção da França, da Espanha e do Reino Unido no México, em 1861, é motivada por uma dívida não liquidada pelo governo mexicano. Quanto aos interesses privados, libertam-se das fronteiras e participam na globalização da vida económica. Mas continuam a ser propriedade de uma instituição ou de uma banca, o que remete assim para uma nação.

4.2. Os movimentos migratórios

O século XIX é o primeiro das migrações maciças, que redistribuem os equilíbrios demográficos e que contribuem para a propagação do modelo europeu de civilização. Ao lado da circulação dos bens e dos capitais, a movimentação das pessoas dilata e desloca as fronteiras tradicionais. Entra nas mentalidades o horizonte do Ultramar. A este propósito, nada mais significativo do que o crescimento da população dos Estados Unidos, feito a partir de vagas sucessivas de imigrantes irlandeses, britânicos, mas também europeus do continente. Enquanto que a imigração representa, entre 1840 e 1850, um aumento médio anual de 85 000 pessoas, a década seguinte vê este número subir para 250 000. No ano de 1854, apenas os Estados Unidos recebem 427 000 recém-chegados.

Entre 1853 e 1870, abandonam o Reino Unido 1 328 000 pessoas. Destas, 672 000 escolheram os Estados Unidos (50,6%), 457 000 optaram pela Austrália (34,4%) e 25 000 pela África do Sul. Nestes números pode ler-se o efeito da descoberta das minas de ouro na Califórnia e na Austrália, que atuam como miragens de um novo Eldorado e que estimulam a emigração. Estes fenómenos repetem-se para os Alemães e para os Italianos. A França mantém-se afastada deste movimento mundial. O país não sofreu a pressão demográfica dos outros países europeus. É que a emigração que se verificou é uma emigração da pobreza. Confere, no entanto, a sua identidade aos novos países, a estes enxertos da Europa, que, dos Estados Unidos à Austrália, esboçam os contornos de uma civilização ocidental que já não se confunde apenas com a Europa. Há outros fluxos que se desenrolam ao longo do século. Assim, verifica-se uma emigração asiática rumo às Américas (Estados Unidos, mas também América Latina). As suas consequências sobre as relações internacionais serão sensíveis no final do século XIX e no início do século XX, particularmente após 1924, quando os Estados Unidos fecharem as suas fronteiras, fixando quotas de emigração, a partir das taxas calculadas com base nos recenseamentos de 1896.

4.3. *Uma missão civilizadora?*

Na tradição europeia das grandes viagens de exploração do mundo, várias expedições continuam a fazer o reconhecimento do planeta, cada vez com maior segurança. Numerosos viajantes, no seu regresso à Europa, fazem a descrição de regiões pouco ou mal conhecidas: Humboldt na América Central, entre 1799 e 1803; Stuart na Austrália, em 1802 (e, sessenta anos mais tarde, a expedição de Burke-King); Dumont d'Urville, entre 1820 e 1850, no Pacífico Sul; Livingstone na África austral e central (1842-1873), Barth na África saariana (1850--1854); Garnier na Cochinchina e na China (1866). Esta lista não exaustiva ficaria ainda mais rica se se prolongasse além de 1870. O mundo passou a ser conhecido com mais pormenor; e os progressos da técnica permitem sulcá-lo com maior segurança.

A Europa, transbordante de dinamismo, para além da sua diversidade, partilha valores e traços comuns. A expansão no mundo é entendida como uma missão histórica. A convicção da sua superioridade leva os Europeus a desejarem civilizar os «povos inferiores». Ao mesmo tempo, sob o efeito da reflexão filosófica emanada do Iluminismo, mas também graças à renovação da espiritualidade cristã, a sua consciência moral atribui a si própria novos objetivos. A libertação de todos os homens é um programa partilhado pelos Europeus. Concretamente, este combate expressa-se na luta contra a escravatura. Já em 1814, Madame de Staël, retomando as ideias do pai, Necker, apelava para a emancipação dos escravos. Seu genro, Victor de Broglie, futuro ministro de Luís Filipe, retoma esta luta e pronuncia na Câmara, em 1822, um discurso que vai nesse sentido. Em 1834, funda a Sociedade para a Abolição da Escravatura. O Congresso de Viena, em 1815, tinha proibido o tráfico negreiro. Não nos compete falar das dificuldades em se aplicar esta decisão. Ela inscreve-se na corrente humanitária que, pouco a pouco, vai marcar a vida política. Na Grã-Bretanha, a abolição oficial da escravatura tem a data de 1833, mas continua-se a militar por uma abolição geral. Em 1837, é criada a Sociedade para a Abolição da Escravatura e para a Civilização da África. Os seus objetivos são universais; conta com membros estrangeiros. Guizot é um dos membros honorários. Em 1839, transforma-se na Sociedade Britânica e Estrangeira contra a Escravatura. No mesmo ano, o Papa Gregório XVI renova a condenação católica do tráfico dos escravos, na encíclica *In supremo fastigio*. Em 27 de abril de 1848, a votação da abolição da escravatura nas possessões francesas, por iniciativa de Victor Schoelcher, marca o apogeu destes anos de luta, agrupando homens de horizontes ideológicos muito diferentes. Compreende-se melhor o apoio que os Nortistas receberão da Europa, durante a guerra da Secessão americana. Repousa assim sobre uma proximidade de valores que condena os Confederados a travar um combate de retaguarda.

A influência de um país mede-se também pela irradiação da sua capital. Embora as universidades alemãs gozem de um prestígio científico crescente, nada nem ninguém poderá pôr em dúvida o predomínio de Londres durante todo o século, bem como o de Paris. São talvez as duas únicas capitais com vocação universal: aliás, entre 1851 e 1867, organizam cada uma delas duas exposições universais (Londres, 1851 e 1862; Paris, 1855 e 1867; Nova Iorque intercala-se em 1853) ([18]). A ideia das exposições internacionais, reunindo numa única cidade a quase totalidade dos produtos da inteligência e da indústria, simboliza bem a admiração otimista dos Europeus perante os seus progressos e perante o crescimento material sem precedentes que conhecem nessa altura. Em Paris, a política do barão Haussman acentua o caráter espetacular da capital francesa. Vários estudos fizeram aumentar o número de manifestações e de encontros internacionais em Paris, a partir de 1850, número que tende a suplantar Bruxelas e Londres. A verdade é que, nesta geografia da irradiação, Paris e Londres ocupam o centro; cidades como Berlim, Sampetersburgo, Viena, Madrid, Milão aparecem como cidades periféricas. Geografia que traduz perfeitamente a hierarquia das potências, tal como se podia estabelecer entre 1850 e 1870.

4.4. O fator religioso

A análise da irradiação e das influências ficaria incompleta se não desse lugar ao estudo do fator religioso, como ponto de apoio das influências europeias e também como uma jogada entre as potências. Longe de serem marginais, os dados religiosos dos debates diplomáticos vêm complicá-los ou explicá-los. É o que se passa com a «questão do Oriente». A concorrência entre as potências europeias manifesta-se naquela a que se entregam as ordens religiosas instaladas em volta de Jerusalém. Em 1841, uma iniciativa prussiana e inglesa

([18]) Trata-se das primeiras exposições universais.

estabelece uma diocese anglicana em Jerusalém, ocupada de 1842 a 1845 por um prelado inglês, depois, de 1845 a 1878 por um alemão. Esta incursão de cunho protestante deixa indispostos os católicos e os ortodoxos. É conhecido o apoio que Nicolau I presta ao clero ortodoxo de Jerusalém, as respostas francesas que suscita e o incidente com o Império otomano que se segue. A Guerra da Crimeia não está longe!

Uma Europa mais bem integrada: mapas da expansão do caminho de ferro entre 1840 e 1880 (tracejado mais escuro)

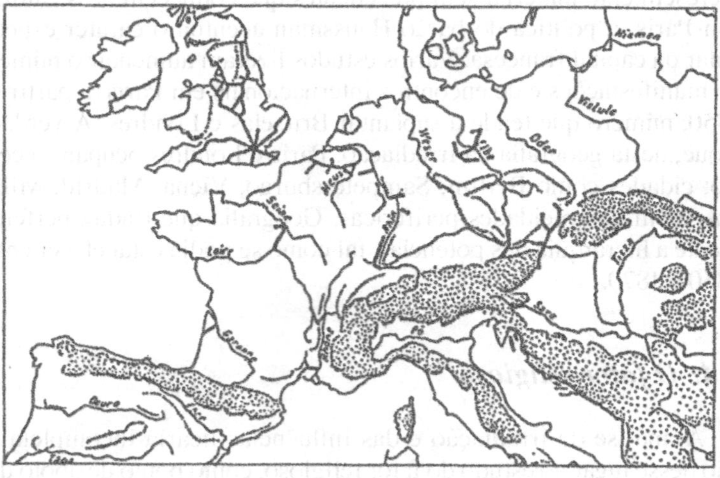

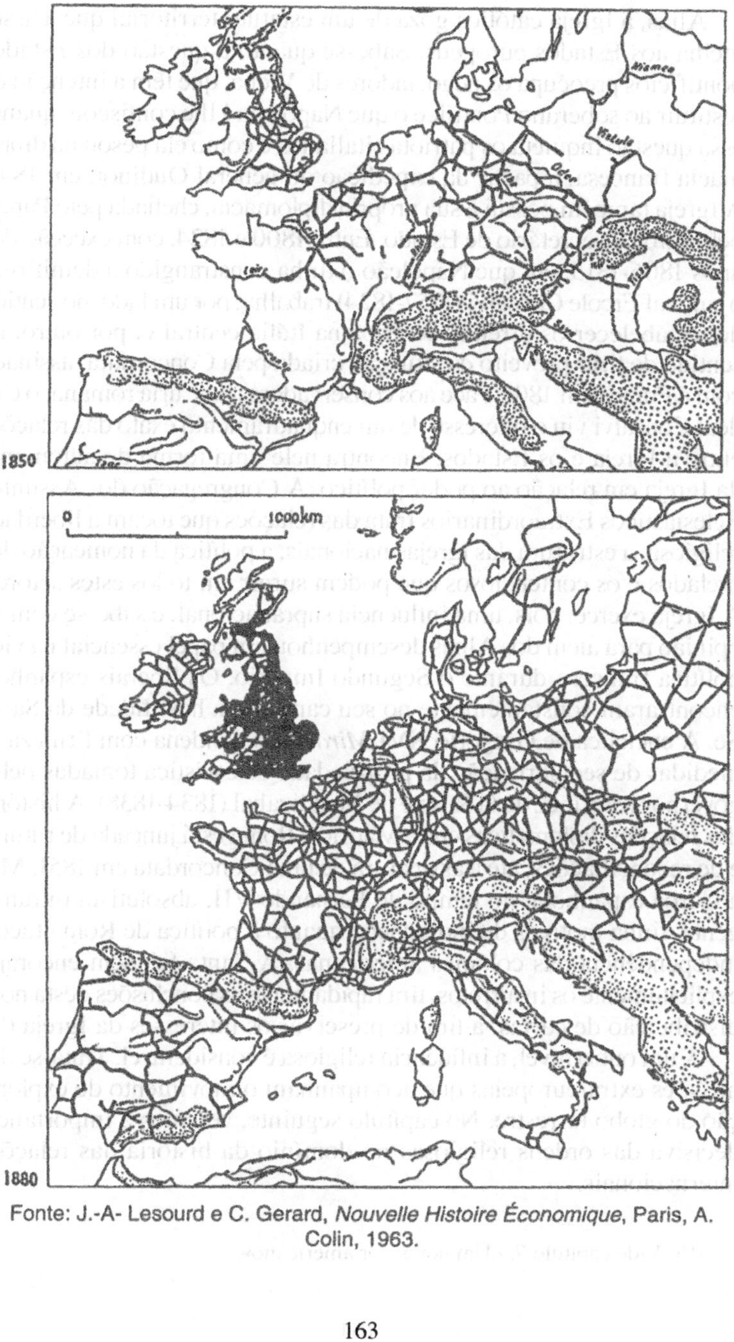

Fonte: J.-A- Lesourd e C. Gerard, *Nouvelle Histoire Économique*, Paris, A. Colin, 1963.

Aliás, a Igreja católica goza de um estatuto territorial que a assemelha aos Estados europeus. Sabe-se quanto a questão dos Estados pontifícios preocupa os negociadores de Viena, que têm a intenção de restituir ao soberano Pontífice o que Napoleão I lhe confiscou; quanto essa questão inquieta os patriotas italianos e como ela pesou na diplomacia francesa, a partir da expedição do general Oudinot, em 1849. A Igreja também possui a sua própria diplomacia, chefiada pelo Papa e pelo cardeal secretário de Estado. Entre 1800 e 1824, com exceção dos anos 1806-1815, em que Napoleão o tinha constrangido a demitir-se, o cardeal Ercole Consalvi (1757-1824) trabalha, por um lado, no sentido de restabelecer os direitos do Papa na Itália central e, por outro, no sentido de tirar proveito da situação criada pela Concordata, assinada com a França em 1801. Face aos conservadores da Cúria romana, o cardeal Consalvi viu o interesse de um enquadramento exato das relações entre a Igreja e os Estados. Encontra nele uma forma de autonomia da Igreja em relação ao poder político. A Congregação dos Assuntos Eclesiásticos Extraordinários trata das relações que tocam a liberdade religiosa, a estrutura das igrejas nacionais, a política da nomeação dos prelados e os contenciosos que podem surgir em todos estes setores. A Igreja exerce, pois, uma influência supranacional, e sabe-se como a opinião para além dos Alpes desempenhou um papel essencial na vida política francesa durante o Segundo Império. Os liberais espanhóis encontraram constantemente no seu caminho a hostilidade da Santa Sé. A encíclica de Gregório XVI *Mirari vos* condena com firmeza as medidas de secularização da propriedade eclesiástica tomadas pelos governos Martínez de la Rosa e de Mendizabal (1834-1838). A história das relações diplomáticas entre Madrid e Roma está juncada de ruturas e de reconciliações, até à assinatura de uma Concordata em 1851. Mas a Coroa espanhola, no tempo de Fernando VII, absolutista intransigente, tinha motivos de indignação quanto à política de Roma face à independência das colónias americanas. A Santa Sé, sem encorajar explicitamente os insurretos, tira rapidamente as conclusões desta nova distribuição de cartas, a fim de preservar os interesses da Igreja ([19]).

A um outro nível, a influência religiosa é considerável. Trata-se das missões extra-europeias que acompanham o movimento de exploração do globo terrestre. No capítulo seguinte, veremos a importância decisiva das ordens religiosas no domínio da história das relações internacionais.

([19]) Vide capítulo 7: «Um novo ator americano».

A eleição do Papa: uma jogada entre as potências europeias. Narrativa da eleição de Pio VIII (1829-1830), sucessor de Leão XII, por Stendhal

Existem três partidos bem organizados: o partido sardo ou radical, que defende a necessidade de governar a Igreja e os Estados pontifícios da forma mais severa. Este partido é liderado pelo cardeal Pacca. O partido liberal, à testa do qual se encontra o cardeal Bernetti. O partido austríaco, ou do centro, dirigido pelo cardeal Galeffi, um homem instruído e amante das artes. [...] Qualquer artesão de Roma sabe que a eleição não se realizará nos primeiros dias: é necessário que os partidos tomem consciência das suas forças. Os primeiros escrutínios, que não conduzem a qualquer resultado, são pura cortesia; os cardeais dão o seu voto aos colegas que desejam honrar publicamente com um sinal de estima. [...] É necessário saber [...] que se está convencido de que o partido dos radicais vai ganhar [...]. Parece que, há vários dias, o cardeal Bernetti tinha chegado a acordo com os cardeais italianos. «A religião deve estar acima de todos os partidos: se ela se tornar austríaca, passa a partilhar o ódio bem ou mal fundamentado que anima 19 milhões de Italianos contra a Áustria. Vamos pois nomear um Papa, antes da chegada do cardeal Albani, defensor da exclusão austríaca» [...] Um pequeno número de cardeais tímidos, por alguns considerados ganhos previamente pela Áustria, pediram por duas vezes 24 horas para se decidirem. [...] Esta manhã, passou-se ao escrutínio; todos os cardeais que não ofereciam garantias tinham recebido aviso para votarem no cardeal De Gregorio, candidato do partido liberal. [...] Provavelmente, a Espanha encarregou dos seus interesses o cardeal Giustiniani, que dizem ser amigo particular de Fernando VII [...]. A França e a Áustria são as duas únicas potências realmente interessadas na nomeação do Papa. Em Roma têm grande receio da França; aliás, nada podemos fazer por um cardeal italiano. A Áustria pode oferecer bispados aos sobrinhos dos cardeais que votarem a favor dela.

[Comentando a eleição do cardeal Castiglioni, Stendhal prossegue]

A fação radical não conseguiu; a fação liberal deixou de ter esperanças, após a vitória fracassada do dia 7 de março [intervenção do cardeal Bernetti]; foi o partido austríaco e moderado que pôs no trono o cardeal Castiglioni.

[A nomeação do cardeal Albani para o lugar de secretário de Estado merece-lhe o seguinte comentário]

Como durante toda a sua vida vimos o cardeal Albani devotado à política da casa de Áustria, muitas suspeitas acolheram a sua nomeação para o ministério. O Papa vai ser austríaco ou francês? Tal é a questão que está na ordem do dia.

Fonte: Stendhal, *Promenades dans Rome*, publicado em Paris em 1829.

6

A Época das Colonizações

De 1800 a 1871, as relações da Europa com o mundo são relações de dominação, exercida simultaneamente no plano económico e no plano político. O crescimento industrial transforma as características da Europa, principalmente da Grã-Bretanha, mas também da França, proporcionando-lhe meios renovados para uma nova expansão mundial. A história das colonizações começa a esboçar uma viragem entre finais do século XVIII e inícios do século XIX. Os impérios constituídos entre o século XVI e o século XVII transformam-se ou desaparecem. As possessões inglesas na América são amputadas do território dos Estados Unidos, que integra treze antigas colónias britânicas. No Canadá, em contrapartida, os Ingleses continuam a explorar e a colonizar este imenso país. A Espanha, em dez anos (1815-1825), perdeu as colónias da América Latina: do vasto império americano, apenas conserva as ilhas de Cuba e de Porto Rico. Portugal deixa escapar o Brasil, apesar de uma ficção dinástica que liga o rei de Portugal a seu filho D. Pedro, primeiro imperador do novo Brasil. A França foi atingida pela expansão britânica no século XVIII, que lhe fez perder parte do Canadá. As guerras revolucionárias e o prolongado conflito entre Napoleão e a Inglaterra não foram favoráveis à manutenção da presença francesa no Ultramar. Os dois Tratados de Paris (1814 e 1815) comportam duas cláusulas que arrancam algumas ilhas à França para as colocar sob domínio inglês, estabelecido ao sabor das guerras. Um balanço feito por volta de 1815 leva a crer no recuo da influência europeia. Tal conclusão seria tomar as estruturas políticas como o único revelador da presença europeia. O comércio seria outro marcador desta presença. Ora, apesar dos bloqueios recíprocos que Franceses e Ingleses ergueram uns contra aos outros, nota-se um evidente vigor comercial. A guerra reorienta as rotas e a Inglaterra, senhora dos mares, desvia em seu proveito as correntes que tradicionalmente ligavam a América Latina à Espanha. As necessidades da economia europeia vão aumentar o comércio marítimo. A procura de matérias-primas, principalmente o algodão, indispensável às fábricas têxteis, cujo crescimento marca a primeira revolução industrial, aguça os apetites europeus e cria condições para uma nova expansão colonial. Esta, no entanto, não obedece apenas a estes motivos. Razões políticas, como o prestígio nacional, a segurança, o ideal civilizador estiveram na origem das conquistas coloniais. Sem ser comparável, nem pela intensidade nem pela rapidez, ao movimento de colonização que marca os finais do século XIX, os anos de 1815-1870 são o palco onde ele se inicia. Os marcos então colocados formam a ossatura dos imensos impérios que se constituem.

1. Estratégias coloniais

1.1. O papel da iniciativa individual

A história da colonização da primeira metade do século XIX faz sobressair a importância dos atores não governamentais. À exceção da Inglaterra, que possui o império colonial mais importante e que definiu as suas prioridades – a Índia e as rotas marítimas e terrestres que a ela conduzem – as outras potências – a França, mas também a Espanha – não possuem um plano concertado que daria conta de um crescimento metódico dos seus impérios. A política chamada dos pontos de apoio – etapas importantes nas rotas marítimas – descreve perfeitamente o processo de expansão colonial. É a partir de progressivas conquistas que se instalam zonas privilegiadas de influência europeia. Aliás, o sistema colonial não tem vocação para se instalar em toda a parte. Bem o demonstra o exemplo chinês. A partir das conquistas do Tratado de Nanquim (1842), confirmadas e ampliadas pelo de Pequim (1860), as potências ocidentais contentam-se com uma penetração comercial e financeira. A colonização de Hong-Kong explica-se pelo contexto da guerra do ópio e pela necessidade militar de dispor de uma base naval na proximidade dos portos chineses abertos ao comércio internacional. Não se encara nenhuma colonização de envergadura na China. Hong-Kong, tal como Singapura adquiridas em 1819, são pontos de apoio da presença britânica na Ásia.

As viagens de exploração, as da marinha e as missões religiosas são os três pilares principais da colonização. Muitas vezes, estão na sua origem. No Pacífico, os almirantes franceses Dupetit-Thouars e Laplace recebem ordem, dada pelo governo francês, de apoiar os missionários franceses. A primeira presença francesa nas ilhas Marquesas e no Taiti é a de sacerdotes franceses. Nesta última ilha, a rivalidade entre as missões protestantes do cônsul britânico Pritchard e os católicos está diretamente na origem da ação de Dupetit-Thouars. O regresso, em 1841, dos missionários franceses, expulsos em 1836, é apoiado pela marinha francesa. As dificuldades encontradas levam o almirante a declarar, de sua própria iniciativa, o protetorado francês sobre as ilhas Marquesas e sobre o Taiti (2 de setembro de 1842). Só em março de 1843 (há que contar com o tempo de circulação da informação) é que o governo francês ratifica esta iniciativa. De igual forma, na Nova Zelândia, instalam-se colonos ingleses e franceses, criando uma situação de confusão. Uma espécie de aventureiro, o barão Thierry, tinha-se instalado e proclamado a sua realeza, em 1835, apesar de a Grã-Bretanha ter nomeado na ilha um representante permanente. Finalmente, uma missão oficial francesa, comandada por um primeiro tenente da armada chamado Lavaud, tentou em 1840 proceder a uma instalação duradoura na ilha. Um ano antes, em 1839, os Ingleses tinham nomeado um governador geral. A coexistência de Franceses e de Ingleses durou dois anos. Terminou por intermédio de uma arbitragem ordenada por Aberdeen e Guizot, em 1843, confirmando o protetorado inglês sobre a Nova Zelândia e deixando à França as Marquesas e o Taiti. Este exemplo mostra bem a componente de improvisação que entra em todos os empreendimentos coloniais.

Os missionários são a vanguarda da presença europeia. Do lado protestante, as importantes sociedades inglesas *(Baptist Missionary Society*, 1792; *London Missionary Society*, 1795) e holandesas são protegidas pela célebre associação das «Missões evangélicas entre os povos não cristãos» de Paris, criada em 1822 (posteriormente conhecida pelo nome de *Mission de Paris*). Estas missões, por vezes ligadas no mundo anglo-saxónico às associações de geografia (*Royal Geographical Society*), coletam os fundos necessários para os empreendimentos e para as viagens projetadas. Visam a evangelização das populações «selvagens», em nome do ideal cristão e civilizador que os seus valores lhes inspiram. Este ideal vai ao encontro das aspirações humanitárias que se manifestam, depois de 1815, a propósito da colonização e da escravatura. As medidas internacionais contra o tráfico de escravos têm o apoio das missões protestantes e da Santa Sé. Na África, a emancipação dos escravos faz da Serra Leoa e da Libéria os pontos de difusão de uma evangelização anglicana. O primeiro bispo da Nigéria é um antigo escravo, Samuel Crowther. O acordo que liga o capitão de mar e guerra francês Bouët-Willaumez, governador geral do Senegal, e o Superior da Congregação do Sagrado Coração de Maria associa os missionários aos marinheiros. Qualquer nova instalação contará com três sacerdotes e três irmãos, remunerados pelo Estado. No Oceano Índico, o capitão Passot orienta, durante alguns anos, uma política pessoal. Em 1840, negoceia a aquisição da ilha de Nosy-Bé, próxima de Madagáscar, e lança de seguida os seus olhares para a ilha de Mayotte. A 25 de abril de 1841, obtém do chefe da ilha, o sultão Andriantsoli, a cessão de Mayotte à França. Sonhava prosseguir com esta política, anexando as Comores e a ilha de Anjuão. Mas Paris não aprova os seus projetos. No entanto, a sua política, por aventureira que seja, colocou os marcos da aproximação francesa à grande ilha de Madagáscar. Noutros lugares, o zelo missionário precede um pouco a colonização. Em Madagáscar, no Zanzibar, no Corno de África, são as missões francesas que atraem as tropas na sua peugada. Na África negra, as viagens de exploração de David Livingstone e o seu projeto – os três C: Cristo, comércio e civilização – misturam as motivações religiosas e as preocupações materiais.

O apoio prestado às missões levou os oficiais da marinha a tomar iniciativas que contrariavam a política geral do seu governo. É o que se verifica particularmente durante os anos do reinado de Luís Filipe. A marinha francesa singra as águas do Pacífico e do Índico, em rivalidade com os Ingleses. Em Paris, o entendimento cordial é uma prioridade da diplomacia. A crise de 1839-1840, provocada pelas ambições francesas no Mediterrâneo oriental, que chocam com os interesses britânicos nesta região, provocou uma mudança do governo em França e a chegada de Guizot ao ministério dos Negócios Estrangeiros. Guizot tem a preocupação constante de restabelecer o entendimento franco-britânico e toda a crise relacionada com a corrida aos pontos de apoio tem de ser solucionada, a pretexto de defender este entendimento cordial. Não se podem explicar melhor as prioridades da diplomacia francesa. O Ultramar fica em segundo lugar em relação às necessidades de aliança exigidas pela manutenção do equilíbrio europeu. Ora, Guizot encontra-se regularmente confrontado com tais crises. A esquadra do almirante Cécile, no mar da China, está nas origens do Tratado de Whampoa (1844), que concede à França os

David Livingstone (1813-1873): uma aventura inglesa

Operário numa fábrica de fiação de algodão aos 18 anos, estudando à noite latim, botânica, geologia e zoologia e, depois, estudante de medicina na universidade de Glasgow, David Livingstone abraça a vocação religiosa para se tornar missionário. Como o seu desejo de partir para a China é contrariado pela guerra do ópio, embarca finalmente a 8 de dezembro de 1840 rumo ao sul de África. Enviado pela *London Missionary Society*, é recebido pelo dr. Moffat, em Kuruman, o ponto mais avançado a norte da presença inglesa na África do Sul. Explora os arredores desta região no decurso de três viagens sucessivas em 1841, 1842 e 1843. Neste ano, instala-se em Mabotsa, implantando mais a norte as missões britânicas. Com sua esposa Mary, filha do dr. Moffat, constrói uma aldeia, que escolariza e catequiza as crianças indígenas. Três anos mais tarde, torna a avançar mais 100 quilómetros para norte (no que atualmente é o Estado do Transval, na África do Sul). As suas explorações prosseguem. Em 1849, atravessa o deserto do Calaári e descobre o lago Ngami. Informa do facto a *Royal Geographical Society*, que lhe atribui uma recompensa. Em 1852, começa a subir o curso do Zambeze. As suas explorações levam-no à descoberta das nascentes do Cassai, um afluente do rio Zaire. Descobre assim a linha divisória das águas nesta parte da África e pode apresentar uma descrição hidrográfica correta, que explica o papel dos grandes lagos e das grandes quedas que recebem o nome de Vitória. Recebido triunfalmente em Londres, em dezembro de 1856, a sua palestra na *Royal Geographical Society* é ouvida pelo príncipe Alberto, marido da rainha Vitória. Em novembro de 1857, publica a sua narrativa das viagens e das missões, que constitui um êxito estrondoso. Subscrições públicas permitem-lhe obter mais de duas mil libras para financiar os seus novos projetos. Respondendo a um apelo seu, estudantes da Universidade de Cambridge fundam uma missão (*Universities Mission to Central Africa*). Nomeado cônsul da Grã-Bretanha em Quelimane, na costa leste da África, recebe o apoio moral e financeiro de Lorde Clarendon destinado aos seus novos projetos de exploração. Pretende subir todo o curso do Zambeze, ao mesmo tempo que procura as nascentes do Nilo. A narrativa da expedição do Zambeze, publicada em 1865, conhece o mesmo êxito editorial que a sua obra precedente. Em abril de 1867, atinge o lago Tanganhica. Morre em 1873 e é sepultado na abadia de Westminster, entre os heróis da história inglesa, ao mesmo título que os políticos, os grandes almirantes e os chefes de guerra.

mesmos privilégios concedidos à Inglaterra dois anos antes. Mas as disposições referentes aos missionários não constavam nas instruções entregues pelo governo. O almirante Cécile defende os missionários que tinham penetrado na península indochinesa. Chega mesmo ao ponto de bombardear Turane, incidente condenado pelo governo francês. Na Nova Caledónia, o almirante Dupetit-Thouars apoia-se no trabalho dos missionários para proclamar o protetorado da França (só ratificado em 1853). É ainda ele que vamos encontrar nas origens da anexação do Taiti (1842), denunciada por Guizot.

Na Argélia, a dupla decisão de Bugeaud e do príncipe de Joinville (filho de Luís Filipe) de perseguirem Abd-el-Kader em Marrocos deixou extremamente descontentes a Inglaterra e... Guizot! Bastam as ameaças de Londres para que o governo francês refreie o general Bugeaud e lhe imponha a paz com Marrocos (setembro de 1844). Para os Britânicos era inconcebível aceitar que esta política do facto consumado acabasse numa eventual tomada do controlo de Marrocos pelos Franceses, já senhores da Argélia.

Estes incidentes e estas decisões pessoais criam, apesar de tudo, o suporte geográfico da difusão dos interesses franceses ou ingleses no mundo. Uma vez que estão implicadas competências nacionais e a marinha, as questões de segurança ou de prestígio nacional exigem uma intervenção. O processo colonial põe em evidência a antecipação das forças armadas sobre a decisão política, o que se explica devido à presença daquelas no terreno, ao contrário dos governos, e também pela dinâmica própria dos exércitos.

1.2. Iniciativas concertadas

Sem obedecer a um plano previamente definido, a expansão mundial da Europa não é apenas fruto do acaso. Os governos não estiveram constantemente a reboque de atos isolados. A presença de marinheiros nos mares correspondia a uma exigência fixada pelos governos para proteger as rotas comerciais.

A colonização da Índia pelos Britânicos constitui um bom exemplo desta diligência concertada e organizada a partir da metrópole. Entre 1833, data da renovação por 20 anos dos privilégios da *East Indian Company*, encarregada de «gerir» a Índia em proveito dos Britânicos, e 1858, data da declaração da Índia como «colónia da Coroa britânica», pode observar-se uma profunda transformação não da colonização em si, mas da sua organização. A Revolta dos Sipaios (1857-1858) trouxe à luz as fraquezas de uma estrutura administrativa insuficiente, assim como as de um exército essencialmente indígena. O novo estatuto das Índias, a criação do cargo de vice-rei, o reforço dos efetivos militares são outras tantas medidas de consolidação da presença britânica na Índia. Tais medidas intervêm após 20 anos de conquistas sucessivas, que deram aos Ingleses o controlo do conjunto do subcontinente indiano. No plano das relações internacionais, importa fazer notar que esta ação não é contestada por nenhuma potência. E ainda, o resultado de 20 anos de política de defesa das rotas marítimas e terrestres entre Londres e Bombaim ou Calcutá explica esta situação. Os conflitos russo-britânicos à volta do Afeganistão ou da Pérsia são solucionados em benefício da grande potência colonial inglesa.

A Argélia apresenta uma trajetória diferente. Na origem da expedição militar colocada sob o comando do general de Bourmont, encontram-se diversos fatores nem sempre fáceis de definir. Não podemos esquecer, a 29 de abril de 1827, o incidente do leque (*), envolvendo o bei de Argel e o cônsul de França, Pierre Deval. O contencioso entre Argel e Paris incide sobre um litígio financeiro, cuja solução é reclamada pelo bei. A exigência do pedido de desculpas, apoiada pela esquadra, apresentada pela França em 1829 é rejeitada com desprezo. A engrenagem do incidente diplomático está despoletada. Para a França, uma operação de «desagravo», para além do mérito de restaurar o prestígio nacional, teria tido a vantagem de manifestar o poderio marítimo aos corsários que fazem perigar a circulação dos navios no Mediterrâneo. Por razões de política interna, o governo Polignac abraça a causa da expedição. Vê nela um meio de desviar as atenções da opinião pública e de restituir a Carlos X o prestígio externo de que carecia. A tomada de Argel ocorre a 5 de julho de 1830. Mobilizou uma armada fantástica de 675 navios (103 da marinha real). A revolução de julho expulsa Carlos X. O novo poder francês vê-se embaraçado com uma instalação militar em Argel. A prudência, apanágio da diplomacia de Luís Filipe, manda esperar. O ambiente europeu, com os acontecimentos belgas e as tensões a este propósito entre a França e a Inglaterra, o isolamento da França revolucionária, receada por Metternich e pelo czar da Rússia, justificam esta atitude

(*) No decurso de um jantar e no meio de acalorada discussão sobre uma complicada história de créditos devidos pela França pelo fornecimento de trigo, o bei Hussein bateu com o leque no rosto do cônsul francês, o que foi considerado um insulto. [*N.T.*]

contemporizadora. No entanto, as tropas continuam estacionadas na Argélia. Exploram o litoral, estendem-se para o sul da cidade. Mas não são dirigidas por ordens concretas. Uma comissão de inquérito ativada em 1833 recomenda que se limitem a uma ocupação militar. Os debates parlamentares forçam o governo a comprometer-se um pouco mais. Uma ordem assinada pelo rei em 22 de julho de 1834 define o regime de administração «das possessões francesas no Norte de África». A Argélia vai ser, pois, colonizada, permanecendo sob administração militar. É nomeado um governador geral, que recebe toda a delegação do chefe do Estado. A doutrina governamental mantém-se frouxa. Guizot confia na iniciativa privada, mas esclarece a importância estratégica do controlo do litoral.

Esta prudência, largamente criticada pela esquerda orleanista, tem um mérito. Consegue anestesiar o Governo inglês. Tergiversando demoradamente sobre o destino da Argélia, a França dá garantias aos Ingleses, que acreditam inicialmente num estabelecimento provisório. Só perante os indícios de uma instalação chamada a perdurar é que Palmerston começa a manifestar a sua vigilância. Vemo-la em ação em Espanha onde, contrariamente às cláusulas da Quádrupla Aliança (abril de 1834), a Inglaterra se esforça por ultrapassar a influência francesa. Manifesta-se dez anos mais tarde, quando as tropas francesas do general Bugeaud penetram em Marrocos, em perseguição de Abd-el-Kader. Os Ingleses não podem mentalizar-se do domínio do Magrebe pela França. São conhecidos os seus apetites pela Tunísia; uma expansão para ocidente e para a costa marroquina seria natural. O travão colocado pelos Britânicos vai aguentar, no que se refere à Tunísia, quase meio século; e quanto a Marrocos, só um acordo franco-britânico, no contexto internacional totalmente alterado dos inícios do século XX, permitirá a instalação do protetorado francês.

A história da colonização francesa da Argélia, as suas oscilações entre a administração militar e o governo civil, os projetos de Napoleão III e a defesa por ele assumida dos interesses das populações indígenas, a importante migração dos Franceses não fazem parte, para dizer a verdade, do nosso objetivo. Note-se simplesmente que o aprofundamento da colonização argelina vai modificar a política mediterrânica da França, conferindo-lhe uma responsabilidade evidente na bacia ocidental do Mediterrâneo. Os fracassos no Oriente, motivados pela oposição inglesa, e não obstante o êxito representado pela construção e acabamento do Canal do Suez, vêm reforçar esta prioridade francesa no Mediterrâneo ocidental.

Outras intervenções no mundo foram previamente concertadas, através de negociações diplomáticas entre potências europeias. A «política da canhoneira», querida de Palmerston e do imperialismo inglês, tem a vantagem de aproveitar de forma brilhante a superioridade técnica dos Europeus. As esquadras que derrotam as tropas chinesas são relativamente modestas e a qualidade do armamento dos soldados é nitidamente superior à dos nativos. Muitas vezes estas expedições são preparadas pelos governos interessados. O entendimento franco-inglês no terreno colonial foi mais durável do que nas questões europeias, mais do que geralmente somos levados a pensar, pelo menos até 1870. A segunda guerra contra a China, entre 1858 e 1860, vê as marinhas francesa e inglesa atuarem em conjunto, auxiliadas por alguns navios espanhóis. Vamos reencontrar esta aliança a três na altura da questão do México (1861). Desta vez, face às dificuldades encontradas, Ingleses e Espanhóis retiram-se, deixando os Franceses sozinhos perante o imbróglio mexicano.

Existe ainda uma outra colonização, mais discreta, mais metódica: a que tem como palco a Sibéria e o grande Leste russo. É ela que prolonga o império russo até às costas do Pacífico. Entre 1858 e 1860, são criados alguns portos nesta fachada marítima, como por exemplo Vladivostoque. A vizinhança da China e do Japão – a Rússia gostaria de se apoderar das ilhas Curilas – torna esta colonização duplamente estratégica. Aproxima a Rússia dos mercados que os Ocidentais estão a abrir a tiro de canhão. Para mais, a posse do Alasca alimenta projetos de colonização a norte do Oceano Pacífico. Só em 1867 é que o Alasca é vendido aos Americanos. Esta cedência revela também a dinâmica criada por este deslizar dos Estados Unidos em direção ao Pacífico. Entre 1850 e 1860, a marinha norte-americana torna-se, ao lado das do Reino Unido, da França, da Holanda (Java), da Espanha (Filipinas), um dos atores da expansão colonial. No entanto, só após 1871 (1898, anexação das ilhas Havai), atingirá um ponto alto.

2. Áreas de influência e de rivalidade

2.1. A rivalidade franco-britânica

A Espanha, primeiro império colonial do mundo até ao início do século XIX, perde a maior parte dele com a independência da América Latina. Resta-lhe, no entanto, o arquipélago das Filipinas, no Oceano

Pacífico, e a ilha de Cuba, no Atlântico. As distâncias entre a metrópole e a colónia filipina, por um lado, e as desordens e decadência da Espanha, por outro, permitem explicar a exígua participação desta nação no desenvolvimento do colonialismo no Pacífico. Em Cuba, os governos espanhóis são confrontados com crises sociais e políticas, exacerbadas pelo ambiente internacional. A luta pela abolição da escravatura vai de encontro aos interesses dos grandes plantadores espanhóis de Cuba. A omnipresença britânica na região, a captação das rotas comerciais em seu proveito, o expansionismo dos Estados Unidos representam outras tantas incertezas sobre a evolução da ilha. Está destinada a tornar-se uma alta parada nas relações internacionais. O grande problema da Espanha em meados do século é a guerra contra Marrocos (1859-1860). Essa guerra permite ao governo de Madrid reforçar a sua presença no litoral norte, já perto de Gibraltar. Mas a debilidade dos meios militares reais de que a Espanha dispõe impede esta expedição nacionalista de prosseguir a colonização de Marrocos. Por fim, surgiu a oposição da Inglaterra. Da mesma forma que não aceita a presença francesa, a Inglaterra não está disposta a admitir a presença da Espanha, tanto mais que a fraqueza interna do país e as excelentes relações que unem Paris e Madrid, particularmente a nível colonial (guerra de 1858, contra o Anam), podem fazer recear um regresso francês a Marrocos.

As duas únicas verdadeiras potências coloniais são, pois, a Inglaterra e a França. Entre cooperação e concorrência, elas observam-se mutuamente, tentando neutralizar-se. O Reino Unido, todavia, tem vantagem sobre a França. Como explicar esta situação, quando as marinhas são sensivelmente comparáveis, sendo a inferioridade numérica francesa compensada pela sua superioridade técnica? As razões são principalmente de ordem diplomática. Mais do que a situação favorável que, ao sair da guerra contra Napoleão, garante à Grã-Bretanha uma presença em todos os mares do mundo – os tratados de Paris e de Viena tomaram em consideração as anexações realizadas por altura das guerras – é a dependência a propósito do equilíbrio europeu em que a França se encontra que explica a sua submissão ao Governo londrino. Isolada em 1815, a França assusta a Europa, ao longo de todo o período considerado. Tão depressa encarna o perigo revolucionário, como retoma os seus sonhos de grandeza continental, como ainda conjuga os dois aspetos. Ora, a ameaça de uma coligação europeia contra ela significa para a França o risco da ocupação militar que conheceu de 1814 a 1818. Os sucessivos governos estão conscientes da fragilidade da posição francesa. Recorde-se a prudência de Luís Filipe, que subiu ao poder por intermédio de uma revolução, a de Lamartine, que, não obstante o tom exaltado, limita com grande precisão os domínios de ação da França ([20]), ou ainda a de Napoleão III, empenhado, no entanto, em rever as fronteiras da Europa.

O reinado de Luís Filipe, tal como o Segundo Império, refletem esta situação. Nos anos 1830-1840, as descobertas da marinha francesa, as iniciativas dos seus chefes multiplicam as possibilidades de anexação de territórios ao império colonial. O governo está claramente na defensiva, porque a jogada diplomática leva a melhor sobre o interesse colonial. E mais grave ainda, o partido colonial francês continua a estar mal estruturado. Por vezes encarnado pelas grandes casas de negócios, tem mau acolhimento na imprensa. Só progressivamente acaba por reunir uma boa paleta de personalidades diversas. A Segunda República, com o seu humanitarismo e zelo civilizador, congrega as diferentes sensibilidades do partido colonial. Guizot, por seu lado, encarna perfeitamente, de 1840 a 1848, a política de conciliação com a Inglaterra, que lhe faz abandonar algumas situações favoráveis a uma expansão francesa. Após o recuo diplomático ligado à crise do Oriente, no qual se viu claramente a opção pacifista de Luís Filipe impor-se face ao belicismo de Thiers, a reinserção da França no concerto europeu é a prioridade do ministro dos Negócios Estrangeiros. Sacrifica, pois, as quimeras coloniais à segurança da França no continente. Política defendida pelo seu autor, mas política contestada pelos seus detratores. As prolongadas polémicas alimentadas pela questão Pritchard entre 1842 e 1844 permitem fazer o ponto da situação acerca deste debate. Partidário da doutrina dos pontos de apoio – «estações militares fortes e eficientes», segundo a sua própria expressão –, Guizot não entende conduzir uma política de expansão em todas as direções. A ação do almirante Dupetit-Thouars em Taiti choca com os interesses britânicos e a expulsão de Pritchard abre um contencioso entre Paris e Londres. A aceitação por Guizot das regras de uma indemnização ao antigo cônsul britânico escandaliza a opinião pública, que antecede em pouco uma visita de Luís Filipe a Londres. A importância da visita ultrapassava de longe a jogada de uma indemnização, pois o encontro entre Vitória e Luís Filipe marcava o fim do isolamento do rei francês, marginalizado pelas cortes europeias.

([20]) Vide capítulo 4, o documento «Revolução e diplomacia», pp. 85-86.

Na questão do Taiti, a luta entre missionários protestantes e católicos explica a engrenagem do incidente. Não é a única vez que a rivalidade entre a Inglaterra e a França envereda pelo caminho religioso. Em Madagáscar, a influência que os religiosos franceses, particularmente os Jesuítas, conseguem grangear junto da rainha Ranavalona I acaba por preocupar Londres. É enviado um missionário protestante, William Ellis; trata-se de um amigo de Lorde Clarendon, secretário do *Foreign Office*. Ellis introduz-se nas intrigas da ilha. Esta concorrência entre estrangeiros termina numa vaga de xenofobia, encorajada pela rainha, que termina, em 1857, com um massacre de cristãos. Retoma-se a penetração francesa. Os Franceses dão a volta à ilha, assinando tratados de protetorado com os chefes locais das tribos costeiras. A França vence a partida. O confronto com Londres nunca foi frontal. Voltaremos a encontrar a lista dos interesses religiosos na conquista da Cochinchina, a partir de 1858.

2.2. *As possessões francesas* ([21])

Profundamente abalado pela guerra franco-inglesa do século XVIII e pelas guerras revolucionárias e napoleónicas, o império francês é, de facto, segundo a expressão de um dos seus historiadores, «um império renascente» de 1815 a 1870 (Jean Martin). Embora conservando a dimensão marítima própria de qualquer império colonial e que procede das necessidades de pontos de apoio, de forma a permitir à marinha dispor de bases logísticas em todo o mundo, vai-se tornando maior com possessões terrestres cada vez mais importantes. De tal maneira que, na altura da queda de Napoleão III, as zonas privilegiadas da colonização francesa estão amplamente definidas e a Terceira República só terá que fazer frutificar esta herança. O fracasso da expedição francesa no México, entre 1861 e 1867, desacreditou o projeto imperial de expansão colonial na América, de forma que as possessões francesas se encontram na África e na Ásia. Poderá verificar-se, e a lição mexicana bem o confirma, que esta expansão só pôde efetivar-se num clima internacional favorável. O fim da guerra da Secessão e o regresso dos Estados Unidos à cena americana puseram novamente em voga a doutrina Monroe. O abandono inglês paralisava Napoleão III.

([21]) No capítulo 5, estudámos o alargamento do império colonial britânico, aquando da nossa análise do papel mundial do Reino Unido.

O empreendimento francês estava desde logo votado ao fracasso. Sem uma aceitação tácita por parte das outras grandes potências, não pode proceder-se a qualquer avanço colonial.

Qual é a geografia das possessões francesas durante o Segundo Império?

Herdada da Restauração e de Luís Filipe, a Argélia constitui a única colónia de povoamento, propriamente dita. Os colonos franceses instalaram-se não apenas em Argel, mas também no interior. A França interessa-se cada vez mais pela sua colónia. Disso dão testemunho a ação do general Bugeaud, em seguida o cuidado especial posto por Napoleão III na Argélia. Em 1858, é criado um ministério da Argélia. Inicialmente entregue ao primo do imperador, o príncipe Jerónimo Napoleão, acaba por cair nas mãos do conde de Chasseloup-Laubat. Em 1860, Napoleão III é o primeiro chefe de Estado francês a pisar solo argelino. Regressa em 1865. Assiste-se progressivamente à passagem da colónia da administração militar para a administração civil. Conquista com um futuro incerto em 1830, quarenta anos mais tarde transforma-se no modelo da colonização francesa. O seu peso crescente vai orientar a política mediterrânica da França e explica o volver de olhos para a Tunísia e para Marrocos. A Terceira República inscreve-se na continuidade.

Das feitorias africanas, originadas no tráfico de escravos, passa-se, ainda sob o Segundo Império, a uma verdadeira valorização e a uma primeira colonização da África negra. Os colonos de Saint-Louis sofreram os efeitos da luta internacional contra o tráfico negreiro. O confronto com a Inglaterra foi muitas vezes áspero na região. O Segundo Império vai empreender uma política de colonização, cujo símbolo é o general Faidherbe. Este militar ambicioso, ligado à burguesia bordalesa, sensível à defesa das suas posições, desembarca na costa senegalesa em 1852. Protegido pela classe política, possui os meios para uma política de conquista territorial. De 1855 a 1860, cria em volta de Goreia uma autêntica colónia francesa. O ouro africano, mas também o amendoim estimulam as ambições francesas. Em 1860, sonha com uma Senegâmbia francesa. Novas expedições custam-lhe muito caro. Retirado do comando em junho de 1861, parte depois de ter conquistado 50 000 quilómetros quadrados de novos territórios. Regressa em 1863, vitorioso sobre os seus adversários. Cheio de projetos expansionistas, empreende a conquista do Níger. Esta conquista entra em choque com a resistência inglesa e com a antipatia dos negociantes bordaleses, receosos pelos seus investimentos. Seja como for, graças à ação de Faidherbe, a França colocou os marcos para uma colonização da África negra. Mais uma vez, caberá à Terceira República, que cumula Faidherbe de honras, seguir as pegadas abertas nessa altura.

Última grande aquisição da política de Napoleão III: a presença francesa na Ásia. Voltamos a encontrar ali os elementos já evocados – papel da marinha, presença dos missionários, explorações de viajantes (Garnier). Mas o facto novo é a vontade política que acompanha este empreendimento, culminando na anexação da Cochinchina e no protetorado sobre o Camboja. A antiguidade das missões católicas no Sião e no Aname não conseguiu acabar com a hostilidade autóctone a seu respeito. Os martírios de sacerdotes são frequentes. Em 1856 e 1857, novos assassinatos provocam a cólera de Paris e de Madrid. Uma expedição conjunta transforma-se numa manifestação de poderio. A base naval de Turane, depois Saigão, são bombardeadas. A guarnição francesa que entra em Saigão é sujeita a um prolongado cerco, que só o fim da guerra na China permite levantar, graças à chegada de reforços. Estamos ainda no estádio precário da política da canhoneira. Mas a orientação altera-se e o ministro Chasseloup-Laubat dá o seu acordo para uma verdadeira política de expansão colonial na península indochinesa. Em 1863, fala publicamente na criação de «um império no Extremo Oriente». Um tratado, assinado em 1862 entre o imperador de Aname, a França e a Espanha, inicia o desmantelamento político da península. A França anexa três províncias do sul. A oposição em Paris do ministro dos Negócios Estrangeiros, Drouin de Lhuys, não faz parar Chasseloup-Laubat, decidido a obter do imperador que apoie a sua política. Em abril de 1864, a aceitação pelo rei do Camboja do protetorado francês marca a vitória dos colonizadores e da marinha francesa. Quando é substituído no ministério das colónias, Chasseloup-Laubat tem como sucessor o almirante Rigault de Genouilly, que comandava as esquadras francesas no Mar da China e que está na origem da guerra contra o Aname, em 1858. Na hora do balanço, a França dispõe na Cochinchina de 60 000 quilómetros quadrados. As explorações de Francis Garnier, que, depois da Cochinchina, procura uma forma de penetrar na China, reforçam o interesse da França pela região. Para mais, permite a Paris dispor de uma base territorial entre a Índia e a China, capaz de lhe permitir desempenhar um papel asiático, ao mesmo título que os Ingleses.

2.3. *Um imperialismo europeu?*

A atitude colonial não é uma invenção do século XIX. Profundamente renovada nos métodos, mais do que nos atores (a Inglaterra e a França; a Holanda e a Espanha a uma escala mais reduzida), assenta no predomínio europeu adquirido e em vias de aquisição. A revolução industrial desequilibra as relações internacionais em proveito da Europa. Os termos da troca comercial, mais ou menos equilibrados até ali, rodam brutalmente a favor dos países industrializados. A força da indústria têxtil britânica varreu a indústria tradicional indiana. A Índia passou a exportar apenas as matérias-primas, que a metrópole transformava e reenviava para as suas colónias. Numerosos estudos macroeconómicos mostraram que o crescimento inglês se tinha feito em detrimento da Índia. O desencontro que vai marcar as relações entre potências desenvolvidas e o que mais tarde se designará por países subdesenvolvidos ou Terceiro Mundo nasce no século XIX. Vai-se aprofundando à medida que o crescimento europeu abre novas perspetivas e que se intensifica a exploração do mundo, em proveito das fábricas europeias ou norte-americanas. A aceleração da colonização, os conflitos que vão surgir entre as potências coloniais nos finais do século XIX nascem desta dinâmica, lançada entre os anos 1820-1840.

A Inglaterra e a França são imperiais. O equilíbrio do mundo gira em redor da Europa conquistadora. Nas políticas coloniais, originariamente, o que mais conta são os tratados comerciais, que facilitam o acesso a novos mercados e que, sobretudo, baixam o custo das matérias-primas. A lei do capitalismo impõe-se à escala mundial. Karl Marx, no seu *Manifesto do Partido Comunista* (1847), analisa-o e denuncia-o. Mas os interesses económicos só por si não explicam a ambição insaciável dos Europeus. Uma consciência civilizadora impele os missionários católicos ou protestantes, bem como os funcionários enviados para longe dos seus países de origem, a aceitarem o seu destino. Com efeito, a colonização baseia-se em homens dispostos a tentar a aventura. O imperialismo europeu, antes de revestir o aspeto de uma canhoneira ao largo das costas, tem o rosto de um explorador ou de um clérigo. Estes homens não hesitam em reformular a sua vida em novas latitudes. Ao criarem escolas e dispensários, estão a exportar a civilização europeia. Muitas vezes trata-se de modestas implantações, frágeis e quantas vezes brutalmente saqueadas pelas revoltas indígenas. Não importa. A ideia de que a Europa pode e deve levar a civilização aos povos primitivos e menos desenvolvidos é uma ideia aceite. Torna-se a justificação moral de um empreendimento de que se teima em encarar apenas os aspetos positivos. Esta maneira de ver não nasceu com a colonização. A hostilidade da opinião pública foi muito forte, particularmente em França, onde as expedições destinadas à Argélia ou ao México pouco entusiasmo suscitaram no público. Foi através de um lento reconhecimento do valor das colónias, depois, no caso francês, por um nacionalismo de substituição no seguimento da derrota perante a Prússia de Bismarck e a perda da Alsácia-Lorena, que as colónias passam a constituir parte das componentes do orgulho nacional. Mesmo assim, esta penetração é reduzida. O orgulho britânico só explode em 1876, quando a rainha Vitória é proclamada imperatriz das Índias.

A noção de imperialismo europeu deve, pois, ser manipulada com prudência, quando se pretende evocar o período anterior a 1870. Restrita ao seu alcance polémico, não pode dar conta da realidade histórica que então começa a tomar forma. Em contrapartida, se ela designa a expansão e o dinamismo transbordante da Europa, se ela subentende a escala de valores que justificam uma missão civilizadora, se ela evoca o incrível aumento de poderio de que a Europa beneficia graças à revolução industrial, então está plenamente justificada. O imperialismo europeu, como escrevemos na introdução, é um novo rosto do eurocentrismo, que encontra a sua razão de ser na experiência das primeiras gerações, confrontadas com o aumento espetacular dos seus meios de controlo sobre o ambiente.

7

Um Novo Ator Americano?

Se, na história das relações internacionais, existe um facto marcante, destinado a alterar totalmente o equilíbrio do mundo, esse facto é a emancipação do continente americano. Esboçado pela revolução das Treze Colónias dependentes da coroa britânica, em 1776, este movimento culmina no reconhecimento dos Estados Unidos da América, em 1782, pela antiga metrópole inglesa. Aliás, estes acontecimentos de além-Atlântico tinham tido repercussões na Europa; a França e a Espanha apoiaram a rebelião americana. Depois, graças à crise da monarquia espanhola, as possessões coloniais revoltam-se e travam um combate vitorioso, considerado hoje como a primeira descolonização maciça. Desta reviravolta completa das dominações políticas sai uma nova organização territorial. Como iria inserir-se no sistema das relações internacionais? Quais iriam ser os seus interesses prioritários? O espaço americano iria tornar-se objeto de rivalidades e de concorrência? Como iriam estas jovens nações proceder ao estabelecimento de uma política externa que respondesse às suas necessidades e às suas capacidades? Não iriam elas, em função da sua evolução, conduzir a algumas inflexões?

1. A independência da América Latina

1.1. O império colonial e a crise espanhola

O vasto império americano da Espanha (estende-se da Califórnia até à ponta extrema do Chile e da Argentina, abarcando todo o continente, exceto o Brasil) vai sofrer os efeitos da crise espanhola ocorrida em fins do século XVIII e inícios do século XIX. A reforma impossível da monarquia, entalada entre o receio de abrir a caixa de Pandora da revolução e a necessidade de alterar as estruturas administrativas e fiscais, pesa na vida interna de um império próspero. No plano económico, a orientação exclusiva dos fluxos comerciais em direção à metrópole, largamente contrariada pelo contrabando e pela atuação dos corsários ingleses e holandeses, prejudica, desde há muito, o desenvolvimento das explorações agrícolas e mineiras. Para mais, essa situação confisca os proveitos em benefício de alguns. Além disso, as elites locais, Espanhóis implantados na América há várias gerações, alimentam um ressentimento crescente contra uma metrópole excessivamente opressiva face àquilo que exige e totalmente ineficaz. Este sentimento encontra matéria de reflexão no exemplo dos Estados Unidos.

Toda esta agitação se desenvolve no contexto internacional que conhecemos: a Revolução Francesa e as guerras napoleónicas. Ambos vão complicar a evolução destes territórios. Em determinadas camadas sociais, a revolução provoca um terror comparável ao que sentem os outros Estados na Europa. Em Espanha, bloqueia definitivamente qualquer reforma interna e, como consequência, a das suas relações com as colónias. Depois, o facto de toda a Europa se encontrar a ferro e fogo, bem como o bloqueio continental, desorganizam os circuitos comerciais. O Império espanhol transforma-se numa jogada da guerra entre a França e a Inglaterra. Em 1806, a esquadra britânica apodera-se de Buenos Aires, sinal evidente de uma tentativa de captação das riquezas sul-americanas. Repelidos no ano seguinte, a sua influência comercial mantém-se e o tráfico de Buenos Aires explode. Os Ingleses apoderam-se de várias ilhas espanholas nas Antilhas. Quanto à Espanha, mergulhada no caos de uma guerrilha contra o invasor francês, vive também uma transformação política. Os liberais elaboram em Cádis uma Constituição, que preconiza a igualdade de direitos entre as colónias e a metrópole. Mas as incertezas políticas – quem governará a Espanha? Que irá acontecer à dinastia dos Bourbons? Qual a validade do texto de Cádis? – anulam os efeitos positivos deste novo conceito das relações entre a Espanha e o seu império. Mais ainda, o estado de guerra em que se encontra a Península Ibérica trouxe prejuízos ao comércio americano, ao mesmo tempo que impediu os poderes espanhóis de tomar as medidas adequadas à luta contra as revoltas coloniais (entre 1810 e 1814, são enviados para a América cerca de 15 000 militares, numa altura em que se multiplicam por todo o lado os levantamentos violentos). É evidente o papel prejudicial desempenhado por Napoleão, ao proclamar, em dezembro de 1810, a independência das colónias espanholas.

Desde 1810, as iniciativas na América quebram os laços com a Espanha. No México, na Nova Granada, em Buenos Aires, são depostos os capitães-gerais e os vice-reis. *Juntas* emanadas das elites crioulas, semelhantes às que tinham tomado em mãos o destino da península após a abdicação dos Bourbons, assumem o poder. Toda esta efervescência quebrava a estrutura administrativa espanhola. Apareciam novas entidades, como o Uruguai e o Paraguai. Enfim, o ideal americano começava a ser evocado por Miranda, um dos chefes do movimento independentista da Venezuela.

Algumas destas primeiras manifestações estão votadas ao fracasso. Assim, os Espanhóis voltam a pôr o pé no México, e também na Venezuela, no Chile e em Nova Granada. O fracasso desta contraofensiva é a Argentina. Diversas derrotas militares impediram as tropas lealistas de regressar a Buenos Aires. Uma assembleia constituinte, reunida em 1813, apodera-se da soberania e decide cunhar moeda. A dinâmica independentista é completa. No dia 9 de julho de 1816, é votada a declaração da independência. Os nomes dos heróis da independência, Belgrano e San Martin, entram em vida na lenda nacional argentina.

1.2. As jogadas diplomáticas

Para as potências europeias, os acontecimentos que abalam a estabilidade institucional da América colonial deixam entrever as redistribuições de interesses, cujo primeiro campo é o campo comercial. A Grã-Bretanha, em plena expansão marítima, graças ao auxílio prestado aos Espanhóis na luta contra Napoleão I, tinha ganho o direito a comerciar com as colónias. Tem a intenção de manter esta posição vantajosa, que se traduz pela multiplicação das exportações para estas regiões e pelo começo de aplicações financeiras. A política russa de repressão das revoluções inspira a Nesselrode projetos de apoio à Espanha. Mas a distância e, principalmente, a prioridade concedida às questões europeias, numerosas nesses anos agitados entre restaurações e revoluções, tornam as intenções russas puramente teóricas. A França, enredada na solidariedade entre famílias reais aparentadas (os Bourbons), adota uma política de apoio à resistência espanhola a partir de 1822, no momento em que se esboça a intervenção francesa contra os liberais. Ao defender, como os Ingleses, projetos de criação de reinos confiados a príncipes do ramo espanhol dos Bourbons (neste ponto, é notável a constância da política francesa: os governos sucessivos, de Richelieu e de Decazes, recusam as ofertas feitas a príncipes franceses pelos independentistas), a França, convencida pelas recusas de Fernando VII, encara a hipótese de uma expedição militar de apoio às tropas lealistas (julho de 1823). Perante esta ameaça, Ingleses e Americanos reagem. Canning, que acaba de substituir Castlereagh no *Foreign Office,* previne o embaixador da França em Londres que uma ação francesa seria interpretada como um gesto hostil. Para mais, toma nota do caráter inelutável da independência das colónias e entabula conversações com os Estados Unidos sobre a hipótese de uma ação conjunta. Isso provoca nos Estados Unidos um debate sobre a ação externa do país. Debate a que põe termo, em dezembro, o discurso do Presidente Monroe no Congresso, em que considera, também ele, que qualquer intervenção europeia nestas questões constituiria um sinal de hostilidade para com os Estados Unidos. A independência dos novos Estados era reconhecida por Washington. Londres aguarda ainda dois anos antes de fazer o mesmo, em 1825 (México, Colômbia, Argentina).

A questão do reconhecimento diplomático torna-se uma prioridade para as jovens repúblicas americanas. Só ela marca a existência jurídica das nações e as insere na vida internacional. Os Estados Unidos são a primeira potência a enveredar por este caminho. Esta atitude explica-se pela solidariedade entre povos que partilham a mesma experiência de luta pela liberdade e pela independência. Desde 1819, um representante de Bolívar é recebido em Washington. A Grande Colômbia e o México são reconhecidos em 1820 e 1821, respetivamente. O governo americano está até disposto a auxiliar materialmente os insurretos. A Santa Sé faz também a sua jogada, nesta caminhada para o reconhecimento. Em 1819, enviados da Colômbia vão a Roma para ver o Papa. Na luta que os opõe a Madrid, esta audiência teria uma ressonância evidente. O representante de Bolívar, Ignacio Sanchez de Tejada, só é recebido em 1826, pois em 1824, em consequência de pressões espanholas, teve de abandonar Roma. Em 1824 é enviada à América Latina uma missão, chefiada por monsenhor Muzzi e contando entre os seus membros monsenhor Mastai, o futuro Pio IX (que desta maneira é o primeiro Papa a visitar o Novo Mundo). Esta rapidez de reação de Roma corresponde tanto a objetivos políticos como a preocupações pastorais. O crescimento das missões protestantes na América Latina preocupa ao mais alto grau a hierarquia católica. Em 1827, Leão XII, respondendo aos desejos dos novos governos, nomeia dois arcebispos e cinco bispos na Colômbia e na Bolívia. O protesto espanhol vai ao ponto de expulsar o núncio que ocupava o lugar em Madrid. Em junho de 1830, monsenhor Orsini é nomeado núncio no Brasil. É o primeiro reconhecimento formal da independência da antiga colónia portuguesa. A política de nomeações episcopais continua. Em 1832, Buenos Aires e Santiago recebem bispos. Por fim, em 1836, 1838 e 1840, a Santa Sé reconhece *de iure* o México, o Equador e o Chile.

A Espanha acompanhou este movimento com algum atraso. Os reconhecimentos diplomáticos datam de 1836 para o México, 1841 para o Equador, 1844 para o Chile, 1845 para a Venezuela, 1859 para a Argentina, 1861 para a Bolívia.

1.3. As etapas da independência

A independência do Brasil, ainda que participando neste pôr em causa a dominação colonial, apresenta uma particularidade relativamente às possessões espanholas: entre Portugal e o Brasil, mantém-se um laço dinástico. Em 1808, fugindo à invasão napoleónica, a família real de Bragança instala-se no Brasil. D. Pedro de Bragança assume, a partir de 1820, a administração direta do território, após o regresso de D. João VI a Lisboa. Quando, em 1822, rebenta a insurreição dos mestiços portugueses, D. Pedro assume a sua liderança e faz-se proclamar imperador do Brasil, em outubro. Em 1825, Portugal reconhece a situação.

A Espanha, devido à sua intransigência, não conseguiu manter este laço. A possibilidade, várias vezes encarada e sempre rejeitada, de colocar nos tronos locais os infantes de Espanha ([22]) teria permitido esta união dinástica. A história das independências da América espanhola é feita de uma sucessão de confrontos militares que, resultando em desvantagem para os Espanhóis, libertam territórios cada vez mais vastos. Em 1817, o general San Martin arranca o Chile à dominação espanhola. Dois anos mais tarde, Bolívar faz o mesmo na Venezuela e na Colômbia. Quando a revolução liberal de 1820 paralisa, uma vez mais, a política da metrópole e quando, três anos mais tarde, o seu esmagamento com o auxílio das tropas francesas, marca o regresso ao absolutismo mais obtuso, uma nova derrota militar espanhola em

([22]) *Infante* é o nome pelo qual são designados os filhos do régio par.

Ayacucho assinala o fim do movimento independentista. A Espanha é rechaçada da América. A insuficiência dos meios militares, conjugada com os efeitos desastrosos da aliança com a França de Napoleão que a tinha privado da sua marinha (Trafalgar, em 1805), explica a incapacidade da Coroa espanhola em restabelecer o seu controlo. Contra ela jogaram as novas orientações das rotas comerciais, levando as elites americanas a entender que deviam procurar a sua prosperidade ao lado da Inglaterra e de toda a Europa, e não apenas da Espanha.

A organização política do novo conjunto só muito imperfeitamente se conjuga com os antigos limites administrativos do império espanhol. Bolívar, o libertador da Venezuela, do Peru e da Bolívia, coloca a hipótese de um sistema federal. Toma a iniciativa de convocar um congresso pan-americano no Panamá, para o qual convida os Estados Unidos. Mas as divergências entre os jovens Estados tornam o projeto demasiado quimérico. Da mesma forma, constitui um fracasso o seu desejo de unir a Colômbia, a Venezuela e o Peru. Quanto aos Americanos, o Presidente Adams é favorável ao congresso do Panamá; mas os senadores opõem-se-lhe. Só no final do congresso aprovam o envio de uma delegação! Este fracasso de Bolívar marca o termo de qualquer esperança pan-americana. A diversidade dos Estados recentemente criados não é favorável ao desenvolvimento de uma política comum. Pelo contrário, rebentam alguns conflitos entre as repúblicas andinas. Entre 1865 e 1870, desencadeia-se a guerra entre o Paraguai e o Uruguai, guerra que resultou em dezenas de milhares de mortos. A instabilidade do continente sul-americano é crónica. Nem os regimes políticos, nem as fronteiras (por questões de pormenor) conseguem estabilidade. Não admira que o domínio económico pertença aos capitais estrangeiros. Da mesma forma, os fluxos migratórios europeus tocam os novos Estados. Também aí, a história, a tradição e as populações mantêm laços privilegiados com a Europa. É nestas misturas e nestas trocas que se forja a comunidade ocidental.

2. A definição de uma política estrangeira americana

2.1. Os elementos do poderio americano

O recuo da influência europeia no continente americano é o primeiro trunfo de que os Estados Unidos dispõem para afirmar uma política autónoma. Os territórios dos Estados Unidos estavam limitados à costa leste. A norte, a Grã-Bretanha, que possuía o Canadá e a sul a Espanha, presente na Luisiana e na Florida, enquadravam este novo Estado federal. Muito cedo, a situação evolui. Em 1801, a Luisiana era vendida pela Espanha à França de Napoleão. Este, contrariamente às suas esperanças, não conseguiu instalar a base continental de que necessitava para defender as Antilhas francesas. Em abril de 1803, a França, por sua vez, cede a Luisiana aos Estados Unidos, que adquirem assim uma nova dimensão. Além disso, o conflito entre a França e a Inglaterra possibilita o desenvolvimento da marinha americana e permite à economia do país exportar para os países beligerantes uma parte cada vez mais significativa da sua produção. Esta situação de neutralidade não é respeitada nem pelos Franceses nem pelos Ingleses. Numerosos navios americanos são apresados. A opinião pública agita-se e, a 18 de junho de 1812, o Congresso vota uma declaração de guerra contra a Inglaterra (uma proposta semelhante contra Napoleão não tinha sido aprovada). A guerra que se seguiu passou-se em terra e nos mares. Washington foi incendiada pelos Ingleses, mas os Americanos resistiram mais uma vez. Este episódio foi designado como «a Segunda Guerra da Independência». O tratado de Gand, de 24 de dezembro de 1814, punha fim ao conflito, sem concessões para qualquer das partes. No entanto, constituiu motivo de orgulho para os Estados Unidos o facto de terem resistido ao primeiro poder naval do mundo e à antiga metrópole. Sem querer imiscuir-se nos problemas europeus, esta lição ensinava aos responsáveis políticos o preço da independência e a importância da resistência às usurpações europeias.

O formidável crescimento que os Estados Unidos conhecem, os movimentos migratórios que fazem crescer a sua população (passa de nove milhões em 1820 para 23 milhões em 1850 e para perto dos 40 milhões em 1870), bem como a sua expansão territorial são os fatores que explicam o crescente poderio deste novo ator das relações internacionais. Mas, como qualquer outro Estado, os imperativos diplomáticos dependem da sua área de influência e do seu ambiente geográfico. Acontece que os Estados Unidos são um país em movimento, cujas fronteiras vão recuando até atingirem o Oceano Pacífico. Potência Atlântica e potência Pacífico tornam-se as características dos Estados Unidos. Esta oscilação geopolítica é importante. Explica as iniciativas tomadas face à China e ao Japão nos anos 1840-1860, assim como a necessidade de assumir o controlo de algumas ilhas estratégicas (Havai).

2.2. *As consequências da independência das colónias espanholas*

Enquanto na Europa os governos se confrontam quanto à questão de apoiar ou não a Espanha, o acesso à independência de toda a América Central e do Sul modifica o ambiente internacional dos Estados Unidos. A estrutura dos movimentos de emancipação é semelhante. Trata-se com efeito de colonos, instalados há muito nestas terras, que reivindicam a sua liberdade. Ideologicamente, os Americanos do Norte não podem deixar de ser favoráveis às reivindicações dos mestiços.

Os projetos de intervenção francesa na América impelem os Ingleses e os Americanos a uma aproximação. A proposta de Canning de uma atuação anglo-americana obtém a aprovação dos ex-presidentes Jefferson e Madison; pelo contrário, o secretário de Estado Adams opõe-se-lhe. Os Estados Unidos podem atuar sozinhos, sem precisarem de ir a reboque de Londres, considera ele. O discurso do Presidente Monroe, a 2 de dezembro de 1823, estabelece uma linha diretiva da política externa americana. Os Estados Unidos reconhecem os novos Estados americanos e comprometem-se a não intervir nas questões internas europeias. Em contrapartida, qualquer intervenção de uma potência europeia no continente americano será interpretada como uma ingerência nos assuntos americanos.

É considerável o alcance desta declaração. Parte das diferenças do sistema político que opõem os Estados Unidos às potências europeias para justificar a abstenção que cada parceiro deve observar nas questões internas dos restantes. Dito isto, Monroe lança uma vista de olhos geral sobre a Europa, embora faça alusão às suas divisões, para melhor fazer ressaltar a originalidade americana. A declaração do Presidente determina com exatidão a área de influência dos Estados Unidos, colocando-os também em concorrência com a Europa. Por fim, dá a entender claramente aos Europeus que os assuntos americanos não lhes dizem respeito. Veremos quais as consequências decorrentes desta análise na altura do conflito levantado pela questão do Texas, nos anos 1840.

Discurso do Presidente Monroe ao Congresso (2 de dezembro de 1823)

Nas guerras entre as potências europeias, motivadas por dificuldades que só a elas dizem respeito, não tomamos parte alguma e a nossa política tem sido a abstenção. Só quando os nossos direitos estão a ser atacados ou seriamente ameaçados, avançamos com preparativos para a nossa defesa. Estamos mais interessados nos movimentos ocorridos no nosso hemisfério; e isso por razões óbvias para qualquer observador esclarecido e imparcial. [...] À boa fé e às relações amigáveis existentes entre os Estados Unidos e as potências [europeias] devemos a declaração de que consideraremos perigosa para a nossa tranquilidade e para a nossa segurança qualquer tentativa da sua parte para alargar o seu sistema a uma qualquer porção deste hemisfério. No que diz respeito às dependências atuais desta ou daquela potência europeia na América, não interviemos e não interviremos. Mas no que diz respeito aos governos que proclamaram a sua libertação, que a têm mantido e de que, após madura reflexão e conforme à justiça, reconhecemos a independência, não poderíamos deixar de considerar uma manifestação de hostilidade para com os Estados Unidos qualquer intervenção de uma potência europeia, que tenha por objetivo obter a sua submissão ou influenciar os seus destinos.

Fonte: Jacques Portes, *Les États-Unis de l'indépendance à la Première Guerre mondiale*, Paris, Armand Colin, 1991.

2.3. Expansão e conquista americanas

A ideia de um solo virgem americano é simultaneamente verdadeira e falsa. É verdadeira, porque o imenso território é ainda mal conhecido. Há que colonizá-lo e equipá-lo. A aventura dos pioneiros, e depois, a partir dos anos 1840, a aventura do caminho de ferro, vai estruturar progressivamente este espaço. Falsa, porque numerosas zonas pertencem, pelo menos em teoria, a outras potências estrangeiras, sem falar das populações índias, massacradas à medida que se verifica o avanço dos brancos.

A entrada de novos territórios na União opera-se por compra. Em 1803, a Luisiana é comprada à França. Em 1819, é a vez de ser adquirida a Florida. O destino do Texas, inicialmente integrado no México, depois independente em 1839 (a população é maioritariamente americana), coloca um problema que ultrapassa o enquadramento unicamente americano da questão. A independência do Texas, que se emancipa do México, é seguida por um pedido de entrada na União americana. Mas o equilíbrio interno da União e a oposição que já se manifesta entre Estados esclavagistas e Estados abolicionistas impedem uma resposta positiva. O Texas conta com uma economia em que a escravatura desempenha um papel primordial. Perante esta recusa, o governo do Texas empenha-se na via da independência, procurando apoios internacionais que possam garanti-la. A Grã-Bretanha e a França são então sondadas. Desde 1839, um tratado comercial entre a França e o Texas estabelece laços entre os dois países. Inquieto com esta precipitação dos Franceses, Palmerston assina, um ano mais tarde, um tratado anglo-texano. O algodão do Texas interessa igualmente aos dois países europeus. Da mesma forma, o escoamento oferecido pelo Texas parece prometedor para as exportações europeias. A tensão entre os Estados Unidos e a Inglaterra torna-se mais forte a propósito da fronteira norte (o Canadá); pelo que o secretário do *Foreign Office*, George Aberdeen, quer utilizar o Texas como forma de pressão. Encara a hipótese de proteger a independência do novo Estado, mesmo contra os Estados Unidos. No entanto, está isolado nesta linha política e a França, apesar de preocupada em penetrar no espaço americano, não tem a intenção de seguir a política inglesa. Finalmente, o governo texano, a 12 de abril de 1844, celebra um tratado de anexação aos Estados Unidos, que estes ratificam em fevereiro de 1845. O Presidente americano, o democrata Polk, tira destes acontecimentos uma lição muito clara. Qualquer pedido de admissão na União diz respeito apenas ao país requerente e aos Estados Unidos. Ou seja, torna a afirmar-se que as potências europeias não têm voz ativa nos assuntos americanos.

No momento em que se encerram as negociações sobre o Texas, uma forte tensão, a culminar em guerra, opõe os Estados Unidos e o México a propósito da Califórnia. O caos mexicano contribuiu para que esta antiga província espanhola se tornasse quase autónoma; a autoridade do governo mexicano é apenas nominal. Face a esta situação, o México prepara uma expedição militar para restabelecer a ordem. Os Estados Unidos propõem então a compra do porto de San Francisco (novembro de 1845). A recusa mexicana, em parte explicável devido aos acontecimentos do Texas, faz-se acompanhar por uma movimentação de tropas ao longo da fronteira com os Estados Unidos. Os combates militares redundam em vantagem para os Americanos e o exército do general Winfield Scott entra no México em setembro de 1847.

O tratado de Guadalupe-Hidalgo (2 de fevereiro de 1848) permite aos Estados Unidos acrescentar a Califórnia, o Novo México, o Utá, o Nevada e o Arizona. Em compensação, a Grã-Bretanha obtém a delimitação precisa da fronteira a norte do paralelo 49. Esta aquisição faz dos Estados Unidos uma potência do Pacífico. Agora, as rotas comerciais tinham passado o cabo Horn e uniam Nova Iorque a San Francisco. Esta abertura para o Pacífico leva naturalmente os Estados Unidos a interessarem-se mais de perto pelo destino da Ásia.

2.4. Uma nova potência

O expansionismo americano é poderoso até ao momento em que a guerra civil vai paralisar a ação externa do país. Pragmático, o país está dotado com uma doutrina, a doutrina definida pelo Presidente Monroe em 1823. Menos pacífico do que parece, procede de uma vontade de poder e de expansão da nação americana. Assenta também numa ideologia liberal, exposta em França por Tocqueville. A sua famosa narrativa da estada que ali efetuou e donde tira *De la démocratie en Amérique* teve um eco considerável.

Os eixos da política estrangeira americana são claros. Respeitam a defesa da independência do continente e a proteção dos interesses comerciais americanos. A assinatura de um acordo comercial com a China, em 1844, marca a ambição americana de participar no desenvolvimento do negócio mundial e a de não deixar unicamente aos Ingleses as posições privilegiadas que a Guerra do Ópio lhes tinha aberto. Alguns anos mais tarde, em 1853 e em 1854, na dinâmica do escoamento pacífico adquirido pelo tratado de Guadalupe-Hidalgo, uma esquadra americana, comandada pelo almirante Perry, obtém por conta dos Estados Unidos um tratado que lhes abre dois portos para a atividade comercial. Em 1858, são abertos mais cinco novos portos. As limitações administrativas (o comércio só podia fazer-se através de um intermediário do Estado) são suprimidas e as zonas francas gozam do privilégio de exterritorialidade. A ação americana abriu o caminho aos Russos, depois aos Ingleses, aos Franceses e aos Holandeses. Em contrapartida, os Americanos estão ausentes na altura das crises dos anos 1860, na origem das quais já se apercebe o despertar nacional japonês, que encarna na chegada da era Meiji, em 1868.

A defesa da influência de Washington no continente americano é permanente. A afirmação da doutrina de Monroe, a crise do Texas, depois a conquista da Califórnia conjugaram-na com a expansão territorial. É igualmente nítida na América central. Os empreendimentos britânicos de instalação de bases navais ao largo da Nicarágua, onde se multiplicam os projetos de um canal transoceânico, irritam a diplomacia americana. As posições mantidas pelos Ingleses nas Antilhas fazem deles concorrentes diretos. O acordo americano-britânico, assinado em abril de 1850, regula um primeiro litígio. A construir-se um canal, seria resultado de uma cooperação entre os dois países. Paralelamente, os Ingleses comprometem-se a não dominar nem a Nicarágua nem a Costa Rica. Se algumas ilhas pequenas, mas bem situadas, forem declaradas «colónias da Coroa», ou se for instalada uma base naval em Belize, na costa guatemalteca, os Estados Unidos verão nesse facto a intenção manifesta de os Ingleses se imporem nessa parte do globo. Várias escaramuças entre as marinhas demonstram que se está próximo de um confronto bélico. O porto inglês de Greytown, na costa nicaraguenha, é bombardeado por navios americanos. Londres tem de rever a sua política; e, mediante negociações diretas com as Honduras e com a Nicarágua, renuncia às suas conquistas coloniais, conservando a utilização comercial dos portos. Apenas fica salvaguardada a base militar de Belize. O acordo satisfaz os Estados Unidos. Conseguiram impor o seu predomínio na região.

O imperialismo americano sabe medir a sua força. O futuro da ilha de Cuba, presa tentadora para os Estados Unidos, por várias vezes hesitantes em razão da constante degradação do controlo espanhol, é objeto de propostas americanas. Em 1848, Washington propõe a Madrid a compra da ilha. A mira americana sobre a ilha não constitui mistério para nenhuma potência; mas a conjuntura interna (o debate sobre a escravatura) torna inoportuna qualquer decisão prematura. Cuba mantém-se no florão do império espanhol até 1898.

A Guerra da Secessão, ao mergulhar a jovem república americana num estado de guerra civil, faz desaparecer os Estados Unidos da cena internacional, pelo menos como ator. No entanto, as análises desenvolvidas, principalmente pela Grã-Bretanha e pela França, quanto às consequências a tirar desta situação, trazem à luz a realidade das relações mantidas pela Europa com os Estados Unidos. À partida e de forma muito sensível, a guerra acaba com o abastecimento em algodão americano, facto que prejudica a indústria têxtil britânica e francesa. O bloqueio imposto pelas forças do Norte aos Confederados (Sulistas) desorganiza o comércio entre as duas margens do Atlântico. Os êxitos militares dos Sulistas levam Londres e Paris a encarar uma eventual divisão da União. As duas capitais, que trabalham concertadamente, desejam principalmente propor uma mediação que fortalecesse o seu papel na América. Finalmente, a França oferece-se. A resposta dos Nortistas é áspera e a advertência inequívoca: qualquer tentativa de mediação será considerada um gesto hostil. A Guerra da Secessão vai permanecer até ao fim uma guerra estritamente americana.

Na mesma altura, Franceses, Ingleses e Espanhóis embarcam numa expedição ao México. A conjuntura não é fortuita: a ausência dos Americanos no norte desimpediu o caminho para esta iniciativa europeia, que vai contra os princípios enunciados por Monroe. As operações militares começam em 1861. O pretexto utilizado para justificar esta expedição – as dívidas do governo mexicano de Juarez – é mantida. A posição ofensiva adotada por Napoleão III corresponde a uma busca de prestígio para o Império, assim como a uma política que acredita ser possível a instalação, no México, de uma zona de influência francesa. Rapidamente, Britânicos e Espanhóis reembarcam, deixando os Franceses sozinhos perante o caos mexicano. O trono do México é oferecido a Maximiliano de Habsburgo. Atitude hábil, que concilia o equilíbrio europeu e a aventura americana, mas atitude vã, visto que a guerra civil no México continua descontrolada. O fim da Guerra da Secessão supõe o regresso de Washington ao xadrez diplomático. Os Americanos não reconhecem Maximiliano e Napoleão III «larga» então o seu protegido. O regresso das tropas francesas escalona-se entre 1866 e maio de 1867. O destino de Maximiliano está traçado: é fuzilado pelas tropas de Juarez.

A lição mexicana vem validar a doutrina de Monroe. Desde que ficaram em condições de ter um peso no decurso dos acontecimentos, os Estados Unidos renovaram a recusa da presença europeia no continente. A atitude francesa estava desde logo votada ao fracasso, tanto mais que a França, a partir de então, estava isolada.

A importância do continente americano nas relações internacionais resulta menos dos fenómenos estritamente diplomáticos do que das consequências profundas da sua emancipação política, assim como dos laços económicos e políticos que o ligam à Europa. A antiguidade destes laços, no caso dos países da América Latina, explorados pelas suas riquezas naturais desde o século XVI, e a sua intensidade, renovada graças à revolução dos transportes no século XIX, fazem do Oceano Atlântico um traço de união mais do que uma separação entre os dois conjuntos. Aliás, o crescimento demográfico europeu encontrou nas terras virgens americanas um exutório considerável. Foi esta mentalidade pioneira e liberal que construiu os fundamentos da nação americana. Empenhada num imenso processo de crescimento, a nação vai descobrindo, pouco a pouco, os elementos do seu poder. Inicialmente limitados ao horizonte americano, são chamados a exercer posteriormente a hegemonia, pensada por eles como uma missão, sentida por outros como um imperialismo.

Conclusão

Não é muito difícil, na realidade, concluir que o próprio movimento da história das relações internacionais arrasta os nossos olhares para além do limite cronológico deste manual. Convém, pois, encarar estas observações finais como um balanço provisório, resumindo o essencial das transformações do panorama internacional, que permitam compreender a sua dinâmica depois de 1870.

Na Europa, o equilíbrio das potências acaba de ser subvertido em poucos anos. Não por causa da França, como foi o caso no momento da Revolução e do Império, mas pela Prússia e pelo seu chanceler, Otto von Bismarck. Os quadros fixados no Congresso de Viena resistiram durante muito tempo às reivindicações liberais e às aspirações nacionais. Mas a tempestade de 1848 destruiu as suas fundações. O Império austro-húngaro, guardião do equilíbrio na Europa, graças à sua política – encarnada, de 1815 a 1848, em Metternich – e à sua posição geográfica no centro da Europa, foi profundamente prejudicado pela «Primavera dos povos». Ao despertar o entusiasmo revolucionário, veio recordar aos Italianos que podiam alimentar a ambição legítima de criar uma nação. Da mesma forma, os Alemães julgaram ter também o seu sonho de unidade. Embora a ordem tenha regressado a partir de 1849-1850, o essencial, ou seja, as vontades e as aspirações, mantêm-se presentes. No sistema internacional, homens e Estados vão abraçar esta nova política. Para as regiões a que dizem respeito, o Piemonte e Cavour, a Prússia e Bismarck. Para a Europa, Luís Napoleão Bonaparte, que em 1852 se tornou Napoleão III. A França vai ajudar o Piemonte a realizar a unidade italiana, apesar de tal atitude a colocar numa posição mais que difícil perante Roma e perante os compromissos assumidos. Vai, no entanto, ganhar a primeira extensão territorial depois de 1815, com a união da Saboia e do condado de Nice. Napoleão III espera obter da Prússia benefícios semelhantes. Em 1865, em Biarritz, reclama a Bismarck uma parte da margem esquerda do Reno. Mas o chanceler prussiano, contrariamente a Cavour, não assumiu qualquer compromisso. É contra o império dos Habsburgos que se constituem a Itália e a Alemanha. Hostil à unificação italiana, por ser contra os seus interesses, Viena julgou durante muito tempo poder dirigir a unificação alemã. Os repetidos fracassos para entrar no *Zollverein* não lhe fizeram perder a coragem. Os Austríacos pensavam poder contar com as monarquias alemãs do sul – Vurtemberga, Bade e a Baviera. Não estavam a contar com o poderio prussiano, brutalmente revelado pela vitória de Sadova (julho de 1866). O desmoronar do Império francês confirmava e ampliava a ascensão da Prússia.

Dez anos antes, a Rússia sofria a hostilidade conjugada da França e da Grã-Bretanha, que conseguiram se não arrastar com elas a Áustria, pelo menos levá-la a romper com Sampetersburgo. A derrota russa na Crimeia tinha consequências sobre o equilíbrio europeu. Desde 1800, a Rússia fizera parte das diferentes coligações contra a França napoleónica. Depois, pudemos encontrá-la sempre ao lado da Prússia ou da Áustria, da Inglaterra ou da França, por altura de crises secundárias. Pela primeira vez, estava isolada e em rutura com as outras potências europeias. Para mais, as consequências da derrota puseram em evidência os atrasos no processo de modernização deste enorme império. A superioridade francesa e inglesa condenava a Rússia a reformar-se no seu interior, antes de reatar uma política de presença na Europa. O fracasso de 1856 teve outra consequência: levou o czar Alexandre II a voltar-se ainda com maior interesse para as questões colocadas pela colonização da Sibéria e pela disposição da costa pacífica do seu imenso território.

A Rússia e a Áustria, os dois pilares da Santa Aliança, são os perdedores da situação, tal como se pode analisar em 1870, na véspera da guerra franco-prussiana. Em contrapartida, a França faz figura de potência dominante. Mantida à distância pelos seus vencedores, ostracizada desde que voltou a tornar-se o foco revolucionário que nunca deixou de ser na sua instabilidade política, a França consegue, passo a passo, reentrar no «concerto europeu». Um primeiro entendimento cordial associa a França e a Inglaterra no reinado de Luís Filipe. Napoleão tem a mesma ponderação, que consiste em ceder não às exigências mas às expectativas da diplomacia inglesa. Ao proceder desta forma, a França pode avançar com os seus trunfos numa Europa movediça. No Segundo Império não existe, falando com propriedade, aliança entre a França e a Inglaterra – e o desinteresse de Londres pela guerra franco-prussiana bem o demonstra. Mas uma compreensão mútua evita aos dois países confrontarem-se, apesar de serem os dois únicos a estarem em situação de concorrência à escala do planeta. Nos inícios de 1870, a posição internacional da França é mais do que satisfatória e o balanço imperial mais do que honesto. Nove meses mais tarde que resta senão o sentimento de humilhação nacional? Humilhação confirmada em 1871 pela separação da Alsácia e da Lorena do território nacional e sua anexação pelo novo *Reich* alemão.

Das cinco potências de 1815 – Inglaterra, Rússia, Áustria, Prússia e França numa situação bem particular neste momento (talvez fosse mais prudente situarmo-nos entre 1818 e 1822, quer dizer, entre os congressos de Laibach e o de Verona, que veem a reintegração da França no sistema internacional e o abandono da sua posição de país vencido) – a hierarquia era clara e a Prússia era de longe a mais pequena das grandes potências. Em 1870, ela é a primeira das grandes potências europeias. Embora não possa ainda rivalizar com a irradiação mundial do Reino Unido, a nova Alemanha dispõe de trunfos decisivos: uma população numerosa e jovem, uma indústria empreendedora, um sentimento nacional consolidado pela vitória, o primeiro exército da Europa. Não é, pois, de admirar que, nestas condições duradouras, após os tempos do chanceler Bismarck, Guilherme II não tenha tido o sentimento da vocação mundial da Alemanha. Uma *Weltpolitik* não se improvisa. Ela é o resultado de uma vaga sísmica, que transforma os países e os lugares numa posição tal que o desejo de poder passa, a partir de então, a confundir-se com a sua política.

O equilíbrio europeu está modificado. O sistema das relações internacionais que, no fim de contas, garantiu a paz do continente durante a maior parte do período considerado, vai sofrer as consequências. No concerto europeu, ao entendimento internacional vai suceder o tempo dos sistemas de alianças. Mas isso é outra história e outro período.

Insistimos na Introdução deste livro sobre a Europa como pólo de crescimento. Agora, no momento de evocar as relações estabelecidas entre a Europa e o mundo, importa sublinhar uma vez mais este dado. Sem esta modernização extraordinária, sem esta revolução industrial acompanhada pelos meios materiais que ela possibilita, o domínio da Europa sobre o mundo não teria sido aquilo que ficou em condições de ser. Qual é a trajetória deste domínio? Visto à distância e já contestado na viragem do século (o Reino Unido perde os territórios que se tornaram os Estados Unidos e, menos de 50 anos mais tarde, a Espanha vê as suas colónias proclamarem a sua liberdade), está em condições de se impor por toda a parte na África e na Ásia. Só entre 1900 e 1914, os impérios coloniais britânico e francês atingem a sua máxima expansão, mas as bases são lançadas entre 1830 e 1870. É o caso da Inglaterra, que soube captar em seu proveito algumas posições francesas no termo da guerra contra Napoleão, que ampliou o seu domínio na Índia e que consolidou as suas rotas marítimas mediante a política dos pontos de apoio. A França, após ter hesitado sobre a orientação a dar às suas conquistas, fruto de iniciativas isoladas ou de golpes políticos precipitados, como no caso da Argélia, adota uma política colonial. Argélia, Senegal, Cochinchina, Mayotte, os arredores e a costa do Madagáscar, a nova Caledónia, Taiti e as ilhas Marquesas, sem contar as heranças do século XVIII nas Antilhas: o quadro traça exatamente as vias que a política colonizadora da Terceira República vai utilizar.

Esta primeira conquista colonial não opôs entre elas as potências europeias por meio de uma guerra. Salvo a Guerra da Crimeia, relativa à questão do Oriente e suscitada pelos receios provocados pelas ambições russas sobre o Império otomano em decadência, os conflitos europeus tiveram causas europeias. Aliás, quando os empreendimentos da colonização provocavam tensões, as arbitragens a que os governos procediam tomavam prioritariamente em linha de conta o futuro do equilíbrio europeu mais do que o destino de algumas dezenas ou centenas de quilómetros quadrados, a milhares de quilómetros de distância.

O sistema das relações internacionais era eurocentrista. As questões coloniais parecem transitar para segundo plano. Mas quanto à sua duração, apenas podemos verificar a sua importância primordial. Vão modificar em profundidade o equilíbrio das relações entre a Europa e o mundo. Reveladora da omnipotência europeia, a colonização é chamada a servir. Ela tem também a missão de civilizar o mundo, segundo um esquema europeu. Claramente, esboça a globalização das relações internacionais. Sem ela, é impossível compreender simultaneamente a consciência da superioridade europeia e ao mesmo tempo a sua contestação por parte dos povos colonizados. Se não medirmos a sua dinâmica e o seu significado, estamos condenados a não compreender a história das relações internacionais no século XX.

Efetivamente, este predomínio da Europa está destinado a durar. Sem dúvida que a subida em poderio dos Estados Unidos, ao mesmo tempo tão próximos e tão afastados, pode assumir o valor de uma advertência. Alguns espíritos lúcidos, como Tocqueville, vaticinam bem a dominação do mundo pelos Estados Unidos e pela Rússia. Mas trata-se de antecipações geniais, mais do que de conclusões fundamentadas. A Europa domina o mundo. E nesta Europa as relações de força alteraram-se. O mapa político dá lugar a novos Estados. As próprias sociedades se transformam. A importância crescente da classe operária não deixará entrever um destino diferente para os países que mal acabam de sair do Antigo Regime? Em 1864, não assistimos à fundação da primeira Associação Internacional de Operários, em Amesterdão? Não reivindicará o socialismo uma nova solidariedade, fundada sobre os sentimentos de classe e não sobre a pertença a determinada nacionalidade? As fronteiras ainda são contestadas por grupos nacionais que desejam obter um Estado. O império multinacional dos Habsburgos apresenta nesse campo numerosas fraquezas quanto à sua coesão interna. Quais são os riscos que isso faz correr ao sistema europeu? As incertezas são grandes e a instabilidade dos Estados pode concorrer para a fragilização das relações internacionais. Todas estas realidades, que se manifestam e que culminam na Primeira Guerra Mundial, nasceram entre 1815 e 1871. As tendências de fundo aí estão, para explicar, para além da conjuntura, os sobressaltos da história europeia. Mas a história das relações internacionais, em primeiro lugar, dá conta desta multidão de factos e de incidentes conjunturais, que transformam os dados e deixam aos atores a responsabilidade de orientar as suas decisões políticas num sentido ou noutro. Como escreveram, com superior autoridade, Pierre Renouvin e Jean-Baptiste Duroselle, é na interação entre forças profundas e ação política que se enlaçam as jogadas das relações internacionais.

Bibliografia

Obras fundamentais

DROZ, Jacques, *Histoire diplomatique de 1648 à 1919*, Paris, Dalloz, 1972.

GIRAULT, René, *Peuples et nations d'Europe au XIXe siècle*, Paris, Hachette, 1996.

RENOUVIN, Pierre, *Histoire des relations internationales, II. De 1789 à 1871*, Paris, Hachette, 1994.

RENOUVIN, Pierre e DUROSELLE, Jacques, *Introduction à l'histoire des relations internationales*, Paris, A. Colin, 1995.

SCHNERB, Robert, *Le XIXe siècle. L'apogée de l'expansion européenne (1815--1914)*, Paris, Puf, 1990.

CARON, Jean-Claude e VERNUS, Michel, *L'Europe au XIXe siècle. Des nations aux nationalismes, 1815-1914*, Paris, Armand Colin, 1996.

HEFFER, J. e SERMAN, William, *Le XIXe siècle 1815-1914*, Paris, Hachette, 1992.

Obras e estudos especializados

Les Affaires étrangères et le corps diplomatique français. Tome I: de l'Ancien Régime au Second Empire, Paris, CNRS, 1984.

BENAERTS, Pierre, HAUSER, Henri, L'HUILLIER, Fernand, MAURAIN, Jean, *Nationalité et nationalisme, 1860-1878*, Paris, PUF, 1968.

BÉRENGER, Jean, *L'Autriche-Hongrie 1815-1918*, Paris, A. Colin, 1994.

BLED, Jean-Paul, *Les fondements du conservatisme autrichien 1859-1879*, Paris, Publications de la Sorbonne, 1988.

BRULEY, Yves, «Le concert européen à l'époque du Second Empire», *Relations internationales*, 1997, 90, p. 145-163.

CAMERON, Rondo, *La France et le développement économique de l'Europe 1800/1914*, Paris, Le Seuil, 1971.

DAGET, Serge, «Traite des Noirs, relations internationales et humanitarisme, 1815-1850», *Relations intemationales*, 1989, 60, p. 413-427.

DUFRAISSE, Roger e KERAUTRET, Michel, *La France napoléonienne. Aspects extérieurs 1799-1815, Nouvelle Histoire de la France contemporaine, t. 5*, Paris, Seuil, 1999.

DUMONT, Paul, «La période des Tanzîmât (1839-1878)», *Histoire de l'Empire ottoman*, Paris, Fayard, 1989.

DUROSELLE, Jean-Baptiste, *L'Europe de 1815 à nos jours*, Paris, PUF, 1988.

ELDRIDGE, C. C., *British Imperialism in the Nineteenth Century*, Londres, 1984.

GODECHOT, Jacques, *L'Europe et l'Amérique à l'époque napoléonienne*, Paris, PUF, 1967.

HAMILTON, C. I., *Anglo-French Naval Rivalry 1840-1870*, Oxford, Oxford University Press, 1993.

HOBSBAWM, Éric, *Nations et nationalismes depuis 1780*, Paris, Gallimard, 1992.

JARDIN, André e TUDESQ, André-Jean, *La France des notables. t. 1: L'évolution générale 1815-1848, Nouvelle Histoire de Ia France contemporaine, t.* 6, Paris, Seuil, 1973.

KASPI, André, *Les Américains. t. 1: Naissance et essor des États-Unis 1607--1945*, Paris, Seuil, 1986.

KENNEDY, Paul, *Naissance et déclin des grandes puissances*, Paris, 1988.

MANTRAN, Robert, «Les débuts de la question d'Orient (1774-1839)», *Histoire de l'Empire ottoman*, Paris, Fayard, 1989.

MARTIN, Jean, *L'Empire renaissant 1789/1871*, Paris, Denoël, 1987.

MEYER, Jean, TARRADE, Jean, REY-GOLDZEIGUER, Annie, THOBIE, Jacques, *Histoire de Ia France coloniale. t. 1: Des origines à 1914*, Paris, A. Colin, 1991.

MICHEL, Bernard, *Nations et nationalismes en Europe centrale XIXe-XXe siècle*, Paris, Aubier, 1995.

PÉCOUT, Gilles, *Naissance de l'Italie contemporaine (1770-1922)*, Paris, Nathan-Université, 1997.

PONTEIL, Félix, *L'éveil des nationalités et le mouvement liberal*, Paris, PUF, 1968.

PORTER, Andrew, *The Lion's Share. A Short History of British Empire 1850--1870*, Londres-Nova Iorque, Longman, 1975.

PORTER, Andrew (s.l.d.), *The Oxford History of the British Empire. III. The Nineteenth Century*, Oxford, Oxford University Press, 1999.

PORTES, Jacques, *Les États-Unis de l'indépendance à la Première Guerre mondiale*, Paris, Armand Colin, 1991.

POUTHAS, Charles-Henri, GUIRAL, Pierre, BARRAL, Pierre, VAN REGEMORTER, J. L., *Démocratie, réaction et capitalisme 1848-1860*, Paris, PUF, 1983.

ROTH, François, *L'Allemagne de 1815 à 1918*, Paris, A. Colin, 1996.

SERMAN, William e BERTAUD, Jean-Paul, *Nouvelle Histoire militaire de la France, 1789-1919*, Paris, 1998.

TAPIA, Claude e TAIEB, Jacques, «Conférences et congrès internationaux de 1815 à 1913», *Relations internationales*, 1976, 5, p. 11-35.

THIESSE, Anne-Marie, *La création des identités nationales Europe XVIII-XXe siècle*, Paris, 1999.

TULARD, Jean, *Dictionnaire Napoléon*, Paris, Fayard, 1999.

VERLEY, Patrick, *La Révolution industrielle*, Paris, Folio, 1997.

«L'historiographie du Second Empire», *Revue d'histoire moderne et contemporaine*, 1974, t. 21.

«Nations, nationalités, nationalisme en Europe 1850-1920», *Bulletin de la Société d'histoire moderne et contemporaine*, 1996, n.° 1-2, supplément à la *Revue d'histoire moderne et contemporaine*, t. 43.

VERNEUIL, Christophe, «La Belgique et l'ordre européen au XIXe siècle», *Relations internationales*, 1997, 90, p. 165-183.

Índice dos Textos e Mapas

Índice Remissivo

Índice Geral

SEGUNDA PARTE
A EUROPA E O MUNDO